Einsicht

Paul Stocker
and
Keith Saunders

HODDER AND STOUGHTON
LONDON SYDNEY AUCKLAND TORONTO

First published in Great Britain 1989
Fourth impression 1990

British Library Cataloguing Publication Data

Stocker, Paul
Einsicht
1. German language—For schools
I. Title II. Saunders, Keith
438

ISBN 0-340-40828-6

Typeset by Gecko Ltd, Bicester, Oxon.
Printed in Great Britain for Hodder and Stoughton Educational, a division of Hodder and Stoughton Limited, Mill Road, Dunton Green, Sevenoaks, Kent, by St Edmundsbury Press Limited, Bury St Edmunds, Suffolk.

Contents

Acknowledgements

We should like to thank the following people for all their help during the writing and preparation of this book: our wives and families, for their patience and encouragement throughout the writing and editing stages; the students and staff of the Andreae-Gymnasium, Herrenberg, especially Annette Deves, Norbert Fischer, Traudl Hoops and Wolfgang Oswald who, along with with Rainer Binde of Marburg-Biedenkopf, supplied many useful texts and recordings; the students and staff of the schools who piloted the materials in this book, and especially our own sixth-formers, who provided much helpful criticism; Georg Schmidt; Marianne Eder, who checked the manuscript so thoroughly, and finally Peter Downes, for all his advice.

The authors and publishers would like to thank the following for the use of copyright materials: Deutsche Bundesbahn for texts and cartographical information; Jugend-Scala for "Trampen mit der Eisenbahn" (*Jugend-Scala*, September 1986); *Aktuell* for "Motive des Reisens: Warum fahren wir überhaupt in Urlaub?"; The British Tourist Authority for their kind permission to reproduce "Fahren Sie doch mal nach England!"; Fremdenverkehrsverband Neckarland-Schwaben for "Besuchen Sie die Schwäbische Alb!" from *Die Schwäbische Albstraße*; Lübeck/Travemünde Hotels/ Gaststatten '85 for "Aber welches Hotel?"; Bertelsmann Verlag for "Die Bundesrepublik als Reiseland" from *Tatsachen über Deutschland*; Brigitte for the photos and text of "Allein im Café" from *Brigitte* 6/87; Neue Welt for "Zauberhafte Liebesgeschichten, die das Leben schrieb" from *Neue Welt* 25/2/87; Tina for "Der Direkte weg zum Partner from *Tina* 23/10/86; Brigitte for "Ein Mann aus der Zeitung" by Fritz Wolf from *Brigitte* 14/86; *BRAVO* for "Wer wagt den ersten Schritt?"; Ernst Klett Verlag for "Cocktail" from *Szenische Dialoge*; Szenische Dialogue for "Cocktails" from *Der Eine und der Andere*; Brigitte for "Zu Hause immer noch stinkfaul" from *Brigitte* 22/85; Diogenes Verlag Zürich for "Loriots dramatische Werke – Szenen einer Ehe" (1981); Brigitte for "Möchten Sie mal Kinder haben?" from *Brigitte* 16/86; *BRAVO* for "Großer Bravo Psycho-Test"; DH Hoffman for "Die Geschichte vom Zappel-Phillipp"; Bertelsmann Verlag for "Die Teilung Deutschlands" from *Tatsachen über Deutschland*; Jugend-Scala for "Ich möchte hier nicht weg" from Jugend-Scala September 1986; Junior-Film GmbH for "Jungsein in der DDR"; *Stern* for "Deutsch mit gespaltener Zunge"; Stern for "Worte der Woche" and for "Nachts, als die Soldaten kamen" from *Stern* 26/87; Deutsche Taschenbuch Verlag GmbH & Co KG for "Hier und Dort" by Günther Wallraff, © Günther Wallraff; Inhalt for "Angst vor der Angst" from *Inhalt, Magazin für Kultur Schule Sport in Nordrhein-Westfalen*, Nr 3/85; Herder Taschenbuch Verlag for "Politische Beteiligung bei Jugendlichen" from *Jugend ist anders* by Gerd Langguth; Stern for "Noch ein paar Fragen", "Was wirklich zur Wahl steht" and "Wer wählt wen warum?" from *Stern* 4/87; Bertelsmann Verlag for "Staat, Politik, Recht" and "Staatlicher Aufbau in der Bundesrepublik Deutschland" from *Tatsachen über Deutschland*; Stern for "Der Abgeordnete" by Paul Labowsky from *Stern* 4/87; *Rheinische Post* for various extracts; *Bild am Sonntag* for various extracts; Stern for "Königin kocht und Philip spült from *Stern* 17/86; *Neue Post* for various extracts; Hör zu for "Was kommt heute im Fernsehen" from *Hör zu*, 19/5/86; *Aktuell* for "Rundfunkanstalten in der BRD" and "Konkurrenz für ARD und ZDF"; Stern for "Mit Hängen und Würgen" from *Stern* 51/85; NRW Min. für Arbeit, Gesundheit und Soziales des Landes for "Kann Fernsehen auch gefährlich sein?" from *Jugendgefährdung durch gewaltdarstellende Video-Filme*; Bayerischer Rundfunk for extracts from news bulletin of 13 October 1987; Bertelsmann Verlag for "Die Schulen in Deutschland" from *Tatsachen über Deutschland*; Rowohlt for "Irre viel Englisch" from *Ihr nervt mich* by Chlodwig Poth, rotfuchs 127, copyright © 1976 by Rowohlt Taschenbuch Verlag GmbH, Reinbek bei Hamburg; Brigitte for "Der tägliche Klassenkampf" from *Brigitte* 25/86; *BRAVO* for "Klassenzeugnis für Lehrer"; Freundin for "Berufe zum Kennlernen" © *Freundin*; the advertisers of the following products: *Rockford* eau de toilette (Atkinsons); *Benson & Hedges* (B.A.T. Cigarettenfabriken GmbH); *Topas Fit-Shampoo* (Schwarzkopf); *Renta-Plan* (Sparkasse); *Bougeronde*; *MM* (Seagram Deutschland GmbH); *Irisch Moos* (Eau de Cologne & Parfümerie-Fabrik Glockengasse No.4711 gegenüber der Pferdepost von Ferd. Mülhens); *LTU International Airways* (LTU Lufttransport-Unternehmen); *Blendamed Formel Z* (Blendax GmbH); *Deutsche Markenhähnchen* (Bundesverband der Geflügelschlachtereien E.V.); *Edle Tropfen* (Trumpf); *Gervais Obstgarten* (Young & Rubicam GmbH); *McCain Mahlzeiten* (TBWA); *Baileys* (Weltmarken-Import); *Le Tartare* (Bongrain Deutschland GmbH); *Deli-Reform von Rau* (Walter Rau Lebensmittelwerke GmbH & Co KG); *Pritt-Stift* (Henkel KgaA); *WHISKAS* (Effem GmbH); *Knoppers* (HMS); *Aktuell* for "Die Gestaltung der Werbung"; Urban und Schwarzenberg for "Frauen und Männer in der Werbung" from *Mann-Frau: Rollenklischees im Unterricht* by Wagner, Frasch and Lamberti; Stern for "Fitneß-Zufriedenheit" from *Stern* 48/86; Sportillustrierte for "Die am häufigsten betriebenen Sportarten" from *Bunte*; *Fitmit* for "Welcher Sport-Typ sind Sie?"; *Mädchen* for "Die Puzzle-Diät"; *Aktuell* for "Ernährung"; Stern for "Streit ums Rauchen" from *Stern* 48/86; Umweltbundesamt for "Rettet die Luft", "Ohne Wasser läuft nichts" and "Müll kommt uns teuer zu stehen" and "Waldschaden in der Bundesrepublik 1986; Deutscher Instituts-Verlag for "Boden: problem im Griff" from *Umweltprobleme Umweltschutz;* BRAVO for "BRAVO-Diskussion: Atomkraftwerke abschalten?" from *Bravo – die Zeitschrift für junge Leute*; S Fischer Verlag for "Strom ohne Atom" © S. Fischer Verlag GmbH, Frankfurt am Main 1986; *Ja zur Umwelt* for "Selbst-Test" and "das Umwelt-Spiel"; Welt am Sonntag for "Die Zerstörung der Wälder bringt erst Gewinn und langfristig Elend" from *Welt am Sonntag*, 3/1/88.

The authors and publisher would also like to thank the following for permission to reproduce photographs: Ace Photo Library: page 22 (bottom); Allsport: pages 127 and 129; Barnaby's Picture Library: page 6, 43; Michael David Brown: page 22 (top right); Richard Butcher: page 66 (middle top); Ian Butler/Forest Films: page 11 (bottom left); Camera Press: pages 53 (Queen Elizabeth II), 84; J Allan Cash: pages 11 (top left), 12, 20 (top, and bottom right), 147; Deutsche Presse Agentur: page 7 (top right); Embassy of the Federal Republic of Germany: page 53 (Helmut Schmidt); Embassy of the German Democratic Republic: page 53 (Erich Honecker); Natalie Evett: page 11 (bottom right); Ronda Evett: pages 15, 16 (bottom right), 32 (top left, top right, bottom left); German National Tourist Office: page 7 (bottom left); Goethe Institut London: page 53 (Martin Walser); Sally and Richard Greenhill: page 107; Greenpeace/Dorreboom: page 144; Greenpeace/Gleizes: page 145; Landesbildstelle, Berlin: pages 54 (top), 55, 56, 57; Roy Matthews: pages 25, 32 (bottom right), 39, 66, 105, 112; National Trust/John Bethell: page 11 (top right); Panorama DDR – Auslandspresseagentur GmbH: pages 48 and 49 (from *Young People in the DDR*); Paris Match/Habans: page 53 (bottom); Popperfoto: page 22 (top left); Ullstein Bilderdienst: page 54 (bottom); United States Embassy: page 53 (Ronald Reagan); Eric Vincent: page 16 (top left); Zefa: page 110.

Introduction

This course aims to help you to *understand* genuine written and spoken and German and to become *confident and fluent* in your spoken and written German. Whether you are aiming at a German for Business exam, a FLAW or FLIC qualification, AS or A level, the aim is to encourage you to use your language to express your ideas and for language learning to be fun. Good working habits will be necessary, though, and with this in mind here are a few tips:

1 The longer written passages are taken from German newspapers and magazines and are therefore authentic German. They use a variety of registers and styles and, particularly at the beginning of your course, may well be somewhat harder than those you are used to. Perserverance is the key: try reading it through first without stopping and just seeing how much you understand. Then work through it with a dictionary, looking up and noting down words you did not know. With each text a list of some of the words are translated for you – these are items which we do not necessarily expect you to learn and remember but which you will need to understand to comprehend the text. The exercises after each text aim to help you focus on the most important ideas and vocabulary in each text. You should also find the topic on School of practical help here.

2 The taped materials are recordings of native German speakers and exercises are included in this book. They aim to provide both vocabulary and ideas for your own discussions as well as improving your listening comprehension. In many cases it is desirable for you to take the tape away so that you can pause it as often as you need.

3 The oral activities, including the simulation exercises, are designed to increase your fluency by helping you argue out a particular point, and in doing so use the new ideas and vocabulary you have encountered in the texts. In all of these, the amount you gain in confidence is closely related to the amount you are prepared to try and say, no matter how many mistakes you make. If you take no risks, you will not learn anything. For the simulations, try to think yourself into the part and argue as if you really were that person. Some useful phrases which you can use are:

To express an opinion:
Ich bin der Meinung, daß . . .
Ich bin der Ansicht, daß . . . . .
Ich glaube, daß . . . .
Ich meine, ...

To agree:
Da gebe ich dir recht
Du hast recht
Das stimmt
Da stimme ich zu
Ich bin ganz Ihrer Meinung
Ohne Zweifel
Ganz bestimmt
Ich bin damit einverstanden.

To disagree:
Ich muß Ihnen aber widersprechen
Leider kann ich nicht zustimmen
Ich bin ganz anderer Meinung
Andererseits muß man auch sagen, daß . . . .
Ich bin nicht damit einverstanden
Das kann ich nicht akzeptieren

To dispute:
Das kann man aber nicht beweisen
Das ist aber nicht bewiesen
Das ist schon möglich, aber . . . .

To suggest:
Ich schlage vor, daß wir . . . .
Ich würde vorschlagen, daß . . . .
Mein Vorschlag wäre, ... zu machen
Ich möchte dazu sagen, daß . .
Meiner Meinung nach sollte man zuerst . . .

To explain:
Sehen Sie nicht ein, daß . . . .
Aber verstehen Sie nicht, daß . . . .

In these simulations, remember that you will usually be required to make a decision or come to a conclusion at the end of the activity. To achieve this, a compromise may well be required.

4 Vocabulary learning is an essential part of the development of your language skills. You will need access to a good German–English dictionary, and a German–German dictionary such as *Wahrig* or the *Duden Stilwörterbuch*. The word list at the back of this book will also help you. You should note down all new words you meet and, whilst you may never need all of them, you must make a regular effort at least once a week to learn them. "Little and often" must be your watchwords in this respect – last-minute revision will be useless when it comes to expanding your vocabulary. Try, however, not to rely on translation too much – you will often be asked to define a word in German, or to provide a synonym. This will help not only your vocabulary but also your spoken fluency.

5 Written work will often be the conclusion of a particular unit and to do the task effectively you will need many of the words and phrases which you have met earlier in the chapter. Try to incorporate what you have learned in terms of vocabulary or of style (e.g. on the language used in advertising, *Einheit 11*) into your written work.

6 The grammar section at the back of this book aims to explain to you the major structures you will encounter and need to use in your spoken and written work. This cannot, however, be exhaustive and we recommend that you obtain, or have access to, a good German grammar (such as A.E. Hammer's *German Grammar and Usage*).

Verkehr

A Wie fahren Sie am liebsten hin?

Arbeiten Sie in Gruppen zusammen. Sie müssen eine Publicity-Aktion für die Deutsche Bundesbahn planen, in der Sie die vielen Vorteile der Bahn betonen.
Füllen Sie eine Kopie dieser Tabelle aus.

Vorteile des Zuges	*Nachteile des Autos*
1.	
2.	
3.	
4.	
5.	
usw.	

Der Verkehr

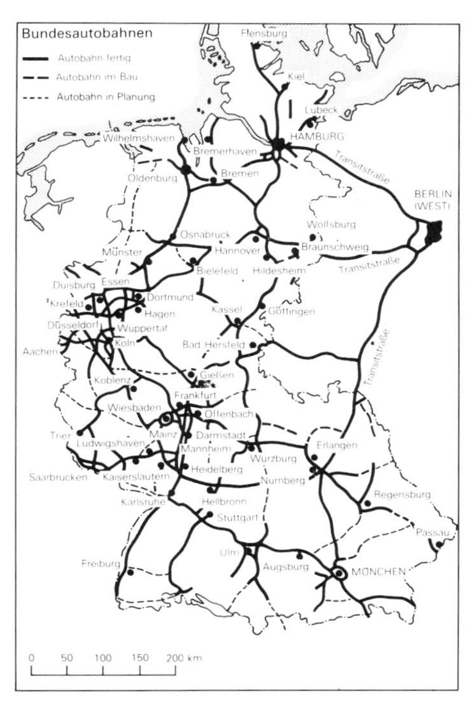

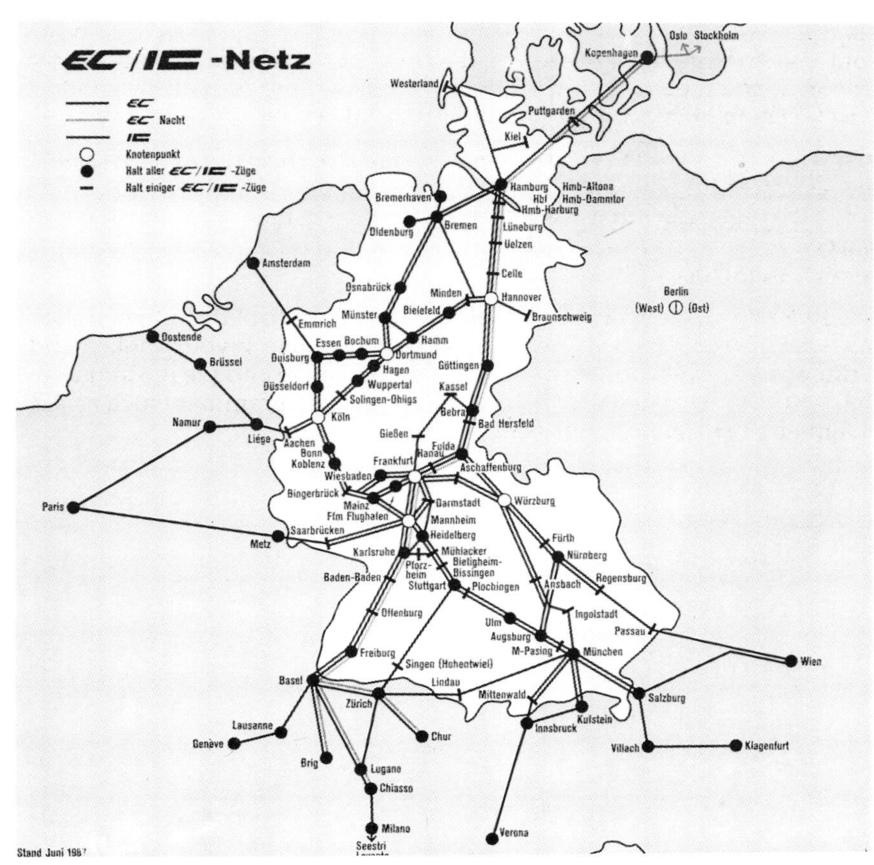

Die Deutsche Bundesbahn

Das größte Transportunternehmen in der Bundesrepublik Deutschland ist die Deutsche Bundesbahn (DB). Ihr Schienennetz umfaßt 28 000 km; davon sind rund 11 120 km elektrifiziert.
Die Bahn ist vor allem für die Beförderung von Massengütern und schweren Lasten sowie für den Personenverkehr, besonders über große Entfernungen, unentbehrlich. Aus diesem Grunde ist man bestrebt, die neuesten Erkenntnisse der Eisenbahntechnik für die Praxis nutzbar zu machen. Hierzu zählen die Automatisierung der Signaltechnik und der rechnergesteuerte Rangierdienst. Hohe Zuggeschwindigkeiten sollen den Transport von Gütern und Personen beschleunigen. Der Schienenverkehr kann in den nächsten Jahren einen Aufschwung nehmen, da er ein energiesparsames und weitgehend mineralölunabhängiges Verkehrsmittel ist.

Straßenverkehr

Im Wettlauf zwischen Straße und Schiene hat sich die Straße nach vorn geschoben. Das liegt vor allem daran, daß das gut ausgebaute Netz von Bundes-, Landes- und Gemeindestraßen einen Gütertransport ohne Umladung von Tür zu Tür erlaubt.
Die rapide Entwicklung des Straßenverkehrs drückt sich in der Zahl der zugelassenen Kraftfahrzeuge aus. Sie stieg von 2,4 Millionen Fahrzeugen (1950) auf 29,2 Millionen (1983); davon sind 25,1 Millionen Personenkraftwagen. Für die meisten Bürger ist das Auto unentbehrlich für den Weg zur Arbeit. Beim Urlaubsreiseverkehr ist es mit 60% gegenüber Flugzeug, Schiff, Bahn und Bus absolut vorherrschend. Das Kraftfahrzeug bleibt auch in Zukunft Hauptverkehrsmittel.
Eine negative Begleiterscheinung des wachsenden Straßenverkehrs sind die Verkehrsunfälle. Auf den Bundesdeutschen Autobahnen besteht keine Geschwindigkeitsbegrenzung: 1970 starben über 19 000 Menschen auf den Straßen, 1982 waren es rund 11 000.

Luftfahrt

Die Deutsche Lufthansa gehört heute zu den erfolgreichesten international tätigen Luftverkehrsgesellschaften. 1982 hat sie 13,8 Millionen Passagiere und 395 000 t Fracht befördert. Im Ferienflugverkehr benutzen jährlich fünf Millionen Deutsche Condor Flugdienst, LTU, Hapag Lloyd Flug und eine Reihe kleiner Unternehmen des Charterverkehrs sowie ausländische Gesellschaften für ihre Reisen, vor allem in die Mittelmeerländer.
Dem starken Zuwachs des Luftverkehrs in den siebziger Jahren folgte mit der wirtschaftlichen Rezession ein Stillstand seit Beginn der achtziger Jahre. Die Verteuerung der Energiekosten und ein verstärktes Umweltbewußtsein haben die Einführung von sparsamen und umweltfreundlichen Großraumflugzeugen, wie z.B. dem Airbus, beschleunigt.

die Beförderung	transportation
die Begleiterscheinung	side effect
beschleunigen	to speed up
die Entwicklung	development
die Geschwindigkeit	speed
der Rangierdienst	marshalling
unentbehrlich	indispensable
der Wettlauf	competition

Aufgabe 1

Lesen Sie den ersten Text „Der Verkehr".
Wo stehen diese Behauptungen, anders gesagt, im Text? Sind Sie mit diesen Behauptungen einverstanden?

a. Für den Gütertransport ist die Eisenbahn ideal.
b. Die DB versucht, das Eisenbahnnetz zu modernisieren.
c. Je schneller die Züge fahren, desto schneller kommt man ans Ziel.
d. Das Straßennetz der BRD erlaubt eine direkte Verbindung, ohne daß man seinen LKW umladen muß.
e. Für viele Deutsche ist das Auto sehr wichtig für die Arbeit.
f. Für den Urlauber ist das Auto im Vergleich zum Flugzeug und zur Bahn an erster Stelle.
g. Der Nachteil des immer größer werdenden Verkehrs sind die Verkehrsunfälle.
h. Die steigenden Energiekosten haben zur Entwicklung von Flugzeugen geführt, die immer weniger Treibstoff brauchen und die Umwelt nicht so stark verschmutzen.

Aufgabe 2

Suchen Sie die Schlüsselwörter (das heißt, die wichtigsten Wörter) aus dem ersten Text aus!

Reisen mit der Bahn

Weil das Bahnfahren so preiswert ist, können Sie sich öfters das Vergnügen leisten, alte Freundschaften aufzufrischen oder neue Freundschaften zu vertiefen. Ihre Fahrt unterbricht kein Stau und keine Schlange an der Grenze, wenn Sie ins Ausland fahren. Wir von der Bahn wünschen Ihnen das beste Wetter und die schönste Erholung.

Intercity

Das Top-Angebot der Bahn: IC-Züge erreichen bei einer Höchstgeschwindigkeit von 200 km/h eine durchschnittliche Reisegeschwindigkeit von 108 km/h. Sie stehen jede Stunde abfahrbereit an 42 Bahnhöfen.
Machen Sie es sich in der 2. Klasse bequem oder entscheiden Sie sich für die luxuriöse 1. Klasse. In den klimatisierten 1. Klasse-Wagen finden Sie veloursgepolsterte Fauteuils. Der Service ist ausgesprochen entgegenkommend; das IC-Team hilft Ihnen nicht nur beim Einsteigen mit dem Gepäck, es bringt Ihnen in der 1. Klasse Getränke oder Snacks direkt an Ihren Platz.
Versäumen Sie aber nicht, sich Ihren Lieblingsplatz im Zug rechtzeitig reservieren zu lassen. Das ist bei allen IC-Zügen bereits im Zuschlag enthalten und kostet Sie nichts extra.

Eurocity

Mit dem Sommerfahrplan 1987 startet ein neues Zugsystem, das Reisen in unsere Nachbarländer noch angenehmer macht. Züge, die besonders schnell und bequem sind, dürfen sich dann Eurocity nennen.
In EC-Zügen wird es Frühstück, Mittag-und Abendessen geben. Die Aufenthaltszeit auf Bahnhöfen soll fünf Minuten nicht überschreiten – und das gilt insbesondere auch für die Grenzbahnhöfe. Zoll- und Grenzkontrollen werden grundsätzlich im Zug durchgeführt.
Eurocity ist der Beginn einer neuen Generation schneller und komfortabler Züge, die Europa näher zusammenrücken lassen.

Schlaf- und Liegewagen

Wie Sie sehen, ist es spielend einfach, auch nach einer weiten Reise ausgeschlafen anzukommen: Wir reservieren Ihnen gerne ein Bett im Single-, Special- oder Double-Abteil, wenn Sie 1. Klasse fahren. In der 2. Klasse schlafen Sie im Tourist-Abteil ungestört zu zweit oder zu dritt.

D-Züge

Schnellzüge überbrücken große Entfernungen, sie sind schnell und bequem.
Sie führen Wagen der 1. und 2. Klasse und bieten meist einen Minibar-Service. Durch Kurswagen erreichen Sie vielfach ohne Umsteigen auch Bahnhöfe, die nicht durch direkte Züge verbunden sind.

Eilzüge

Eilzüge fahren über weite Strecken und halten nicht an allen Bahnhöfen. Sie machen es möglich, eine Landschaft in aller Ruhe zu entdecken.

Rail & Road

Der Vorteil am Bahnfahren ist, daß Sie lange Strecken entspannt und schnell zurücklegen. Und wenn Sie am Zielbahnhof ein Auto brauchen, steigen Sie einfach um. „Wie denn", werden Sie fragen, „mein Auto steht doch zu Hause".
„Kein Problem", antworten wir Ihnen dann, „nehmen Sie einen InterRent-Mietwagen aus dem Rail & Road-Angebot". Diesen Service können Sie für einen Kurztrip von drei Stunden, zum 24-Stunden-Pauschalpreis oder gleich für mehrere Tage nutzen.

IC-Hotels

Für eine geplante oder ungeplante Übernachtung unterwegs ist es gut zu wissen, daß Ihnen in Bochum, Düsseldorf und Duisburg, Hannover und Heidelberg, Köln und Mannheim, München, Stuttgart und Ulm IC-Hotels direkt am Bahnhof zur Verfügung stehen. Sie wohnen dann im Zentrum der Stadt.

abfahrbereit	ready to leave
überschreiten	to exceed
velours-gepolstert	upholstered with velour
zur Verfügung stehen	to be at one's disposal
zurücklegen	to cover
zusammen-rücken	to move together

Aufgabe 3

Sind die folgenden Sätze falsch oder richtig? Wo steht es in „Reisen mit der Bahn"? Verbessern Sie die falschen Sätze.

a. IC-Züge haben eine Höchstgeschwindigkeit von 108 km/h
b. Jede Stunde fährt ein IC-Zug ab.
c. Alle Wagen haben eine Klimaanlage.
d. Der Service im Zug ist äußerst freundlich.
e. Mit dem D-Zug kommt man oft ans Ziel, ohne umsteigen zu müssen.
f. An der Grenze muß man nicht aussteigen, wenn man mit dem Eurocity fährt.
g. Wenn man mit dem Schnellzug fährt, kann man etwas zu essen bekommen.
h. In vielen Städten kann man auch auf dem Bahnsteig übernachten.
i. Züge müssen an der Grenze warten, genau wie wenn man mit dem Auto fährt.
j. Eilzüge fahren nicht langsamer als andere Züge.

Aufgabe 4

Suchen Sie die Wörter aus, die besonders anlockend wirken; z.B. „preiswert" usw. Welche Wörter kommen aus dem Englischen?

Aufgabe 5

Sehen Sie sich die ersten zwei Texte, die Aufgaben und die Karten ganz am Anfang des Kapitels an! Wie würden Sie jetzt die Vorteile des Zugtransports zusammenfassen, im Vergleich mit denen des Straßenverkehrs? Welche Vor-und Nachteile hat der Flugverkehr?

Aufgabe 6

Sie arbeiten für eine Exportfirma, die Schreibwaren in ganz Europa verkauft. Ihre Firma hat einen Zweig in England, wo zwei Kollegen herkommen, um den fallenden Umsatz mit Ihren Vertretern zu besprechen. Sie müssen eine Geschäftsreise für diese zwei Kollegen planen, die für Ihre Firma verschiedene Fabriken und Vertreter in der Bundesrepublik besuchen müssen; auch findet eine wichtige Messe in Hannover statt.
Länger als sieben Tage kann die Reise nicht dauern und die zwei englischen Kollegen müssen sowohl ihre Vertreter in Hamburg, Essen, Frankfurt, Regensburg und München als auch die Messe in Hannover besuchen.
Für jeden Termin müssen Sie ungefähr drei Stunden einrechnen, in Hannover müssen die zwei Kollegen aber drei ganze Tage bleiben.
Ihre Aufgabe ist also, diese Reise zu planen; folgende Punkte müssen natürlich geklärt werden:
a) In welcher Reihenfolge werden die zwei englischen Kollegen Ihre Vertreter besuchen?
b) Wie werden sie reisen – mit dem Zug oder mit dem Auto?
c) Wie weit ist es von Stadt zu Stadt?
d) Wie lange werden sie für jede Strecke brauchen?
e) Was sind ihre geplanten Ankunfts- und Abfahrtszeiten?
f) Was wird jede Strecke kosten?
Sie brauchen folgende Daten:
i) Durchschnittsgeschwindigkeit eines IC-Zuges – siehe „Reisen mit der Bahn"
ii) Geschwindigkeitsbegrenzung auf der Autobahn – keine. 130 km/h wird aber als Tempolimit empfohlen
iii) Preis einer IC-Fahrkarte: (plus IC-Zuschlag DM 10 pro Strecke)
– erster Klasse: DM 5/10 km
– zweiter Klasse: DM 3/10 km
– Liegeplatz 1. Klasse: DM 50
– Liegeplatz 2. Klasse: DM 30
iv) Preis des Benzins: DM 1.30 pro Liter
v) Mietkosten eines Autos: DM 50 pro Tag
vi) Benzinverbrauch Ihres Mietwagens: 8 liter/100 km
Sehen Sie sich auch die zwei Karten auf Seite 1 an.
Nur eines ist schon geplant: Ihre Firma hat einen Vertrag mit der Lufthansa; also ist ein billiger Flug nach Frankfurt schon gebucht. Die Reise beginnt also am 8. November, 15.30, wenn die zwei Kollegen am Frankfurter Flughafen ankommen. Sie haben am 16. November um 17.00 in London einen Termin; also muß der Abflug spätestens am 16. November um 13.30 von Frankfurt stattfinden. Wenn die Kollegen etwas früher abfliegen können, dann spart Ihre Firma Geld und Zeit! Die Übernachtungen müssen Sie aber nicht einrechnen – die werden sowieso von der Firma bezahlt.
Natürlich können Sie ihre Reise mit einem Geschäftspartner planen. Also, los!

Aufgabe 7

Sie haben Ihre Geschäftsreise geplant und jetzt müssen Sie alle geplanten Details Ihrer Reise dem Chef/der Chefin erklären. Einer übernimmt also die Rolle des Chefs/der Chefin, der andere (oder die zwei Partner) die Rolle der Kollegen, die die Reise geplant haben. Natürlich ist der Preis für Ihre Firma wichtig, aber es könnte sein, daß die Vorteile eines Verkehrsmittels wichtiger sind (siehe Aufgabe 5).
Nützliche Ausdrücke:
Wir haben folgendes geplant: . . . .
Ich schlage vor, daß . . . .
Es wäre besser, wenn wir . . . .
Ich bin (nicht) dafür, daß wir . . . . . .
Ich bin dagegen!

B Eine Traumfahrt ins Blaue!

Darauf fahren Junioren ab: die Jugend-Angebote der Bahn

Einen Monat lang Abenteuer zwischen Nordsee und Alpen: Das Tramper-Monats-Ticket

Wer gern durch unser Land trampt, kann eine ganze Menge sparen. Einzige Voraussetzung ist, man darf noch keine 23 sein (Schüler und ordentlich Studierende bis einschließlich 26). Mit dem Ticket kann man einen ganzen Monat lang in der 2. Klasse reisen. So oft man mag. Auf dem gesamten Schienennetz der DB, auf S-Bahnen, und auf den Omnibuslinien der DB. Das Angebot gilt in allen Personenzügen. Sogar im Intercity. Und das ohne Zuschlag. Bei der Benutzung von Zügen mit Gepäckwagen kann ohne zusätzliche Zahlung ein Fahrrad mitgenommen und in den Gepäckwagen eingestellt werden.

Wie man das Tramper-Monats-Ticket bekommt:

Ganz einfach: man bringt seinen Ausweis und ein Paßbild mit.

Einen Monat lang 21 Länder in der Tasche: Inter-Rail

Alle jungen Leute unter 26 können das eigene Land, viele Länder in Europa und Marokko durchfahren. Mit der Inter-Rail-Karte. Sie gilt vom 1. eingetragenen Tag einen Monat. Zu jeder beliebigen Zeit im Jahr. In Belgien, Dänemark, Finnland, Frankreich, Griechenland, Großbritannien, (einschließlich Nordirland), Irland, Jugoslawien, Luxemburg, Marokko, Niederlande, Norwegen, Österreich, Portugal, Rumänien, Schweiz, Schweden, Spanien, Türkei (europäische Strecken) und Ungarn. Und natürlich im eigenen Land. Hier muß man allerdings die Hälfte des normalen Fahrpreises zahlen.
Die Inter-Rail-Karte gibt's bei uns für alle jungen Leute unter 26, die ihren ständigen Wohnsitz in der Bundesrepublik Deutschland und Berlin (West) haben.

einschließlich	including
trampen	to hike, to back-pack
die Voraussetzung	condition
zusätzlich	additional

Aufgabe 8

Sie arbeiten bei der Bahnauskunft und Ihr(e) Partner(in) spielt die Rolle eines Touristen, der bestimmte Schwierigkeiten mit den Jugend-Angeboten hat. Sie sollen ihm helfen – die Antworten finden Sie im Text „Darauf fahren Junioren ab."
1.
a. „Was empfehlen Sie mir? – ich möchte vielleicht drei oder vier Wochen innerhalb Deutschland verbringen."
b. „Und ich hab' gehört, daß ich ein solches Ticket nicht kaufen kann, weil ich 25 bin. Stimmt das?"
c. „Und darf man mit diesem Ticket überall in Deutschland 'rumfahren?"

d. „Und im Intercityzug? Muß ich da Zuschlag bezahlen?"
e. „Was brauche ich, um dieses Ticket zu bekommen?"
f. „Und falls ich mein Fahrrad mitnehmen will? Was mach' ich dann?"
2.
a. „Ich habe ziemlich viel über diese Inter-Rail-Karte gehört. Das ist doch für drei Wochen, oder?"
b. „Und ist dieses Ticket nur für West-Europa gültig, oder kommt man auch hinter den Eisernen Vorhang, nach Ost-Europa? Ich würde nämlich gerne nach Moskau fahren."
c. „Ich könnte natürlich auch meine Verwandten in Nord-Deutschland besuchen, oder?"

Trampen mit der Eisenbahn

Montag morgen 7.20 Uhr, Frankfurt Hauptbahnhof. Keine zwei Minuten bis zur Abfahrt. Gleis 26 liegt am anderen Ende der Halle. Der Rucksack ist ein Monster, aber ich schaffe es gerade noch. Zehn Sekunden vor dem „Bitte Türen schließen" springe ich in den Intercity „Sachsenroß", Abfahrt 7.22 Uhr. Vor mir liegen vier Wochen „Abenteuer Deutschland" mit dem „Tramper-Monats-Ticket" der Deutschen Bundesbahn. Damit kann jeder, der noch nicht 23 ist, einen Monat lang durch Deutschland fahren – für 245 Mark. Es ist die nationale Version des „Inter-Rail-Tickets".

Phil, den ich im Zug kennenlerne, ist ein „Inter-Railer". Er hat schon 8000 Kilometer Europa hinter sich: London, Paris, Florenz und Athen. Zusammen fahren wir erstmal nach Hamburg. Die Jugendherberge liegt direkt an den Landungsbrücken am Hafen. Echte Seebären und -bärinnen treffen sich um 4 Uhr früh auf dem Hamburger Fischmarkt. Wer dabei sein will, muß zäh die Nacht überstehen oder einen privaten Schlafplatz haben, denn die Jugendherberge öffnet erst wieder um 7 Uhr.
Nach ein paar Tagen Großstadtluft fahre ich an die Ostsee: Ralph, Segellehrer und Surf-As aus

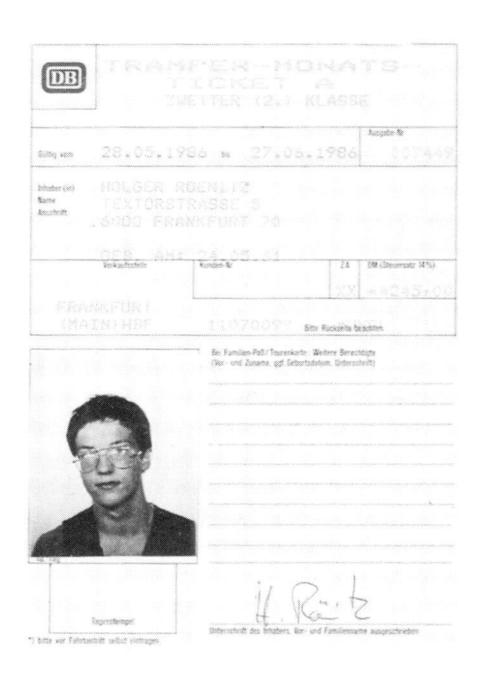

DB
TRAMPER-MONATS-TICKET A
ZWEITER (2.) KLASSE
Gültig vom 28.05.1986 bis 27.06.1986
HOLGER ROENITZ
TEXTORSTRASSE 5
6000 FRANKFURT 70
FRANKFURT (MAIN) HBF
DM (Steuersatz 14%) 245.00
Bitte Rückseite beachten

Heiligenhafen, hat mich eingeladen. Ich habe ihn mal beim Trampen kennengelernt. Als „Hilfsausbilder" soll ich eine Woche bei ihm in der Segelschule mithelfen. Die Segelschüler geben mir einen Tip für die Fahrt nach Süden, Richtung München: Auf den Strecken Hamburg-München, Dortmund-München, Aachen-Kopenhagen und zurück fahren „Twen-Nachttramper". Für vier Mark bekommt man in diesen Zügen einen richtigen Schlafplatz im Liegewagen. Nur Insider kennen diese „rollende Jugendherberge". Wir feiern eine internationale Party auf Schienen. Am nächsten Tag trifft sich der harte Party-Kern in München wieder. Nach einem Frühstück mit Obstquark und Weißwürsten gehen wir dann in die Stadt. Olympia-Stadion, Deutsches Museum, Marienplatz oder Englischer Garten – München bietet für alle etwas. Mich zieht es ins Lenbachhaus (Museum für alte Gemälde). Ein

Lenbachhaus, München

bißchen Ruhe und Kultur tanken kann nicht schaden, denke ich.
Jede(r) zweite Tramper(in) reist allein. Einige fahren mit anderen zusammen weiter. Mit Christina, die ich im Zug kennenlerne, verbringe ich eine halbe Woche im Alpenvorland. Dann fährt sie ohne mich nach Florenz. John aus Birmingham darf nach den Ferien an der Oxford University studieren. Er ist ganz sicher, daß er bald ein berühmter Schriftsteller wird. Jetzt reist er erstmal durchs „Goethe-country". Weil er noch ins Goethe-Haus nach Frankfurt will, gebe ich ihm eine Adresse von Freunden dort. Er verspricht mir dafür ein Exemplar seines ersten Bestsellers.
Natürlich trifft man nicht nur Rucksack-Freaks in den Zügen. Auch die anderen Leute sind interessant. Warum soll man sich nicht mal die Sorgen einer sechsfachen Großmutter anhören oder mit einem Handelsvertreter über die „ach so faule" Jugend streiten. Mir macht es Spaß, denn hier erfahre ich mehr über die Deutschen als in drei Jahren „Gesellschaftskunde". Aber einen „typischen" Deutschen treffe ich nicht. Zwischen Hamburger Punks, Münchener Bankkaufleuten und Bochumer Bergarbeitern liegen Welten. Auch Leigh und Marvin, zwei Studenten aus Los Angeles, müssen ihr German-Bavaria-Lederhosen-Bild immer mehr korrigieren. Natürlich helfe ich ihnen dabei so gut ich kann.
Nach einem Ausflug in die Altstadt von Tübingen und einem Tag in der Stuttgarter Staatsgalerie (moderne Kunst) verlasse ich Süddeutschland in Richtung Aachen. Hier regnet es in Strömen. Ich bin froh, nicht auf der Autobahn zu trampen und fliehe vor dem Regen an die Ostsee: Noch ein paar Tage Seeluft und Sonne in Heiligenhafen, dann geht es zurück nach Hause.

Vier Wochen Deutschland-Abenteuer sind zu Ende. In Frankfurt hat sich nichts verändert. Aber bei mir eine ganze Menge . . .

Die Altstadt, Tübingen

Neue Staatsgalerie, Stuttgart

Aufgabe 9

Füllen Sie Holgers Tagebuch in der richtigen Reihenfolge aus!

1. Anschließend fuhr ich nach Aachen, wo es stark regnete.
2. Ich fuhr an die Ostsee.
3. Ich machte einen kleinen Ausflug nach Tübingen.
4. Ralph lud mich nach Heiligenhafen an der Ostsee ein.
5. Ich besuchte die Staatsgalerie in Stuttgart.
6. Um 7.22 fuhr ich von Frankfurt ab.
7. Ich lernte Christina kennen und wir verbrachten zusammen ein paar Tage im Alpenvorland.
8. Mit dem „Twen-Nachttramper" reiste ich über Nacht vom Norden nach München.
9. Im Zug zwischen Frankfurt und Hamburg lernte ich Phil kennen.
10. Dann fuhr ich wieder an die Ostsee, um ein bißchen frische Luft zu schnappen.
11. In München „tankte" ich Ruhe und Kultur – Museen, Kunstgalerien usw.

. . . . . und dann fuhr ich nach Hause.

Aufgabe 10

Machen Sie eine Liste von den Leuten, die Holger unterwegs kennenlernte! Notieren Sie auf einer Kopie dieser Tabelle alles, was er über jeden schreibt!

Name	*Was er über ihn/sie erzählt*
1. Phil	
2.	
3.	
4.	
5.	

Aufgabe 11

Im Deutschen hat man oft die Möglichkeit, Ideen mittels eines zusammengesetzten Wortes auszudrücken. Suchen Sie mindestens 20 Beispiele davon aus den ersten vier Texten aber beachten Sie die folgenden Unterschiede:

1. Zusammengesetzte Worte aus dem Englischen:
z.B. „Tramper-Monats-Ticket"
2. Zusammengesetzte Worte aus dem Deutschen:
z.B. „Personenverkehr"
3. Zusammengesetzte Worte, kurz geschrieben:
z.B. „Mittag- und Abendessen" = „Mittagessen und Abendessen"

Wieviele Beispiele können Sie finden?

Aufgabe 12 – Zur Diskussion

„In Frankfurt hat sich nichts verändert. Aber bei mir eine ganze Menge . . . . " Was kann sich in einem Menschen verändern, der eine solche Reise unternimmt? Was gewinnt man, wenn man eine solche Reise unternimmt?

Aufgabe 13

Nach einer langen Suche haben Sie, Kriminalpolizist in Hamburg, die Wohnung des Terroristen X gefunden. Er selbst ist aber verschwunden! Sie entdecken in seiner Wohnung aber diese Gegenstände. Endlich wird er festgenommen und Ihr Kollege hat seine Aussage auf Kassette aufgenommen. Vergleichen Sie das, was er sagt, mit diesem Beweismaterial, das Sie gefunden haben. Was stimmt hier eigentlich nicht? Können Sie genau feststellen, was er im letzten Monat gemacht hat?
Schreiben Sie jetzt Ihren Polizeibericht!

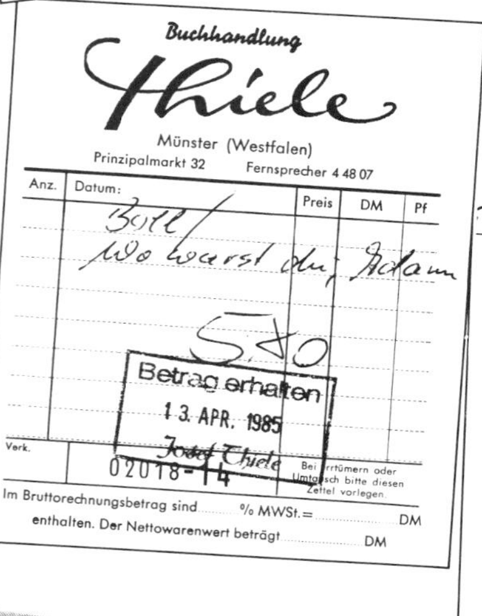

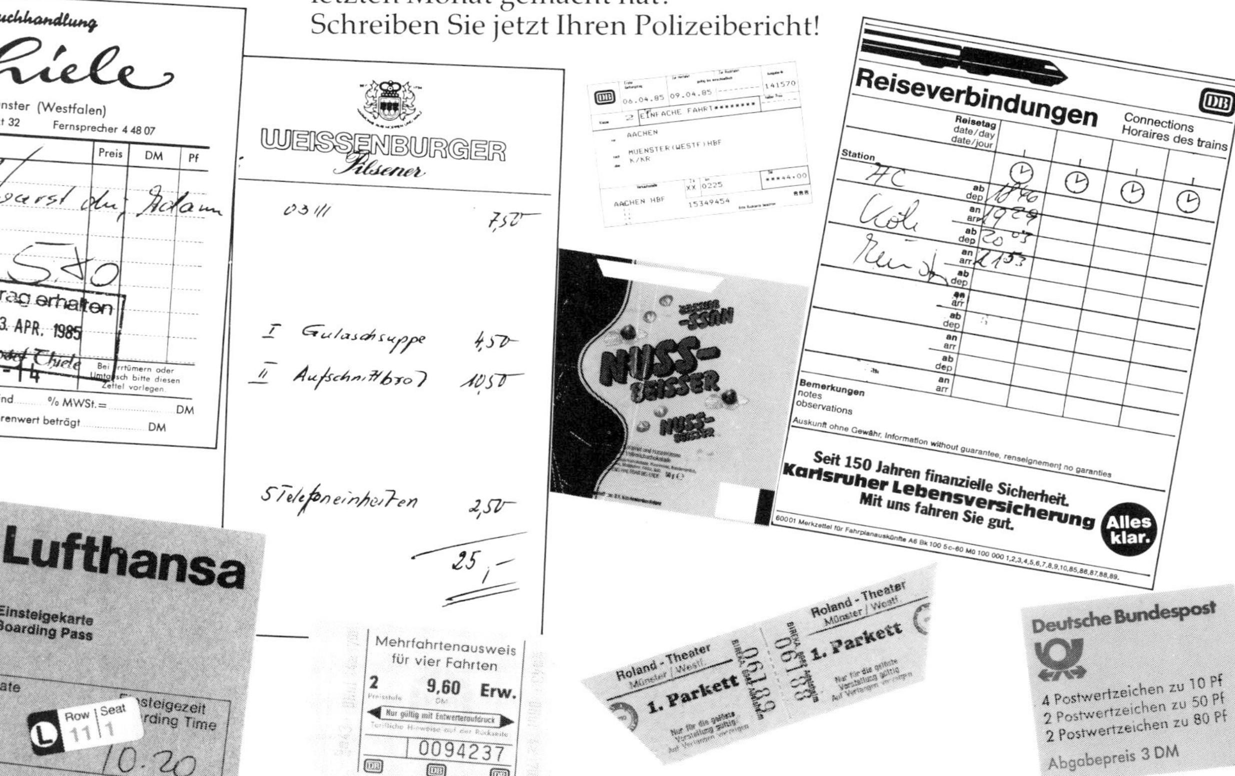

Aufgabe 14

Wenn Sie Ihre Meinungen ausdrücken wollen, können Sie folgende Ausdrücke benutzen. Aber Vorsicht – mit einigen Ausdrücken müssen Sie einen Infinitiv mit „zu" verwenden, mit anderen brauchen Sie einen Infinitiv *ohne* „zu". Sehen Sie auch H18 in der Grammatik.
Sehen Sie sich die Photos der Sehenswürdigkeiten auf Seiten 6 und 7 an, und üben Sie die Ausdrücke, die Sie für einen Meinungsaustausch brauchen!
Ausdrücke mit Infinitiv *ohne* „zu" (u.a. die Modalverben):
z.B.: Wir *müssen* auf alle Fälle die Neue Staatsgalerie *besuchen*.
Ich *möchte* . . . .
Ich *will* . . . .
Wir *könnten* . . . .
Ich *muß* unbedingt . . . .
Wir *sollten* vielleicht . . . .
Ich *würde* lieber . . . .
Verben und andere Ausdrücke *mit* Infinitiv und „zu":
Ich habe keine Lust, ... zu ....
Mein Vorschlag ist, ... zu ....
Ich hoffe, ... zu ....
Ich wünsche sehr, ... zu ....

Sie können auch „daß" gebrauchen:

Ich glaube, daß ....
Ich bin der Meinung, daß ....

Aufgabe 15

Sie und Ihre Freunde wollen im Sommer eine Europareise unternehmen und haben beschlossen, ein Inter-Rail-Ticket zu kaufen. Die einzige Schwierigkeit ist: wohin werden Sie alle fahren? Alle haben ganz verschiedene Vorstellungen. Jeder bekommt seine Prioritätenliste – auf Ihrer Liste sind die Sehenswürdigkeiten, die Sie am liebsten besuchen würden. Besprechen Sie zusammen den Urlaub und fassen Sie einen Entschluß. Benutzen Sie die Ausdrücke, die für Sie oben angegeben sind sowie auch diejenigen auf Seite 11.
Für die Simulation bekommen Sie Ihre Rolle von Ihrem Lehrer.

Aufgabe 16 – Spiel für 2–6 Spieler

Jeder Spieler braucht:
– 4 Touristenkarten
– 10 DM
– 1 Spielmarke

Sie brauchen auch einen Würfel und Fahrkarten für die ganze Gruppe.

Sie reisen durch ganz Deutschland und müssen drei Städte besuchen, bevor Sie wieder zu Ihrem Ausgangsbahnhof zurückkehren. Aber Vorsicht! – bei „Ereignis" müssen Sie aufpassen!

Die Spielregeln

1. Jeder Spieler wählt eine Touristenkarte aus und beginnt in der Stadt, die darauf steht.
2. Jeder Spieler wählt noch 3 Touristenkarten aus. Er/sie muß alle 3 Städte besuchen und zu seinem Ausgangsbahnhof zurückkehren.
3. Jeder Spieler beginnt mit 10 DM und bekommt bei jedem Würfeln zusätzliche 10DM.
4. Wer dran ist, muß zuerst eine Fahrkarte beim Bankier kaufen. Diese kosten je 20DM. Er schreibt dann den Namen des nächsten Zielbahnhofs darauf. Wenn er an seinem nächsten Zielbahnhof ankommt, muß er dann diese Fahrkarte abgeben und eine neue kaufen. Man würfelt; wirft man z.B. eine 3, dann darf man 3 Bahnhöfe vorrücken. Um einen Zielbahnhof zu erreichen, muß man die genaue Zahl würfeln.
5. Wer auf „Ereignis" landet, muß dann eine „Ereigniskarte" nehmen.
6. Los geht's – und alles auf Deutsch, natürlich. Der/die erste, der zu seinem/ihrem Ausgangsbahnhof zurückkehrt, hat gewonnen!

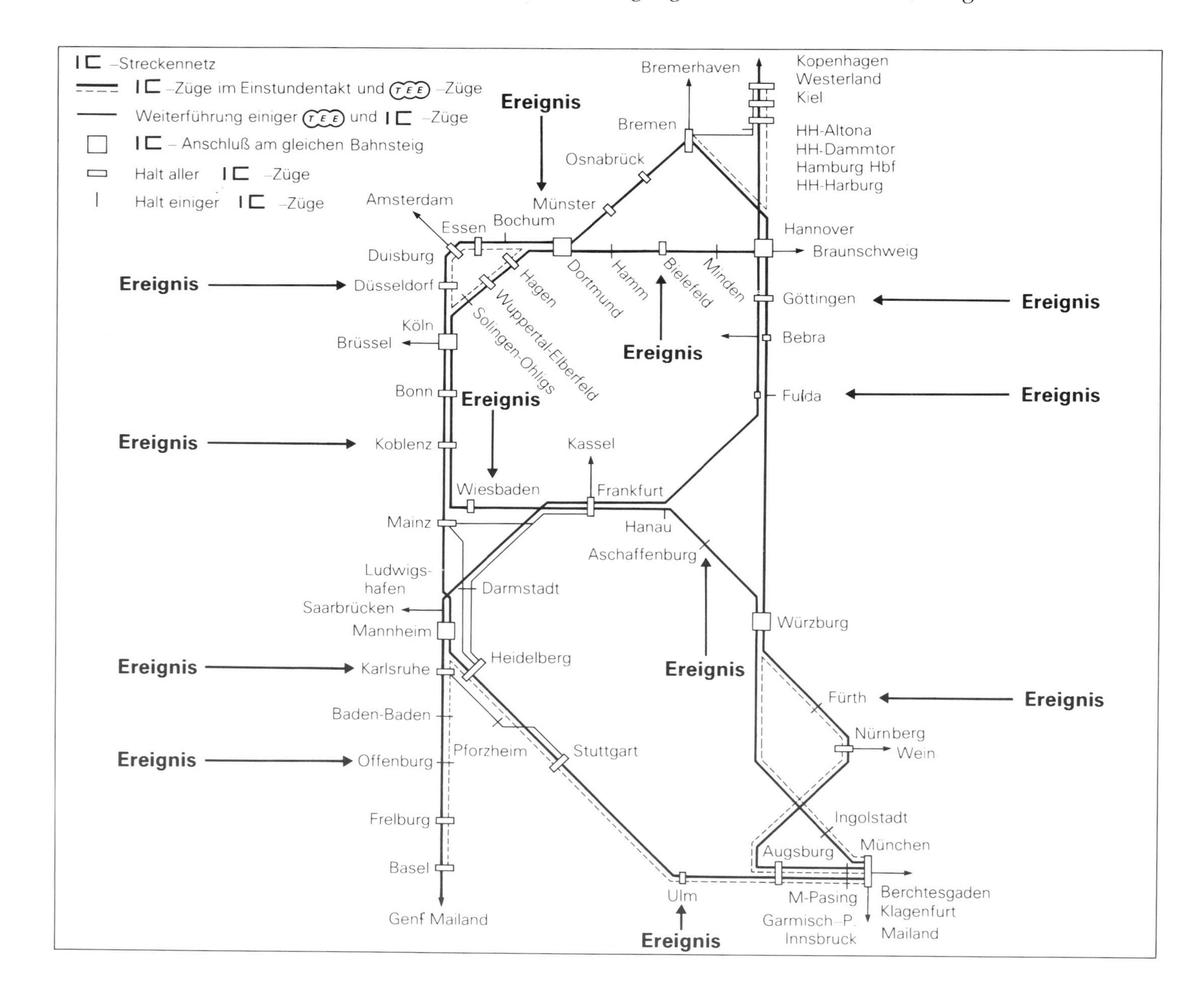

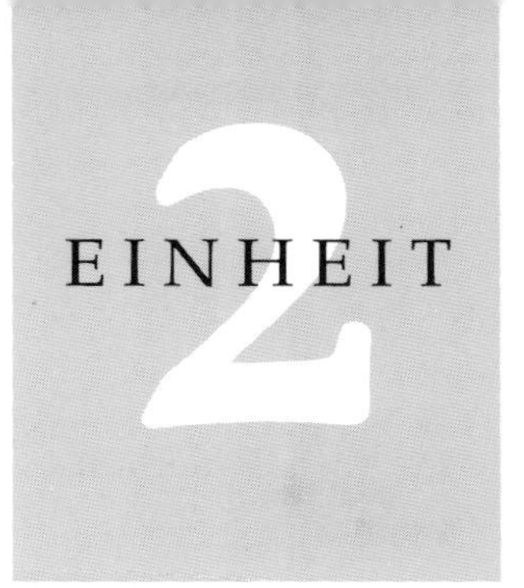

EINHEIT 2 *Tourismus: weg von allem Trubel*

Sehen Sie sich diese Bilder an – welches Ziel würden Sie wählen und warum? Was ist das Attraktive an jedem Bild – die Natur, die Wärme, die Sonne, die See, Sport, Exotik usw.?

In der Wildnis von Kanada

Andreas Schmidt zog an einen See in den Wildnis von Kanada – weitab von jeder Zivilisation. Nur ein Hund begleitete ihn. Hier Auszüge aus dem Tagebuch.

Ich arbeite wie ein Verrückter. Acht Stämme fallen. Am Abend gibt es Bratkartoffeln mit Speck und Zwiebeln. George und ich haben abgenommen. Ich sehe seine Rippen. Wir müssen jagen. Wir brauchen Stärkung.
Der 28. Tag: Die Schlingen sind immer noch leer. Während der Arbeit drehe ich mich ständig um. Gestern nacht habe ich eine Motorsäge gehört. Mitten in der Einsamkeit? Bin ich nicht allein? Angst. Wir brauchen Fleisch. Gemeinsam steigen George und ich den Berg hinter der Hütte hinauf. Ich sehe Fußspuren. Mit beiden Füßen passe ich in einen einzigen Abdruck. Ein Bär? Die Spur führt in ein Dickicht. Bloß nicht ausflippen.
Der 31. Tag: Meine Angst ist größer geworden. Jede Nacht die Säge. Die Säge ist in meinem Kopf.
Der 32. Tag: Der Bau der Hütte lenkt mich ab. Die Arbeit geht gut voran. Die Hütte ist fast schon mannshoch. Am Nachmittag sehe ich einen Kojoten in 300 Meter Entfernung auf dem Eis: Fleisch. Die erste Kugel spritzt weit vor ihm auf. Der Kojote bleibt stehen. Ich schieße wieder. Er steht immer noch. Dann dreht er sich um und trottet langsam über das Eis ans Ufer und verschwindet im Wald. Kein Fleisch. Ich möchte heulen.
Der 42. Tag: Heute ist Richtfest. Der letzte Balken liegt auf dem Dach. Erschöpft, glücklich. Meine Hände sind voller Schwielen. Es ist Mai. Das erste Grün: Die Birken zeigen zarte Knospen. Zwei Hasen sind gestern in die Schlingen gegangen. Ein Festbraten. Ich häute sie, nehme sie aus und brate sie am Stock über dem offenen Feuer. Zum erstenmal habe ich das Gefühl, es in der Wildnis geschafft zu haben. Nach dem Essen zünde ich meine Pfeife an. Blauer Qualm und wohlige Ruhe. Es ist mein bisher schönster Tag hier am See.
Der 46. Tag: Ich ziehe ein, schleppe Mehlsäcke, Kartoffeln, Ausrüstung in die Hütte. Die Tür fehlt noch. Nicht einen einzigen Nagel habe ich in die Hütte geschlagen. Alle Stämme tragen sich selbst. Immer wieder betrachte ich zufrieden mein Werk.
Der 49. Tag: Der Rucksack ist gepackt. Meine Tochter Sarah hat bald Geburtstag. Ich will ihr ein Telegramm schicken. Dafür muß ich 150 Kilometer durch die Wildnis nach Mackenzie. Das letzte Stück Speck, etwas Reis, ein kleiner Topf und die Wasserflasche. Der Schlafsack bleibt hier. Ich will nicht zuviel schleppen. Der Tag graut. Ich zerre das Boot über Felsen und Baumstümpfe zwei Kilometer am Ufer entlang – bis das Wasser endlich offen ist. Fünf Kilometer bis auf die andere Seite. Wir marschieren nach Kompaß. Der Rucksack ist schwer. Schmerzen. Der Abend. Wir erreichen den Anfang eines Trails, der laut Karte in eine Forststraße mündet. Meine Füße schmerzen, die Knöchel sind geschwollen. Ich darf die Stiefel nicht ausziehen. Sonst passen sie mir morgen nicht mehr.
Der 51. Tag: Jeder Schritt schmerzt. Ich weiß nicht, wie weit es noch ist. Noch 50 Kilometer? Noch 70? Nicht hinsetzten, nicht ausruhen. Am Nachmittag kreuze ich eine Lichtung: ein Luchs. Er sieht unverwandt zu mir hinüber. Ein herrliches Tier. Ich halte George fest, bis der Luchs verschwunden ist.
Der 52. Tag: Seit drei Tagen marschiere ich. Immer nur vorwärts. Plötzlich ein Geräusch. Ein grüner Ford. Ein Forstbeamter kommt von einem Holzfäller-Camp im Westen. Ich werfe den Rucksack auf die Ladefläche. Zwei Stunden später sind wir in Mackenzie.
Der 72. Tag: Die Tage ziehen ruhig dahin. Ich stehe spät auf, bastle etwas an der Hütte herum, liege in der Sonne, lese und schreibe. Jeden Abend ein phantastischer Sonnenuntergang. Tiefes Rot. Heute nacht werde ich am Strand schlafen. Über mir ein unendlicher Himmel. Und ein Satellit. Leise plätschern die Wellen ans Ufer – Frieden.
Der 87. Tag: Das Kanu läuft knirschend auf den Strand. Etwas stimmt nicht. George rennt bellend zur Hütte. Schon aus der Entfernung sehe ich, daß das Dach aufgerissen ist. Ein Bär. Ich reiße die Tür auf. Alles ist kurz und klein geschlagen. Der Bär ist durch das Dach in die Hütte gekommen, hat sämtliche Vorratssäcke aufgerissen. Mehl, Reis, Bohnen und Erbsen sind verstreut, der Tisch ist umgeworfen, das Vorratsregal auseinandergebrochen. Ich bin wütend. George rennt aufgeregt rund um die Hütte, nimmt Witterung auf. Ich folge ihm. George hat ihn gestellt. Er steht da, faucht, brummt, knurrt, hebt die Pranken. Ein Braunbär, gut fünf Zentner schwer. George umkreist ihn und bellt. Der Bär ist noch 40 Meter von mir entfernt. In seinem Fell sind weiße Flecken. Mein Mehl. Er geht auf die Hinterbeine. Der erste Schuß trifft ihn in die Brust. Ein zweiter Schuß. Er wankt. Ich schieße wieder. Da bricht er zusammen. Meine Hände sind feucht.
Der 88. Tag: Ich mache mir Vorwürfe. Er hat mich nicht angegriffen. Ich hätte ihn nicht töten müssen. Ein Schuß in die Luft hätte wahrscheinlich genügt. Am Nachmittag häute ich den Bären.
Der 111. Tag: Ein Sturm peitscht über den See. Wellen schlagen mit rollendem Donner ans Ufer. Fast zwei Meter hoch. Gedanken über den Winter. So, wie innerhalb weniger Tage der Frühling einzog, wird auch der Winter kommen. Ich muß mich entscheiden.
Der 151. Tag: Ich packe meine Sachen in

der Hütte zusammen. Die Nächte werden wieder kälter. Ich muß zurück. Alles was hineinpaßt kommt in das Kanu. Zelt, Schlafsack, Gewehr, meine Kleidung und George. Ich werde den See soweit wie möglich nach Süden fahren. Dann nach Mackenzie marschieren. Der Abschied fällt mir schwer.

ausflippen	to go around the bend
die Birke	birch tree
häuten	to skin
die Kugel	bullet
die Lichtung	clearing
der Luchs	lynx
das Richtfest	ceremony on completion of building
die Schlinge	trap
die Schwiele	callus
die Spur	track
die Stärkung	strengthening, nourishment
stellen	to corner
der Verrückte	a madman
der Vorrat	provisions
die Witterung	scent
der Zentner	100 Kilos
zerren	to drag

A Warum fahren wir weg?

Aufgabe 1

Würden Sie auch gerne Ihren Urlaub „weitab von jeder Zivilisation" verbringen? Zeichnen Sie zunächst eine Skizze Andreas Schmidts Reise nach Mackenzie, 150 Kilometer entfernt, (49. und 52. Tag) mit den wichtigsten Ereignissen darauf – Tiere, Seen usw.

Aufgabe 2

Vergleichen Sie Andreas Schmidts Urlaub mit einer „typischen" Pauschalreise! Machen Sie Notizen unter folgenden Stichwörtern:
- Unterkunft
- Transport
- Essen
- Nachtleben
- Gesellschaft

Aufgabe 3

Sie sind Reporter einer Zeitung und interviewen Andreas Schmidt. Schreiben Sie fünf bis zehn Fragen auf, die Sie Andreas stellen wollen – über seinen Urlaub, die Motivation dazu usw. Ihr Partner bzw. Partnerin beantwortet dann die Fragen.

Aufgabe 4

Was gefällt Ihnen an Andreas Schmidts Urlaub? Was gefällt Ihnen *nicht*? Was fehlt ihm, was Sie von einem Urlaub erwarten würden?

Motive des Reisens: Warum fahren wir überhaupt in Urlaub?

Das Bedürfnis, eine Urlaubsreise zu machen, drückt den Wunsch nach Selbstverwirklichung und nach einem anderen, besseren Leben aus, als es der Alltag bietet. Der Urlaub soll das Gegenbild zur Arbeitswelt sein, frei von Streß, Konkurrenzkampf und Fremdbestimmung. Im gewählten Urlaub (Erholungsreise, Strand- und Bildungsurlaub, Aktivurlaub bzw. Kluburlaub, der immer mehr in Mode kommt und den 1983 100 000 Bundesbürger buchten) steht der Kontakt zu anderen Menschen und der Wunsch nach Erlebnissen im Kreis Gleichgesinnter noch vor dem Bedürfnis nach Ruhe und Erholung an erster Stelle. Dabei werden der soziale Freiraum sowie die Möglichkeiten des Kultur- und Erfahrungsaustausches selten genutzt.
Vorurteile, die durch persönliche Erfahrungen noch verstärkt werden, haben den Reiseländern ein Image verschafft, das neue Eindrücke vorbestimmt: Italien und Spanien sind Länder mit Sonne und Meer, gelten als billig und anspruchslos im Komfort. Frankreich gilt als teuer, Österreich als gemütlich und gastfreundlich, die Schweiz als sauber und gepflegt und Dänemark als ruhig und erholsam.

das Bedürfnis	need
die Erfahrung	experience
das Gegenbild	opposite
gelten als	to be seen as
gepflegt	tidy
der Gleich-gesinnte	a person of similar taste
verstärken	to amplify, reinforce
das Vorurteil	prejudice

Aufgabe 5

Warum fährt man in Urlaub?
Versuchen Sie im ersten Absatz des Textes „Motive des Reisens" die Schlüsselwörter zu finden. Beginnen Sie mit:
1. anderes, besseres Leben
2. Gegenbild zur Arbeitswelt
3.
4.
5.
usw.

Was verstehen Sie unter: Erholungsreise, Strandurlaub, Bildungsurlaub, Aktivurlaub, Kluburlaub
Können Sie diese Ausdrücke definieren?

Aufgabe 6 – Zur Diskussion

Welche dieser Gründe sind für Sie die wichtigsten? Worauf freuen Sie sich am meisten? Warum fahren wir in Urlaub?

Aufgabe 7

Der Text „Motive des Reisens" spricht von Vorurteilen – schreiben Sie für jedes Land die im Text erwähnten Vorurteile ein.

1. Italien=Sonne und Meer
2. Spanien=
3. Frankreich=
4. Österreich=
5. die Schweiz=
6. Dänemark=

Was denken Sie? Haben Sie auch solche Vorurteile?
Und wie ist es in anderen Ländern? Was würden Sie zu diesen Ländern schreiben? Unten im Kästchen sind ein paar Ideen für Sie; natürlich sollten Sie auch die Wörter verwenden, die Sie bis jetzt in Aufgaben 5–7 gefunden haben!.

7. Griechenland=
8. Jugoslawien=
9. Deutschland=
10. Großbritannien=

Vorschläge: Schmutz, Erholung, Strand, interessante Leute, guter Wein, herziges Essen, interessante Geschichte, malerische Landschaft, Gastfreundschaft, viele Sehenswürdigkeiten, viele Touristen.

Aufgabe 8

Fragen Sie 10 Leute (Eltern, Freunde), wo Sie am liebsten Urlaub machen und warum. Machen Sie zuerst eine Liste von den bis jetzt erwähnten Ländern, und dann eine Liste von den möglichen Gründen, aus denen man ein bestimmtes Land wählen könnte.

Aufgabe 9

Hören Sie sich das Tonband an – Sie hören drei Schüler, die sich kurz nach den Ferien wiedertreffen. Diese besprechen ihre Erfahrungen, aber in welcher Reihenfolge hören Sie die folgenden Äußerungen?

ein Haufen Geld	a pile of money
es sieht übel aus	it looks bad
zwangsläufig	of necessity

a. wir sind also ganz kurzfristig zusammen losgedüst
b. . . . war echt gut!
c. es war ein herrlich guter Urlaub
d. ich (habe) mich manchmal mit Freunden getroffen
e. ich habe mich darum wieder zu spät gekümmert
f. da kannst du dich wenigstens ausruhen fünf Wochen lang, oder?
g. das war also 'ne sehr kurzfristige Notlösung
h. da lernt man die Schule schätzen
i. gearbeitet habe ich die Sommerferien über
j. ich bin eigentlich nicht der Fan vom Wandern
k. es war teilweise ein bißchen kalt
l. das ist schlimmer als jede Fabrik – da kriegt man ja nichts dafür
m. mir war nix besseres eingefallen

Aufgabe 10

Schreiben Sie einen Brief an einen Freund, in dem Sie über Ihre Schulferien erzählen – benutzen Sie dabei all die in Aufgabe 9 erwähnten Ausdrücke in Ihrem Brief.
Oder: arbeiten Sie mit einem Partner zusammen, um ein Dialog zu erfinden, in dem Sie all die obenerwähnten Ausdrücke benutzen. Dann nehmen Sie Ihr Gespräch auf Tonband auf.

B Kommen Sie zu uns!

Fahren Sie doch mal nach England!

Entdecken Sie Südostengland!

East Sussex, Kent, Surrey und West Sussex bilden zusammen eines der schönsten Gebiete Englands, reich an Geschichte und Naturschönheiten, mit berühmten alten Kathedralen, einem abwechslungsreichen Küstenabschnitt und einer hügeligen grünen Binnenlandschaft.

East Sussex

Hier vermischen sich Land und See auf vollkommene Weise: An der See belebte Badeorte mit vielen Hotels und Unterhaltungsmöglichkeiten und im Landesinnern die stille Schönheit der South Downs. Beliebte Badeorte reihen sich an der 120 km langen Küste mit den atemberaubenden Klippen von Beachy Head und denen der Seven Sisters

aneinander. Brighton ist das ganze Jahr über einer der beliebtesten Ferien- und Badeorte in Großbritannien. Berühmt sind der eigenartige Royal Pavilion im orientalischen Stil und die malerischen alten Gassen, die Lanes.

Kent

Kent, der „Garten Englands" ist wegen seiner Äpfel- und Kirschgärten berühmt. Kent ist auch eine der geschichtsreichsten Grafschaften Englands. Im Landesinnern liegen die historischen Städte Rochester, Sandwich, Canterbury und Tunbridge Wells.

Surrey

Surrey, eine der kleinsten und doch hübschesten Grafschaften Englands, ist genau das Richtige für Ferien fern von allem Trubel, in denen man durch eine unberührte Landschaft wandern oder fahren kann. Von den steilen Bergen der North Downs hat man eine schöne Aussicht über Heide- und Waldländer. Südlich der Themse schlängelt sich der Fluß Wey durch die alte Grafschaftsstadt Guildford. Sehenswert sind die historische High Street, die Burg und die Guildhall.

West Sussex

Auch hier erstreckt sich eine bezaubernde Landschaft in südlicher Richtung bis zur Küste mit einer Reihe von Badeorten, die ideal für Familienferien sind. An der westlichen Küste erstrecken sich die Buchten des Chichester Harbour, die ein Gebiet außergewöhnlicher Schönheit und ein Paradies für Segler und Vögel darstellen.

Aufgabe 11

Finden Sie Adjektive in „Entdecken Sie Südostengland", die mit diesen Substantiven verbunden sind. Benutzen Sie dabei auch ein Wörterbuch.

z.B.

a. der Reiz — reizvoll, reizend
b. der Preis
c. die Vollkommenheit
d. die Liebe
e. der Maler
f. die Sehenswürdigkeit
g. die Ruhe
h. der Zauber
i. die Berührung
j. der Ruhm

Aufgabe 12

Machen Sie jetzt eine Liste von allen Wörtern und Ausdrücken, die in diesem Text beredsam oder attraktiv wirken!
z.B. landschaftlich reizvolle Gegenden

Aufgabe 13

Benutzen Sie Ihre Liste (Aufgabe 11) der Adjektive und verbinden Sie sie mit diesen Substantiven!

ein Gebiet
Vögel
die Küste
die Bucht
die Landschaft
Ferien- und Badeorte
Kathedrale
Stadt
Grafschaft
die Berge
der Fluß
die Gasse

Aufgabe 14

Sie arbeiten im Verkehrsamt und ein Partner spielt die Rolle eines deutschen Kunden, der alles Mögliche über Südostengland wissen will. Wie beanworten Sie seine Fragen? Um die Fragen zu beantworten, lesen Sie den Text „Entdecken Sie Südostengland" noch einmal durch.

Besuchen Sie die Schwäbische Alb!

Dischingen, 463 m, 4200 Einwohner

Staatlich anerkannter Erholungsort im Egautal; barocke Pfarrkirche (1769) von Josef Dossenberger; Heimatmuseum; Ländliche Bildergalerie; Schloß Thurn- und Taxis (18. Jahrhundert) mit Jagdkundemuseum und Englischem Wald (große Parkanlage); Jagdschloß Duttenstein (14. Jahrhundert) mit Damwildpark; Burg Katzenstein (11. Jahrhundert). Härtsfeldsee (Bootfahren, Segeln, Surfen); Drachenfliegen; Golfplatz (9-Loch-Anlage); Zeltplatz.

Tuttlingen, 647m, 33 000 Einwohner

Kreisstadt am Eingang zum romantischen Donautal. Weltbekannte Präzisionsindustrie. Idealer Stützpunkt für Fuß- und Autowanderungen. Lohnende Ziele für Spaziergänge sind Aussichtsturm Ruine Honberg, die Ruinen Luginsland, Wasserburg und Konzenberg. Fahrten an den Bodensee und in den Schwarzwald. Einzigartige Donauversickerung oberhalb von Tuttlingen beim Stadtteil Möhringen (staatlich anerkannter Luftkurort.)

Aufgabe 15

Verwenden Sie die Wörter und Ausdrücke, die Sie bis jetzt gelernt haben, um diese etwas trockenen Texte über Dischingen und Tuttlingen auszufüllen!

Aufgabe 16

Schreiben Sie jetzt eine Anzeige für Ihre eigene Gegend oder Stadt. Vergessen Sie nicht all die Sehenswürdigkeiten, Sportmöglichkeiten usw.
Ihre Beschreibung muß so attraktiv wie möglich wirken.

C Aber welches Hotel?

Aufgabe 17

Sehen Sie sich die Zeichenerklärung der Hotels in Lübeck an. Welches Symbol paßt zu welcher Beschreibung? Wie finden Sie die Symbole – sind sie sofort erkennbar?

Zeichenerklärung für Hotels

1 · 2 VP · 3 HP · 4 P · 5 P · 6 · 7 · 8 TV · 9 · 10 · 11 · 12 BAR · 13 Rb · 14 · 15 · 16 · 17 S · 18 · 19 · 20 · 21 · 22 · 23 · 24 · 25 · 26

Restaurant
Vollpension
Halbpension
Parkplatz, Hauseigen
Eigene Garage
Lift
Konferenzraum
Fernsehen im Zimmer
Fernsehraum
Raido im Zimmer
Zimmertelefon
Hunde
Bar
Zusammenarbeit mit Reisebüros

Einrichtungen für Behinderte
Ruhiges Schlafen
Garten/Park
Vergünstigungen und Einrichtungen für Kinder
Sauna
Tennishalle
Tennis
Kegeln
Reiten
Angeln
Segeln
Historisches Gebäude
Saal

Hotel Restaurant „Zur Burgtreppe"
24 Lübeck, Hinter d. Burg 15 (Ecke Kl. Burgstr.)
Telefon 04 51 / 7 34 79
20 Betten
Preise incl. Frühstück
EZ mit Etagenbad DM 35,—/ 40,—
DZ mit Etagenbad DM 74,—/ 80,—
DZ mit Dusche DM 60,—/ 70,—
stadt, besonders ruhige Lage
Stadtplan 15 E 3

Pension am Park
2400 Lübeck, Huxtertor Allee 57
Telefon 04 51 / 79 75 98
8 Betten
Preise incl. Frühstück
EZ mit Etagenbad/Dusche DM 37,—
DZ mit Dusche DM 68,—
DZ mit Etagenbad/Dusche DM 58,—/ 62,—
Sehr schöner Aufenthaltsraum, TV, Garten
Stadtplan 55 G 3

Oymanns Hotel
2401 Hamberge bei Lübeck
Telefon 04 51 / 89 13 51 / 89 29 75
29 Betten
Preise incl. Frühstück
EZ mit Bad/Dusche DM 52,—
DZ mit Bad/Dusche DM 79,—
Stadtplan 49 H 6

Hotel Schönwald
2400 Lübeck, Chasotstr. 25 (nahe Drägerpark)
Telefon 04 51 / 6 41 69 / 6 41 62
Preise incl. Frühstück
EZ mit Etagendusche/WC DM 35,—
DZ mit Etagendusche/WC DM 60,—/ 70,—
Übernachtung ohne Frühstück möglich.
English spoken, parlant français.
Stadtplan 32 E 1

Pension Koglin
2400 Lübeck, Kottwitzstraße 39
Telefon 04 51 / 62 24 32
8 Betten
Preise incl. Frühstück
EZ mit Dusche/WC DM 40,—/ 50,—
DZ mit Dusche/WC DM 65,—/ 80,—
Stadtplan 25 E 1

Hotel Stadtwache
2400 Lübeck, Mühlenbrücke 7
Telefon 04 51 / 7 18 66 / 7 18 67
Preise incl. Frühstück
EZ mit Dusche/WC DM 65,—/ 75,—
DZ mit Dusche/WC DM 120,—/ 150,—
Stadtplan 33 G 3

Astoria, Hotel-Restaurant
2400 Lübeck, Fackenburger Allee 68
Telefon 04 51 / 4 67 63
50 Betten
Preise incl. Frühstück
EZ mit Bad/Dusche DM 58,—/
EZ mit Etagendusche DM 52,—
DZ mit Bad/Dusche DM 98,—/
DZ mit Etagendusche DM 88,—
Zusatzbett DM 25,—
Stadtplan 23 D 5

Hotel Jensen am Holstentor
Ihr Ringhotel in Lübeck
2400 Lübeck, Obertrave 4 - 5
Telefon 04 51 / 7 16 46, Telex 26 360
102 Betten
Preise incl. Frühstück
EZ mit Bad/Dusche/WC DM 75,—/ 93,—
DZ mit Bad/Dusche/WC DM 124,—/ 160,—
Phon-Stop-Fenster. Mini-Bar, Kabel-TV
Spezialitäten-Restaurant Jagdzimmer im Hause!
7 Tage durchgehend warme Küche
Stadtplan 4 F 4

Hotel Stadtpark
2400 Lübeck, Roeckstraße 9
Telefon 04 51 / 3 45 55
35 Betten
Preise incl. Frühstück
EZ mit Bad/Dusche/WC DM 45,—/ 49,—
EZ ohne Bad/Dusche/ DM 39,—
DZ mit Bad/Dusche/WC DM 73,—/ 84,—
DZ ohne Bad/Dusche DM 62,—
Gruppen bis 12 Pers. Preise ab 1. 4. 88.
Stadtplan 9 D 2

Hotel „Lindenhof"
2400 Lübeck, Lindenstraße 1 a
Telefon 04 51 / 8 40 15
90 Betten
Preise incl. Frühstück
EZ mit Bad/Dusche/WC DM 75,—/ 85,—
EZ ohne Bad/Dusche/WC DM 45,—/ 50,—
DZ mit Bad/Dusche/WC DM 110,—/ 140,—
DZ ohne Bad/Dusche/WC DM 85,—/ 95,—
Familienzimmer auf Anfrage.
Stadtplan 5 F 4

Aufgabe 18

Was würden folgende Kunden von einem Hotel erwarten und unbedingt brauchen?

a. eine Familie mit zwei Kindern
b. Flitterwöchner (Hochzeitsreisende)
c. ein Betriebsausflug
d. zwei Studenten auf Urlaub
e. ein junges Ehepaar ohne Kinder
f. ein Rentnerehepaar

Begründen Sie Ihre Wahl!

D Wir fahren nach Lübeck

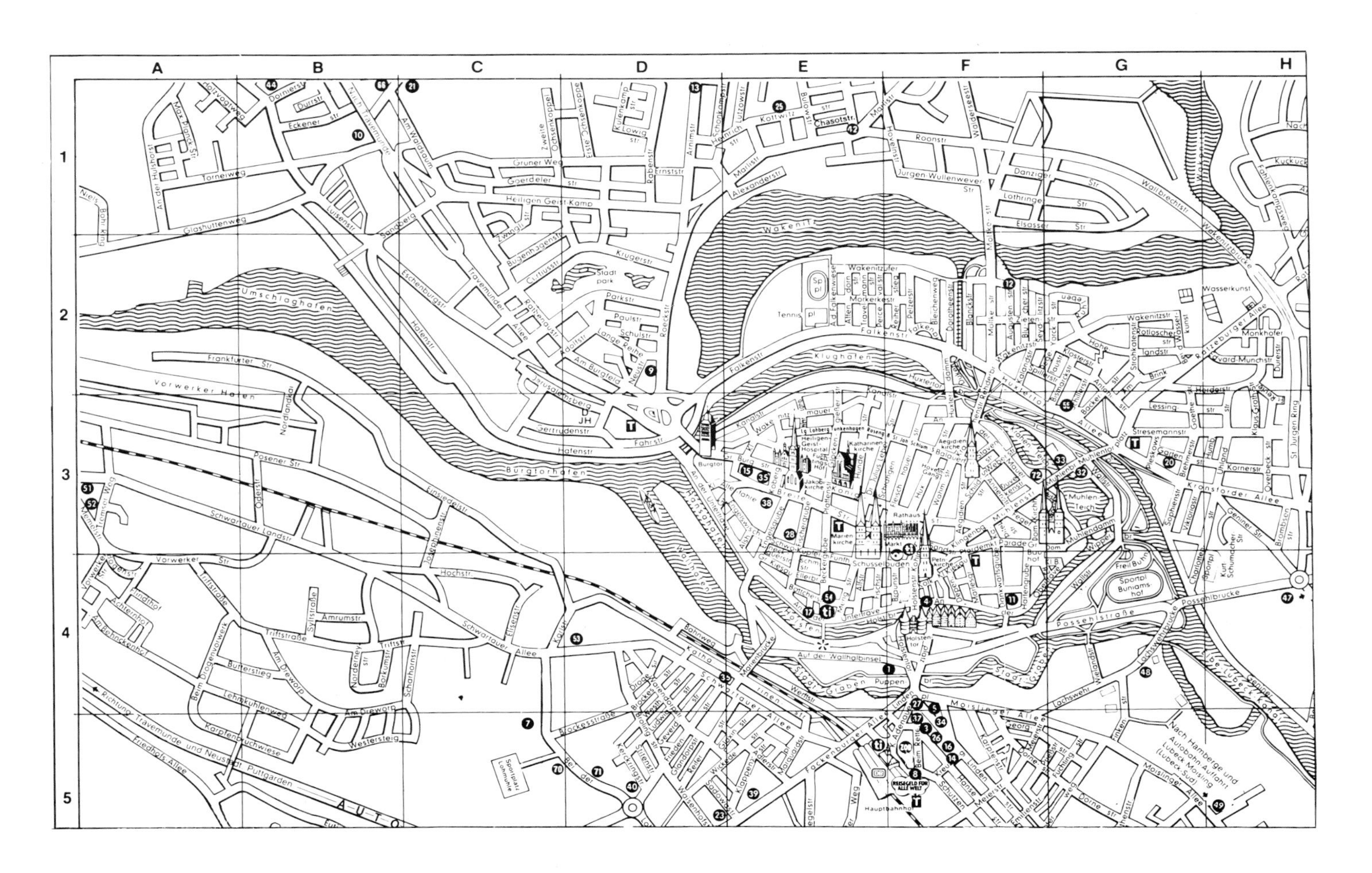

Aufgabe 19

Simulation 1

Sehen Sie sich das Hotelverzeichnis auf Seite 18 und den Stadtplan von Lübeck an!
Sie arbeiten für eine Firma, die elektrische Haushaltsgeräte herstellt, und Sie müssen, zusammen mit Ihren Kollegen, eine große Konferenz in Lübeck veranstalten. Die Konferenz dauert vier Tage und ungefähr 25 Delegierte werden erwartet. Mit Ihren Kollegen müssen Sie beschließen, welches Hotel für diese Konferenz gebucht wird.
Von Ihrem Lehrer bekommen Sie Ihre Rolle.

Simulation 2

Sehen Sie das Hotelverzeichnis auf Seite 18 und den Stadtplan von Lübeck an!
Ihre Familie plant einen Sommerurlaub in Norddeutschland. Sie haben vor, eine Woche in Lübeck zu verbringen und die ganze Familie kommt zusammen, um ein gutes Hotel auszuwählen.
Sie nehmen eine der Rollen – die Rolle bekommen Sie von Ihrem Lehrer.

E Die Bundesrepublik als Reiseland

Ist die Bundesrepublik Deutschland ein "Reiseland"? Ganz gewiß ist sie es für die Deutschen selbst: Nahezu die Hälfte der Bundesbürger, die in den Ferien verreisen, tun es im eigenen Land. Die Deutschen stellen die große Mehrheit der Gäste in den Hotels, Pensionen und Privatquartieren der Bundesrepublik. Nur 10% aller Übernachtungen entfallen auf Ausländer. (Zum Vergleich: In Österreich und Spanien sind es über zwei Drittel.)

Die Pfalz, Rheintal

Tourismus als Wirtschaftszweig

In absoluten Zahlen sind diese 10% aber gar nicht so wenig: In der Saison 1982 wurden über 21 Millionen Übernachtungen von Ausländern registriert. Die ausländischen Gäste ließen 1982 13,3 Milliarden DM im Land. Die volkswirtschaftliche Bedeutung des Fremdenverkehrs ist beträchtlich; rund 1 Million Arbeitsplätze hängen direkt oder indirekt von ihm ab. Jedoch bringt der zunehmende Tourismus auch Probleme mit sich. Die Natur ist einer fortwährenden starken Belastung ausgesetzt; mancherorts drohen menschliche Eingriffe die Landschaft zu zerstören. Einen guten Mittelweg zwischen dem wirtschaftlich Wünschenswerten und den Notwendigkeiten des Umweltschutzes zu finden, ist eine schwierige Aufgabe.

Was Deutschland zu bieten hat

Welche touristischen Reize hat nun die Bundesrepublik zu bieten? Wegen ihrer landschaftlichen Schönheit üben Nord- und Ostsee, Mittelgebirge und Alpen, aber auch die Flußtäler von Rhein, Main, Mosel, Neckar und Donau auf den Besucher die größte Anziehungskraft aus. Eindrücke anderer Art vermitteln die berühmten deutschen Kulturlandschaften. An der Romantischen Straße, in Rothenburg,

Rothenburg

Dinkelsbühl, Nördlingen, wird für den Besucher das Mittelalter lebendig; in Bayern umfängt ihn die Heiterkeit des Barocks, im Norden die Strenge der Backsteingotik. Kosmopolitanische Gegenwart bieten die modernen Großstädte. Deutsche Gemütlichkeit – ein schwer übersetzbares Wort – erlebt der Gast bei Heimat-, Trachten-, Wein- und zahlreichen anderen Volksfesten. Durch die Landschaften der Bundesrepublik Deutschland führt ein gut ausgebautes und engmaschiges Wanderwegenetz. Durch die bekannten Urlaubsgebiete führen Touristikstraßen, z.B. die Deutsche Alpenstraße, die Romantische Straße, die Deutsche Ferienstraße Alpen-Ostsee, die Deutsche Weinstraße und die Deutsche Märchenstraße.

Dinkelsbühl

Aufgabe 20

Welche dieser Punkte werden in diesem Text entweder als Vorteil oder als Nachteil des Tourismus erwähnt? Wo steht es im Text, daß
– die Umwelt verschmutzt wird?
– Deutsche Ausländer kennen lernen?
– Deutschland Geld dabei verdient?

Aufgabe 21

Woran denken Sie persönlich, wenn Sie an Deutschland als „Reiseland" denken?

a. an seine Geschichte
b. an die Romantik
c. an seine Kultur
d. an gute Unterhaltungsmöglichkeiten
e. an gute Stimmung
f. an seine Gastfreundlichkeit
g. an schöne, historische Gebäude
h. an eine malerische Landschaft
i. an mittelalterliche Städte
j. an schöne Touristenstraßen
k. an seine Tradition

Können Sie Beispiele dafür finden? (Einige Beispiele werden Sie vielleicht im Text finden).

Aufgabe 22 – Zur Diskussion

Warum fahren Sie in Urlaub?
Was ist am wichtigsten, wenn man wegfährt?
Mit wem fahren Sie am liebsten weg?
Welche Gefahren hat der moderne Massentourismus?

Aufgabe 23

Sehen Sie sich die „Bilder von einem Sommer-Wochenende in Europa" an! Was denkt der Bär? Was sagen Opa und Enkelkind zueinander? Was sagen Oma und ihr junges Enkelkind zueinander?

Liebe auf den ersten Blick?

A Kennenlernen

„Allein im Cafe – da kriegt man schnell Kontakt"

Wo lernt man am besten neue Leute kennen? Wo würden Sie hingehen (zum Beispiel in einem fremden Land), um Kontakt aufzunehmen? Warum?

Karin Burggrat (27), Zahntechnikerin: „Ich würde mich ganz gemütlich allein in ein Café setzen. Nicht in irgendeins, es gibt da ganz bestimmte, wo man schnell Kontakt bekommt."

Sabine Pahlke (21), Schülerin: „Am besten geht es im Theater. In der Pause stehen da die Leute nur so rum, und man hat automatisch das gleiche Thema. Auch nicht schlecht ist es, einen Kurs in der Volkshochschule mitzumachen. Da treffen sich Leute mit ähnlichen Interessen."

Stephan Seitzinger (21), Student: „Beim Sport, weil man da gleich ein gemeinsames Thema hat. Wenn ich gerade auf der Suche nach einem Mädchen wäre, würde ich in einen Tennisclub gehen."

Dr. Manfred Schmied (37), Notar: „Im Museum geht man gemütlich von Bild zu Bild, jemand anders auch, man bleibt vielleicht gemeinsam vor einem Bild stehen . . . und dann gibt's da ja fast überall diese netten Cafeterias, wo alles andere als Aufreißer-Atmosphäre herrscht."

Leserinnen berichten: So fand ich meinen Traummann

An jenem Abend war mir der zweite junge Mann am Tisch nicht aufgefallen. Später lud er mich zu einer Kahnpartie ein . . .

Zauberhafte Liebesgeschichten, die das Leben schrieb

Susanne Schulte*, Krankengymnastin:

„Bei der Kahnpartie gestand mir Peter seine Liebe"

Als ich meinen Traummann traf, erkannte ich es nicht einmal. Ich hatte mich nämlich in einen anderen unsterblich verliebt und nur noch Augen für ihn. Und so fing alles an:

Über der Tanzfläche schaukelten bunte Lampions in den Bäumen. Es war ungewöhnlich warm für einen Abend im Mai. Eigentlich hatte ich in dem Restaurant nur eine Kleinigkeit essen wollen. Doch dann blieb ich sitzen und sah den tanzenden Paaren zu.

Irgendwann fiel mein Blick auf den Nebentisch, auf einen gutaussehenden jungen Mann.

„Darf ich bitten?" fragte er mit einer leichten Verbeugung. Erst zögerte ich, doch dann ließ ich mich auf das Holzpodium führen.

„Mein Freund und ich sind auf der Durchreise." Der Fremde zeigte auf seinen Tisch. Jetzt entdeckte ich den anderen jungen Mann. Ich hatte ihn einfach übersehen.

Wir tanzten, bis die Kapelle eine Pause machte. „Es wäre nett, wenn wir Ihnen Gesellschaft leisten dürften", meinte mein Partner.

Ohne meine Antwort abzuwarten, brachte er Weinflasche und Gläser an meinen Tisch. Ich merkte, daß sein Freund zögerte, doch dann setzte auch er sich.

Holger Steiner erzählte so amüsant, daß die Stunden wie im Flug vergingen. „Wir wollten morgen früh in die Schweiz weiterfahren", sagte er. „Aber nun überlege ich mir, ob wir nicht doch ein paar Tage am Bodensee bleiben sollen."

Bei diesen Worten hielt er meine Hand. „Sehen wir uns morgen wieder?" fragte er.

Ich wußte nicht recht, wie ich mich verhalten sollte. Schließlich konnte ich mich nicht einfach mit einem wildfremden Menschen verabreden. Aber Holger Steiner gefiel mir sogar sehr.

So kam es, daß wir uns eine Woche lang täglich trafen. Wir verbrachten glückliche Stunden. Dann, an einem Sonntag, wartete ich vergeblich auf ihn in unserem kleinem Café. Ob ihm etwas zugestoßen war, fragte ich mich.

Schließlich stand ich auf. Auf dem Weg zur Tür traf ich Holgers Freund, jenen stillen jungen Mann, dem ich nicht besonders viel Aufmerksamkeit geschenkt hatte.

„Es tut mir sehr leid", sagte er bedauernd, „aber Holger mußte überraschend abreisen."

„Hat er . . . hat er keine Nachricht für mich hinterlassen?"

Ich sah, daß diese Frage dem Mann peinlich war. Verlegen schüttelte er den Kopf.

Es fiel mir schwer, meine Enttäuschung zu verbergen.

„Ich weiß, daß Ihnen nicht viel an meiner Gesellschaft liegt", meinte er freundlich lächelnd, „aber ich begleite Sie gerne ins Hotel zurück."

Schweigsam gingen wir nebeneinander her.

„Wann reisen Sie ab?" fragte ich beiläufig.

„Holger hat unsere Urlaubspläne ziemlich durcheinandergebracht", antwortete er. „Es lohnt sich nicht mehr, in die Schweiz zu reisen. Ich werde noch zehn Tage bleiben. Es gefällt mir ganz gut."

In den folgenden Tagen merkte ich, daß Peter ein besonders netter junger Mann war. Er redete nicht viel, aber er konnte zuhören. Irgendwie hatte ich das Gefühl von Vertrautheit in seiner Nähe.

„Sie sind ein feiner Kerl", sagte ich ihm eines Abends ehrlich. Vor Freude über das Kompliment errötete er doch tatsächlich.

Einen Tag vor der Abreise lud er mich zu einer Kahnpartie ein.

„Rudern wir nicht zu weit hinaus?" fragte ich besorgt.
„Wir dürfen auf keinen Fall die Fähre verpassen. Sonst kommen wir nicht mehr nach Lindau zurück."
„Es sind noch zwei Stunden Zeit", beruhigte er mich.
„Ich möchte, daß wir uns in Berlin wiedersehen, Susanne", sagte er plötzlich. „Sie bedeuten mir sehr viel."
Das Gespräch nahm einen Verlauf, der mir nicht paßte. Am liebsten wäre ich ihm aus dem Weg gegangen. Aber ich konnte ja nicht.
„Peter, ich schätze dich als Mensch, aber . . . " Wie sollte ich ihm erklären, daß er mir einfach zu ruhig war, zu unentschlossen. Ich mochte Männer wie Holger. Selbstsicher, zielstrebig, charmant.
„Ruder mich bitte zurück!" sagte ich kühl. Ich wußte mir nicht anders zu helfen.
Er warf einen Blick auf seine Uhr und kehrte um.
Als wir am Ufer ankamen, war der Steg menschenleer. Um diese Zeit warteten sonst immer ganze Menschenmassen auf die Fähre.
Ich warf Peter einen fragenden Blick zu. Sein breites Lächeln verunsicherte mich.
„Die Fähre ist weg", sagte er.
„Hast du das etwa mit Absicht getan?" Ich war wütend.
„Nun hör mal zu, Susanne. An dem Abend, als wir uns zum erstenmal sahen, konnte ich kaum glauben, daß ein nettes Mädchen wie du auf Holger hereinfällt. In deinem Alter sollte man sich nicht mehr so täuschen lassen. Du meine Güte, es ist immer die gleiche Schau, die er abzieht. Zu Hause hat er Frau und Kind.
Ich starrte Peter ungläubig an.
„Aber . . . aber was hat das alles mit der Fähre zu tun?"
„Ich brauche Zeit, um dir zu zeigen, daß ich auch ganz nett bin. Jetzt sind wir hier, und du mußt mir zuhören. Komm, da drüben ist ein sehr hübsches Restaurant . . . "
Seine Hand auf meinen Arm war fest. Das Sprichwort „Stille Wasser sind tief" fiel mir ein. Wie tief, das mußte ich herausfinden . . .
Ja, und heute sind wir verheiratet und sehr glücklich.

***Die Namen wurden aus verständlichen Gründen von der Redaktion geändert**

Aufgabe 1

Hier sind die Schlüsselwörter dieser Geschichte gegeben. Stellen Sie sie in der richtigen Reihenfolge und erzählen Sie selbst die Geschichte einem Partner.

ins Restaurant gehen
zur Kahnpartie einladen
Fähre weg
Weinflasche und Gläser bringen
tanzen
„Wir bleiben am Bodensee"
im Café warten
der Freund, Peter, kam an
gutaussehender junger Mann
auf das Holzpodium führen
„Holger mußte abreisen"
„Ich möchte, daß wir uns wiedersehen . . . "
eine Tanzfläche
Holger hat Frau und Kind
zum Restaurant gehen
„Stille Wasser sind tief"

Aufgabe 2

Das haben sie aber nicht gesagt! Unten steht der etwas veränderte Text des Gesprächs zwischen Holger, Peter und Susanne. Können Sie die Gespräche wiederherstellen?

Holger: „Tanzen?"
Sie: „Ja, O.K."
Holger: „Setzen wir uns also zusammen, ja? Ich weiß jetzt nicht, ob ich hier bleib', jetzt daß ich dich gefunden habe. Bis morgen, oder?"
Im Café
Peter: „Pech für dich! Holger ist weg!"
Sie: „Oh. Hat er nichts gesagt?"
Peter: „Nein. Ich weiß, du findest mich nicht sehr interessant, aber gehen wir zum Hotel zurück?"
Sie: „Ach, du bist gar nicht so schlecht!"
Peter: „Ich habe dich auch gern. Wann sehen wir uns wieder?"
Sie: „Peter, ich finde dich in Ordnung, aber . . . . . . Gehen wir zurück!"
Peter: „Kannst du nicht sehen, daß ich auch O.K. bin? Komm', gehen wir essen"
Sie: „Er ist nicht so schlimm, wie ich mir gedacht hatte!"

Aufgabe 3

Wie würde man diese Gefühle ausdrücken? Versuchen Sie womöglich *zwei* Ausdrücke für jedes Gefühl zu finden – einen hölflichen, einen nicht so feinen Ausdruck. Nicht alle sind in der Geschichte zu finden! Füllen Sie eine Kopie dieser Tabelle aus.

	Höflich	*Nicht so fein*
eine Einladung zum Tanzen	„Darf ich bitten?"	„Tanzen?"
eine Entschuldigung	„Es tut mir leid"	
Zweifel		
Enttäuschung		
Zufriedenheit		
ein Kompliment		
ein Vorschlag		
eine Bitte		
ein Befehl		
Mitleid		
um Erlaubnis bitten		

Aufgabe 4

Versuchen Sie jetzt die Geschichte zu analysieren – später können Sie versuchen, Ihre eigene Geschichte zu schreiben.
– Wo und wann findet die Geschichte statt?
– Was suchte er in seinem Leben? Was suchte sie?
– Was für einen Mann wollte sie? Was für eine Frau wollte er?
– In jeder Liebesgeschichte gibt es Enttäuschung und Freude. Wo sind Enttäuschung und Freude in dieser Geschichte?
– Wo liegt der Höhepunkt der Geschichte?
– Muß eine solche Geschichte ein glückliches Ende haben?
– Was trägt zu der Stimmung bei? (Was wird *beschrieben*? Was kann man *sehen*?)
– Was braucht man für eine *romantische* Stimmung?

Der direkte Weg zum Partner

So einfach finden Sie jetzt den Partner, denn 20 Millionen Menschen sprechen wir monatlich mit unserer Werbung an.
Zehntausende von Kilometern fahren unsere Mitarbeiter, um mit allen, die einen Partner suchen, persönlich zu sprechen.
Aus den individuellen Wünschen und Informationen, die wir bei diesen Gesprächen erhalten, suchen Sie sich dann Ihre Partnervorschläge heraus. So entsteht für Sie eine glückliche Partnerschaft.

Probieren Sie es doch einfach mal vollkommen kostenlos und unverbindlich mit 3 einfachen Schritten:
1. Schicken Sie IPW gleich den Wunsch-Coupon.
2. Verlangen Sie sofort Ihren ganz persönlichen Partnervorschlag.
3. Fordern Sie das große Buch *„Ihr Wunsch wird Wirklichkeit“* gratis an.

Partner-Wunschcoupon

Das bin ich:

Name: ____
Vorname: ____
Straße: ____
PLZ/Ort: ____
Telefon: ____
Staatsangehörigkeit: ____
Geburtsdatum: ____
Familienstand: O ledig O geschieden O verwitwet O getrennt lebend
Konfession: ____
Haben Sie Kinder? O ja O nein Alter: ____
Meine Schulbildung: ____
Mein Beruf: ____
Meine Größe: ____ Mein Gewicht: ____
Ich bin: O zierlich O schlank O mittelschlank O vollschlank O muskulös
Haarfarbe: ____ Augenfarbe: ____

Mein Sternzeichen:
Widder, Stier, Zwilling, Krebs, Löwe, Jungfrau, Waage, Skorpion, Schütze, Steinbock, Wassermann, Fische

Ich bin:
O natürlich O temperamentv O gefühlsbetont O zuverlässig O ehrgeizig O kinderlieb
O Nichtraucher O zurückhaltend O zärtlich O großzügig O humorvoll O anpassungsfäh. O naturverbund.
O häuslich O modebewußt O treu O romantisch O ernsthaft O sparsam O tierlieb

Meine geistigen Interessen:
Film, Fernsehen, Theater, Oper, Konzert, Musik, Literatur, Kunst, Museen, Politik, Technik, Religion
Sonstige: ____

Üben Sie einen Sport aus? O ja O nein O ein wenig
Radfahren, Laufen, Wandern, Tennis, Squash, Golf, Fußball, Handball, Eislauf, Reiten, Segeln, Surfen, Schwimmen, Tauchen, Ski, Fechten, Angeln, Gymnastik
Sonstige: ____

Meine Hobbies:
Basteln, Fotografie, Malen, Musizieren, Lesen, Kochen, Garten, Reisen, Spiele, Sammeln, Tanzen, Tiere
Sonstige: ____

So wünsche ich mir meinen Partner:

Der oben abgebildete Partnertyp, Nr. ____ gefällt mir am besten.
Alter: ____ - ____ Jahre Größe: ____ - ____ cm
Haarfarbe: ____ Augenfarbe: ____
Figur: O zierlich O schlank O mittelschlank O vollschlank O muskulös
Staatsangehörigkeit: O deutsch O auch andere
Konfession: ____
Beruf: ____
Familienstand: O ledig O verwitwet O getrennt lebend O geschieden
Kann Ihr Partner Kinder haben? O ja O nein O egal
Welches Sternzeichen soll er haben? ____
Soll Ihr Wunschpartner zum großen Teil Ihre Eigenschaften haben? O ja O nein O egal
Ihre Interessen haben? O ja O nein O egal
Soll Ihr Partner Grundbesitz haben? O ja O nein
Soll Ihr Partner Ersparnisse haben? O ja O nein

Bitte Coupon für Computer-Analyse ausfüllen bzw. ankreuzen und in einem unfrankierten Umschlag senden an:
IPW GmbH, Kaiser-Wilhelm-Straße 73, 2000 Hamburg 36
Sie werden umgehend schriftlich, telefonisch oder persönlich informiert. Mindestalter für Ihre Einsendung: 18 Jahre.

N 446

Aufgabe 5

Sehen Sie sich die Liebesgeschichte auf Seite 24–5 noch mal an. Wieviele Wörter finden Sie, mit denen man einen *Menschen* beschreiben kann?

Aufgabe 6

Finden Sie die Wörter aus dem Computer-Bogen auf Seite 27, die zu diesen Definitionen passen:

1. Jemand, der nicht sehr schlank ist, ist ....
2. Jemand, der zu Hause gerne mithelfen würde, ist ....
3. Jemand, der gerne Witze macht, ist ....
4. Jemand, der mit allen anderen Menschen gut auskommt, ist ....
5. Jemand, der für seine Geliebte oft rote Rosen kauft, ist ....
6. Jemand, der im Beruf immer sehr strebsam ist, ist ....
7. Jemand, dem man trauen kann, ist ....
8. Jemand, dessen Ehepartner gestorben ist, ist ....

Finden Sie jetzt Ihre eigenen Definitionen für diese Wörter: vollschlank, zierlich, zurückhaltend, zärtlich, treu, modebewußt, sparsam, tierlieb, kinderlieb, zuverlässig, temperamentvoll, geschieden, ledig.
Benutzen Sie ein Wörterbuch und finden Sie für jedes Adjektiv ein Substantiv:
z.B. treu – die Treue
zurückhaltend – die Zurückhaltung

Aufgabe 7

Sehen Sie sich die Photos der Partnertypen an. Wie würden Sie die Männer beschreiben? Und die Frauen?

Aufgabe 8

Wie würden Sie selbst diesen Bogen ausfüllen? Füllen Sie den Coupon aus, und beschreiben Sie sich selbst.
Oder: Füllen Sie den Coupon für einen Bekannten/Freund/eine andere der ganzen Klasse bekannten Person aus, und lesen Sie Ihre Beschreibung vor. Die anderen müssen dann raten, wer beschrieben worden ist.

Heiratsanzeigen „Er sucht sie"

Bildhübsche Geschäftsführerin, 39/162
kinderlos, ist eine temperamentvolle, attraktive Dame m. viel Ausstrahlung, sehr modebewußt, finanziell total abgesichert, sportl. aktiv wie Tennis und Golf, würde für den richtigen Herrn sogar ihren Beruf aufgeben. Sie ist Nichtraucherin u. nicht ortsgebunden.
T. 0 75 31 / 2 70 93 v. 12–19 Uhr auch am Wochenende.

Pens. Witwer sucht EHE-/Lebensgefährtin!
als Frohnatur, zärtliche, recht gebildete, schlanke,um 55 Jahre, keine Emanze, mehr häuslich als Kosmopolitin, ungebunden, nur aus kultiviertem Hause. In symp. Verliebtheit gemeinsam interes. Lebensherbst erobern, genießen. Bin nordd. Gentleman, freundl., weltgereist, Traumbungalow usw. Welche attr. „Mädchenfrau" evtl. auch golfende, kommt u. verwöhnt in gegens. Ehrlichkeit, schickt echte Fotos (zurück), schreibt vertr. unter F 1047 an WELT-Verlag, Postfach 10 08 64, 4300 Essen.

Unkonventioneller Individualist, 33j., schl., zärtlich, natürl., möchte mit Dir an-/aufregend, natürl., sinnlich/ besinnl., das Jahr '87 zum Glückstreffer machen. Wage es (mit mir). AC20639 Z ⌧RP Düsseldorf

Ein Mann will raus . . .
in Jeans oder Smoking, Porsche oder Panda, immer sicher. Betriebswirt, erfolgr. Kfm. (streßgeschädigt), Hobbyhandwerker, dynamisch, vielseitig, gut aussehend, 46 J., 1,76 m., ca. 77 kg, sucht gutsituierte Sie, irgendwo auf der Welt, wo er wieder Mensch sein kann, Begleiter, Butler oder Gefährte, bitte nur Ernstgemeintes. Zuschr. u. Z 1041 an WELT-Verlag, Postf. 10 08 64, 43 Essen.

Wo bist Du, weltoffenes, schlankes und sportliches Mädchen? Der
25jährige, sehr gut aussehende Viktor,
ledig, sucht Dich! Er ist 178 cm gross, natürlich und unterhaltsam.
Eine Partnerin kennenzulernen, die lieb, treu und zärtlich ist, wäre für
ihn das höchste seiner Gefühle. Zu seinen liebsten Freizeitbeschäfti-
gungen zählen Wandern, Country-Musik und Diskutieren. Melde Dich
so bald als möglich, denn Zeit verlieren heisst das Glück aufschieben!
Ersp. und Auto vorhanden. F 6162423 H 14

unger dynamischer Ingenieur HTL, 25,
dig, ist ein sehr gut aussehender, grossgewachsener Mann, der
eine Verantwortung scheut und bereits über ein überdurch-
chnittliches Einkommen verfügen kann. Er ist sportbegeistert
Skifahren, Wassersport, Tennis, Schwimmen) und hat auch noch
iele weitere Interessen. Dieses Inserat soll ihm helfen, zu einem
ntelligenten, lebensfrohen Mädchen zu finden, das ebenfalls
Vert auf eine abwechslungsreiche, glückliche Beziehung legt.
H 2216125 H 14

Mir fehlen die Worte, um mich zu beschreiben
Aber was für einen Partner ich mir vorstelle, weiß ich genau: Er sollte mind. 1,85, kann bis 35 J. alt, sportlich-elegant, geistreich und gutsituiert sein. Ich bin 25 J. alt, 1,76 groß, attraktiv, schlank, angehende Juristin, eheerfahren. Wenn Sie sich in einer internationalen Familie wohl fühlen würden, dann schreiben Sie mir bitte mit Bild. Zuschr. u. PE 10356 an WELT-Verlag, Postfach, 2000 Hamburg 36.

Wwer., 68 Jahre, 1,68, sucht eine nette Frau zum Heiraten (schlank, bis 60 J.). Bin sehr rüstig, habe eine nette Wohnung u. Auto. Zuschriften (m. Bild u. Telefon) erbeten unter: AN 175 008 S ⌧RP Düsseldorf

Junggebliebener Witwer, 61/170, berufl. tätig, sucht liebevolle sympathische Dame. Sie sollte Vertrauen und Geborgenheit ausstrahlen und viel Sinn für Geselligkeit und ein nettes zu Hause haben (evtl. Bildzuschr. garantiert zurück). AE174032A ⌧RP Düsseldorf

Fritz Wolfs Anmerkungen zu Bekanntschaftsanzeigen

EIN MANN AUS DER ZEITUNG

Aufgabe 9

Suchen Sie alle die positiven Beschreibungen aus den Heiratsanzeigen aus. Gibt es welche, die negativ wirken?

Aufgabe 10

Solche Beschreibungen sind oft entweder zweideutig oder sogar falsch – "korrekt" bedeutet "pingelig", "natürlich" bedeutet "grob". Finden Sie einige Beschreibungen hier, die etwas zweideutig sind.

Aufgabe 11

Schreiben Sie eine Heiratsanzeige für sich selbst!

Aufgabe 12

Schreiben Sie die fünf Eigenschaften auf, die Sie für eine Freundschaft besonders wichtig finden. Vergleichen Sie Ihre Liste mit denen Ihrer Klassenkameraden – haben Frauen andere Werte als Männer?
Erwähnen Sie vielleicht die Eigenschaften im Computer-Test oder in den Heiratsanzeigen. Hier sind noch einige Eigenschaften für Sie: Treue, Sauberkeit, Wärme, Herzlichkeit, Humor, gut kochen können, sexuelle Anziehungskraft, Sparsamkeit, Ritterlichkeit, Fleiß
Begründen Sie Ihre Wahl. Unter welchen Umständen wäre jede Eigenschaft besonders wünschenswert? Geben Sie Beispiele.

Welche Eigenschaften sind für dich die wichtigsten an einem Partner?

gegensätzlich	opposing
der Spielraum	flexibility
die Spitze	jibe
sich auf jemanden verlassen	to rely on somebody
übereinstimmen	to agree

Teil 1 – INGE

Aufgabe 13

Sehen Sie sich den Partner–Wunschcoupon an (Seite 27).
Welche von den Eigenschaften werden von Inge erwähnt? Welche Gründe gibt sie für ihre Wahl?

Eigenschaften	*Gründe*
1.	
2.	
3.	
4.	
usw.	

Aufgabe 14

Wie drückt Inge ihre Gedanken aus? Können Sie diese Aussagen vollenden?

a. „Dann wäre für mich . . . ."
b. Dann glaub' ich auch . . . ."
c. „Tja, das wäre schon eigentlich . . . ."
d. „Ich würde nicht sagen . . . ."
e. „Das sind beispielsweise . . . ."
f. „Ich finde, da sollte man . . . ."
g. „Das kommt doch ein bißchen auf . . . ."

Aufgabe 15

Wie beantwortet sie die anderen Fragen? Machen Sie kurze Notizen.

a. Ja, und sollten Partner, außer diesen wichtigen Eigenschaften, sollten sie dieselben Eigenschaften haben oder gegensätzliche?
b. Und gemeinsame Hobbys, gemeinsame Interessen?
c. Und wie erkennt man eine gute Partnerschaft bei anderen Menschen?

Teil 2: Jugendliche besprechen Partnerschaften

Aufgabe 16

In welcher Reihenfolge werden folgende Meinungen ausgedrückt?

a. Wenn die erste Partnerschaft für ewig dauert, (. . .) das würd' ich total ablehnen, weil man auch einfach Erfahrungen sammeln muß.
b. Ich find', er sollte auf jeden Fall treu sein und vor allem auch ehrlich, daß man keine Geheimnisse vor seinem Partner hat.
c. Man muß danach, sagen wir mal, zu Toleranz offen sein.
d. Wenn die Interessen so weit auseinander gehen, daß man sich da nicht mehr unterhalten kann, (. . .) dann würd' ich das nicht für gut halten.
e. Ich find', man sollte einen Partner haben, mit dem man über alles sprechen kann.
f. Ich würde meinem Partner keine Seitensprünge erlauben, ehrlich gesagt.
g. Ja, aber der Mensch, der verändert sich auch, und vor allen Dingen in der Pubertät.
h. Ich finde, es ist so eine Grundregel einer Partnerschaft, daß man nicht grad' fremdgeht.

ablehnen	to reject
der Ausnahmefall	exception
die Bedingung	condition
durchsetzen	to impose
das Einverständnis	agreement
das Geheimnis	secret
inwiefern	to what extent
der Seitensprung	love affair outside a relationship
vernachlässigen	to neglect

Wer wagt den ersten Schritt?

In der Disco, in der Eisdiele, auf einer Fete, im Bus oder am Arbeitsplatz – überall kannst Du Deinem Traumtyp begegnen. Aber was dann? Wie reagieren, wenn er nicht reagiert? Was machen, wenn er Dich nicht anmacht? BRAVO hat junge Leute gefragt, wie sie in einer solchen Situation handeln – oder nicht . . .
Susi ist mit den Nerven ganz schön runter. Vor zwei Wochen hat sie ihren Traum-Mann zum erstenmal gesehen. Nach dem Kino war sie mit ihrer Freundin Elke noch ein Eis essen gegangen – und da saß er am Nebentisch. Genau ihr Typ. Blonde Haare, schlank, groß – und große braune Augen.
Ja, und da saßen sie dann und wußten nicht weiter. Ab und zu schaute er zu ihr herüber, aber ansonsten unterhielt er sich mit seinen Freunden – sonst passierte nichts, tote Hose. Am nächsten Abend ging Susi wieder in die Eisdiele – und er war da. So geht es seit zwei Wochen.
Sie schauen sich an – aber keiner wagt den ersten Schritt. Was tun? Den Anfang machen? Oder abwarten und ihm die Initiative überlassen?

Anja, 16
„Ich habe lange genug gewartet. Früher war ich immer der Meinung, ich muß dem Jungen die Initiative überlassen. Und was ist dabei rausgekommen? Gar nichts! Die meisten Jungs trauen sich doch gar nicht, ein Mädchen, das ihnen wirklich gefällt, anzusprechen.
Seitdem ich das begriffen habe, gilt für mich: 'Ran an den Mann'. Ich gehe hin, frag' ihn, wie er heißt und was er so macht. Klar, da gehört schon Mut dazu. Aber: bisher habe ich mir noch nie einen direkten Korb geholt.
Kann sein, daß sich im Lauf der Zeit rausstellt, daß nichts läuft, aber den einen oder anderen guten Freund habe ich auf die Art auch schon kennengelernt . . ."

Doris, 15
„Ich bin wahnsinnig schüchtern. Ich traue mich einfach nicht, von mir aus auf einen Jungen zuzugehen. Vielleicht steckt da noch die alte Überzeugung dahinter, daß er den Anfang zu machen hat. Das ist zwar altmodisch, aber ich stehe dazu. Mir gefällt es einfach, wenn ein Junge um mich wirbt, sich so richtig Mühe gibt mit mir. Einer hat mir mal Blumen geschenkt, mich zum Eis eingeladen und ist mit mir stundenlang spazierengegangen. So richtig romantisch – aber leider war er einfach nicht der Richtige.
Trotzdem, jetzt weiß ich, daß es so was noch gibt – und deshalb warte ich gern, bis meine große Liebe kommt . . ."

Markus, 15
sucht ein total romantisches Mädchen. „Ansprechen oder nicht – das finde ich egal. Wenn mir eine gefällt, sage ich ihr das, auch wenn ich dabei Hemmungen habe. Aber eine Zigarette anbieten, oder einen Vorwand für ein Gespräch suchen – das brauche ich nicht.
Wenn mich ein Mädchen anspricht, find ich das auch in Ordnung. Das finde ich praktizierte Gleichberechtigung. Nur wenn eine am ersten Abend mit mir knutschen will – da werde ich vorsichtig. Wie gesagt, für sowas bin ich viel zu romantisch."

Dieter, 16
kann es aber überhaupt nicht leiden, wenn sich ein Mädchen emanzipiert gibt. „Nur das nicht", stöhnt er. „Ich will ein Mädchen erobern können, alles andere ist uninteressant. Ein gutes Gespräch, ein guter Charakter und aussehen sollte es auch nach was – nur das alleine zählt für mich."

begegnen (with dat.)	to meet
begreifen	to understand
erobern	to conquer
handeln	to act
die Hemmung	inhibition
knutschen	to smooch (fam.!)
sich einen Korb holen	to get the push
sich trauen	to trust oneself

Aufgabe 17

Wie würden Sie diese vier jungen Leute beschreiben? Was für Leute sind sie – selbstsicher, egoistisch, arrogant, emanzipiert usw? Warum?
Was ärgert Sie an diesen jungen Leuten?
Mit wem stimmen Sie überein?
Sind Sie auch der Meinung, daß es ein Problem ist, den Anfang zu machen?

Aufgabe 18 – Zur Diskussion

Müssen zwei Partner die gleichen Eigenschaften haben? Sollen Eheleute die gleichen Interessen haben, so wie auf dem Computer-Coupon gefragt wird? Ist das wichtig für eine glückliche Beziehung, eine glückliche Ehe – was glauben Sie?
Was halten Sie von den Heiratsanzeigen, die man in der Zeitung findet?
Wie reagieren Sie auf die Heiratsanzeigen?
Unter welchen Umständen würden Sie per Computer oder per Heiratsanzeige eine(n) Partner(in) suchen?
Was sind die Vor- und Nachteile davon? (Fassen Sie mit den anderen Schülern eine Liste zusammen)
Was ist besser – Computer oder Anzeige? Warum? Können sie auch gefährlich sein?
Sind „Seitensprünge" in einer Partnerschaft erlaubt?
Können Sie sich vorstellen, daß Sie eine „Jugendliebe" mal heiraten würden?

„Cocktail"

Meier, Meyer, Maier und Mayer

Meier: Gestatten Sie – Meier, mit „e" – „i".
Meyer: Angenehm! Meyer, mit „e" – „ypsilon".
Meier: Freut mich sehr.
Meyer: Reizender Abend.
Meier: Ganz reizend!
Meyer: Und so nette Leute.
Meier: Ja. Alles sehr nette Leute.

Maier hinzutretend: Gestatten Sie – Maier, mit „a" – „i".
Meier: Freute mich sehr. Meier, mit „e" – „i".
Meyer: Angenehm! Meyer, mit „e" – „ypsilon".
Maier: Reizender Abend.
Meier: Ganz reizend!
Maier: Und so nette Leute.
Meyer: Ja. Alles sehr nette Leute.

Mayer hinzutretend: Gestatten Sie – Mayer, mit „a" – „ypsilon".
Meier: Freute mich sehr. Meier, mit „e" – „i".
Meyer: Angenehm! Meyer, mit „e" – „ypsilon".
Maier: Sehr erfreut. Maier, mit „a" – „i".
Mayer; Reizender Abend.
Meier: Ganz reizend!
Mayer: Und so nette Leute.
Meyer: Ja. Alles sehr nette Leute.

Meier: Ja, dann . . . es hat mich sehr gefreut.
Meyer: Ganz meinerseits!
Maier: Schönen Abend noch!
Meier: Vielen Dank, auch Ihnen!
Meier ab

Meyer: Ja, dann . . . es hat mich sehr gefreut.
Maier: Ganz meinerseits!
Mayer: Schönen Abend noch!
Meyer: Vielen Dank, auch Ihnen!
Meyer ab

Maier: Ja dann . . . es hat mich sehr gefreut!

Mayer: Ganz meinerseits!
Maier: Schönen Abend noch!
Mayer: Vielen Dank, auch Ihnen!
Maier ab

Mayer: Reizender Abend . . .

Aufgabe 19

Schreiben Sie selbst eine Liebesgeschichte – die Geschichte eines Mannes und einer Frau, die sich „unsterblich ineinander verlieben"!
Sehen Sie die Geschichte Peters und Susannes noch mal an:
Natürlich kann Ihre Geschichte lustig sein!
Wenn Sie wollen, kann das die Geschichte eines der Menschen sein, deren Heiratsanzeigen Sie hier gelesen haben.

„Heidenröslein"

Sah ein Knab ein Röslein stehn,
Röslein auf der Heiden,
war so jung und morgenschön,
lief er schnell, es nah zu sehn,
sah's mit vielen Freuden,
Röslein, Röslein, Röslein rot,
Röslein auf der Heiden.

Knabe sprach: Ich breche dich,
Röslein auf der Heiden!
Röslein sprach: Ich steche dich?
daß du ewig denkst an mich,
und ich will's nicht leiden.
Röslein, Röslein, Röslein rot,
Röslein auf der Heiden.

Und der wilde Knabe brach
's Röslein auf der Heiden;
Röslein wehrte sich und stach,
half ihm doch kein Weh und Ach,
mußt es eben leiden.
Röslein, Röslein, Röslein rot,
Röslein auf der Heiden.

Johann Wolfgang von Goethe

brechen	to pick
das Heidenröslein	hedgerose
stechen	to prick
sich wehren	to defend oneself

Aufgabe 20

Wofür ist die Rose ein Symbol?
Wie reagierte der Junge?
Wie wird die Rose beschrieben?
Was wollte der Junge?
Was zeigt uns dieses Gedicht über die Liebe – aus der Sicht eines Mannes?
– aus der Sicht einer Frau?

Im Schoß der Familie

A Gleichberechtigung für Frauen

Tätigkeiten	Zuständigkeit: immer oder überwiegend die Frau (%)	Mann und Frau gemeinsam bzw. abwechselnd (%)	immer oder überwiegend der Mann (%)	(weiß nicht/ keine Antwort) (%)
Abendessen zubereiten				
Mit Kindergärtnerin bzw. Lehrer sprechen				
Behördengänge/ „Papierkrieg" erledigen				
Bei Streitigkeiten zwischen Kindern vermitteln				
Kleine Reparaturen im Haus durchführen...........				
Mit den Kindern spielen ...				
Ausflüge/Urlaub organisieren				
Briefe an gemeinsame Freunde/Bekannte schreiben				

Rollenverteilung zwischen Mann und Frau innerhalb der Familie

Wer macht was bei Ihnen zu Hause? Geben Sie eine Reihenfolge an – welche Tätigkeit erfordert den größten Zeitaufwand? Dann füllen Sie eine Kopie dieser Tabelle für Ihre Familie aus, oder für eine Familie, die Sie gut kennen – wie wird die Arbeit verteilt?

Zu Hause immer noch stinkfaul

Was Männer im Haushalt (nicht) machen:

84% bügeln nie
79% waschen nie die Wäsche
73% putzen nie Fenster
65% wischen nie den Boden auf
64% machen nie das Bad sauber
55% gießen nie die Blumen – nicht mal das!

Laßt uns Frauen mal träumen. Von einem Mann, der genausoviel tut wie wir. Waschmaschine ein- und ausräumen, Wäsche aufhängen, das Badezimmer saubermachen, Kartoffeln schälen, Knöpfe annähen, Blusen bügeln, Fenster putzen. Laßt uns von einem Mann träumen, der ein Ei kocht und ein Schnitzel brät, der den Staub aus den Ecken kriegt und die Betten macht.
Er tut das alles vielleicht nicht besonders gern. Das macht nichts, wir haben da ja auch unsere Schwierigkeiten. Wir beide könnten die Hausarbeit zusammen tun. Er würde nicht bloß „helfen". Würde nie fragen, wohin gehören die Gläser, oder wo sind meine Socken. Er würde vom Einkaufen Salz mitbringen, weil er wüßte, das keines mehr da ist. Wir wüßten beide, wo alles ist und wie alles läuft: unser Haushalt, unser Berufsleben, unsere Freizeit. Wir wären Partner.

Ein schöner Traum. Die Wirklichkeit ist anders. Das Ergebnis der großen repräsentativen Brigitte-Untersuchung „Der Mann" läßt keinen Zweifel. Wir haben Männer zwischen 20 und 50 nach ihren Wünschen und ihrer Einstellung zu Frauen befragt. Und wir stellten allen die gleiche Frage: „Wie hältst du's mit der Hausarbeit?" Die Antwort fiel immer sehr ähnlich aus – gleichgültig, wo in der Bundesrepublik sie gegeben wurde, auf dem Land, in der Stadt – egal, ob sie von Studenten, Handwerkern oder Beamten kam; Männer machen so gut wie keine Hausarbeit. Die Dortmunder Soziologinnen Prof. Sigrid Metz-Göckel und Dr. Ursula Müller, die die Untersuchung für Brigitte durchführten: „Die Sache mit der Hausarbeit ist ein Skandal."

Typisch der 31jährige Beamte aus Bochum, der sagt: „Den Haushalt macht die Frau, klar. Das kann sie

besser, schließlich hat sie diese Sachen ja als Mädchen gelernt. Leider bin ich nicht in der Lage, weil ich beruflich viel um die Ohren habe."
Seine Frau ist Filialleiterin in einem Brotladen.
Oder ein 40jähriger Ingenieur aus München, Vater von zwei Kindern: „Ich bin – äh – nicht der Typ dafür."
Seine Frau hat eben angefangen, Medizin zu studieren.
Immer noch das alte Lied. Er hat keine Zeit, er ist nicht in der Lage, er ist überhaupt nicht der Typ – alles klar. Die Frauen putzen, waschen, kochen, weil sie es besser können, weil sie geschickter sind, einen größeren Überblick haben – um solche Lobpreisungen sind die Männer nicht verlegen, wenn es darum geht, uns, den Frauen zu zeigen, wo unser von der Natur vorgesehener Platz ist: im Haushalt. In Hamburg sagte einer sogar: „Weil die Frau doch mehr oder weniger dafür geboren ist."

DU KÖNNTEST AUCH MAL WAS IM HAUSHALT TUN...

NA, HÖR MAL – DU KENNST DOCH MEINE EINSTELLUNG: DAS IST IN EINER GLEICHBERECHTIGTEN BEZIEHUNG HEUTZUTAGE DOCH SELBSTVERSTÄNDLICH!

AHH... WO SCHALTET MAN IHN EIN...?

die Einstellung	attitude
geschickt	skillful
gleichgültig	irrespective
die Lobpreisung	praise
vorgesehen	predicted, planned
der Zweifel	doubt

Aufgabe 1

Wir haben einen Polizisten aus Nürnberg gefragt, was er im Haushalt macht. Hier seine Antwort:
„Naja, zu Hause gibt es eine ganze Menge zu tun und ich bin natürlich dafür, daß man seiner Frau ein bißchen hilft. Jeden Tag hänge ich das Badezimmer auf, putze die Blumen und räume die Fenster aus. Ich bin auch für die Küche zuständig – das ist selbstverständlich meine Sache. Am Abend schäle ich die Knöpfe und dann bügele ich ein Schnitzel oder so. Zum Frühstück wische ich normalerweise ein Ei auf, dann muß ich den Staub in den Ecken saubermachen. Vielleicht brate ich dann ein paar Blusen bevor ich zur Arbeit gehe. Ich verstehe die Männer überhaupt nicht, die im Haushalt nichts machen. Ich sehe nicht ein, warum die Frau immer alles machen muß."

Woher wissen Sie, daß er die Wahrheit nicht sagt?

Aufgabe 2

Fassen Sie die im Text beschriebenen Einstellungen von Männern und Frauen zur Hausarbeit kurz zusammen. Finden Sie sie überraschend oder normal? Wie ist es bei Ihnen? Wer macht die Aufgaben, die in „Zu Hause immer noch stinkfaul" erwähnt werden?

Sollten Frauen arbeiten?

die Abwechslung	change
jemandem dienen	to serve someone
etwas Hirnrissiges	a really crazy thing
es geht um . . .	it's a matter of . . .

Aufgabe 3

Sie hören auf dem Tonband einige Studenten, die das Thema „Gleichberechtigung für Frauen" besprechen. Welche dieser Ausdrücke werden benutzt und welche haben Sie *nicht* gehört?

a . . . würde ich nicht nur ständig zu Hause sitzen wollen.
b Ich finde, jede Frau hat daheim genug zu tun.
c Im Prinzip sollten Frauen den gleichen Lohn für die gleiche Arbeit bekommen.

d Frau in die Küche, und ins Haus und Mann geht arbeiten finde ich nicht gut.
e Wenn sie arbeiten würden, dann wären sie gleichberechtigt mit dem Mann.
f Wenn Frauen nicht arbeiten würden, dann gäbe es weniger Arbeitslosigkeit.
g Es ist erwiesen, daß Frauen psychisch stärker sind als Männer und Schmerzen eher ertragen können als Männer.
h Kinder brauchen eine Mutter, die zu Hause bleibt.
i Ich als Mann übernehme die Verantwortung für mich und für meine Frau.
j Ich sag' nicht, sie ist gleich, sondern sie ist gleichwertig.
k Das ist ja 'was aus dem letzten Jahrhundert.
l Erst mal arbeiten und dann Kinder haben.
m Das geht davon aus, daß die Frau das schwächere Wesen ist von uns beiden.
n Ich bin aber genau so intelligent wie du! Warum sollte ich nicht arbeiten?
o Ich werte sie damit net ab, wenn ich sage, sie soll nicht arbeiten.

Aufgabe 4

Welche der Aussagen oben sind für die Gleichberechtigung der Frauen und welche sind dagegen? Schreiben Sie zwei Listen auf. Gibt es andere Argumente auf beiden Seiten?

Aufgabe 5

Was denken Sie? Stimmen Sie diesen Meinungen zu, oder lehnen Sie sie ab? Füllen Sie eine Kopie dieser Tabelle aus.

	stimme zu	*lehne ab*
a. Die Kindererziehung ist eine Aufgabe für Frauen.		
b. Eine Mutter sollte immer für die Familie da sein.		
c. Kinder brauchen ihren Vater erst wirklich, wenn sie älter sind.		
d. Für eine Frau sollte die Familie wichtiger als persönlicher Ehrgeiz sein.		
e. Der Vater muß in der Familie das letzte Wort haben.		
f. Kinder sind sehr wichtig für eine glückliche Ehe.		
g. Eine Frau sollte die Berufsarbeit aufgeben, wenn sie Mutter wird.		
h. Berufstätige Partner sollten die Hausarbeit teilen.		
i. Frauen haben mehr Sinn für Hausarbeit.		
j. Eine Mutter hat eine engere Beziehung zu ihrem Kind als ein Vater.		

Loriots dramatische Werke – Szenen einer Ehe

Feierabend
Bürgerliches Wohnzimmer. Der Hausherr sitzt im Sessel, hat das Jackett ausgezogen, trägt Hausschuhe und döst vor sich hin. Hinter ihm ist die Tür zur Küche einen Spalt breit geöffnet. Dort geht die Hausfrau emsiger Hausarbeit nach. Ihre Absätze verursachen ein lebhaftes Geräusch auf dem Fliesenboden.

SIE: Hermann . . .
ER: Ja . . .
SIE: Was machst du da?
ER: Nichts . . .
SIE: Nichts? Wieso nichts?
ER: Ich mache nichts . . .
SIE: Gar nichts . . .
ER: Nein . . .
(Pause)
SIE: Überhaupt nichts?
ER: Nein . . . ich *sitze* hier . . .
SIE: Du *sitzt* da?
ER: Ja . . .
SIE: Aber irgendwas *machst* du doch?
ER: Nein . . .
(Pause)
SIE: *Denkst* du irgendwas?
ER: Nichts Besonderes . . .
SIE: Es könnte ja nicht schaden, wenn du mal etwas spazierengingest . . .
ER: Nein nein . . .
SIE: Ich bringe dir deinen Mantel . . .
ER: Nein danke . . .
SIE: Aber es ist zu kalt ohne Mantel?
ER: Ich? Ich gehe ja nicht spazieren . . .
SIE: Aber eben wolltest du doch noch . . .
ER: Nein *du* wolltest, daß ich spazierengehe . . .
SIE: Ich? *Mir* ist es doch völlig egal, ob *du* spazierengehst . . .
ER: Gut . . .
SIE: Ich meine nur, es könnte dir nicht schaden, wenn du mal spazierengehen würdest . . .
ER: Nein *schaden* könnte es nicht . . .
SIE: Also was willst du denn nun?
ER: Ich möchte hier sitzen . . .
SIE: Du kannst einen ja wahnsinnig machen!
ER: Ach . . .
SIE: Erst willst du spazierengehen . . . dann wieder nicht . . . dann soll ich deinen Mantel holen . . . dann wieder nicht . . . was denn nun?
ER: Ich möchte hier sitzen . . .
SIE: Und jetzt möchtest du plötzlich da sitzen . . .
ER: Gar nicht plötzlich . . . ich wollte immer nur hier sitzen und mich entspannen . . .
SIE: Wenn du dich wirklich *entspannen* wolltest, würdest du nicht dauernd auf mich *einreden* . . .
ER: Ich sag' ja nichts mehr . . .
(Pause)
SIE: Jetzt hättest du doch mal Zeit, irgendwas zu tun, was dir Spaß macht . . .
ER: Ja . . .
SIE: Liest du was?
ER: Im Moment nicht . . .
SIE: Dann lies doch mal was . . .
ER: Nachher, nachher vielleicht . . .
SIE: Hol dir doch die Illustrierten . . .
ER: Ich möchte erst noch etwas hier sitzen . . .
SIE: Soll *ich* sie dir holen?
ER: Nein-nein, vielen Dank . . .
SIE: Will der Herr sich auch noch bedienen lassen, was?
ER: Nein, wirklich nicht . . .
SIE: Ich renne den *ganzen Tag* hin und her . . . Du könntest doch wohl *einmal* aufstehen und dir die Illustrierten holen . . .
ER: Ich möchte jetzt nicht lesen . . .
SIE: Dann quengle doch nicht so rum . . .
ER: *(schweigt)*
SIE: Hermann!
ER: *(schweigt)*
SIE: Bist du taub?
ER: Nein-nein . . .
SIE: Du tust eben *nicht,* was dir Spaß macht . . . statt dessen *sitzt* du da!
ER: Ich sitze hier, *weil* es mir Spaß macht . . .
SIE: Sei doch nicht gleich so aggressiv!
ER: Ich bin doch nicht aggressiv . . .
SIE: Warum schreist du mich dann so an?
ER: *(schreit)* . . . Ich schreie dich nicht an!

B Eltern und ihre Kinder

Möchten Sie mal Kinder haben?

Andreas Käufer (21), Elektriker: „Ich bin strikt gegen Kinder. Kinder großzuziehen bedeutet unheimlich viel Arbeit.

Cornelia Heinz (21), Studentin: „Ich will später unbedingt Kinder haben.
Ich hatte in meiner Kindheit soviel Spaß am Leben, das möchte ich weitergeben. Aber eine intakte Familie ist für mich Voraussetzung. Kinder brauchen außer der Mutter noch eine andere Bezugsperson."

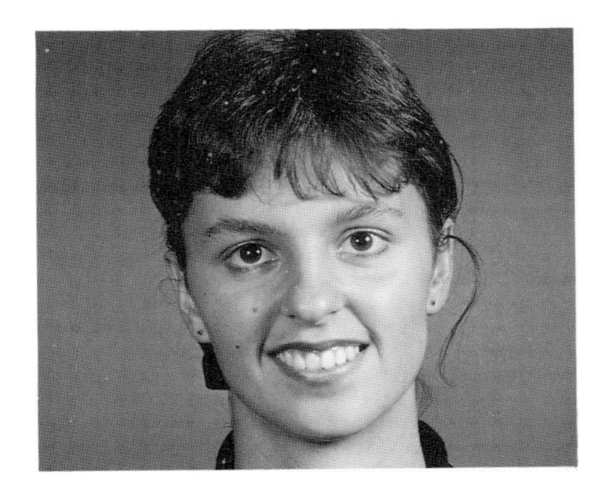

Heike Paqué (19), Abiturientin: „Ich möchte auf jeden Fall Kinder haben. Mindestens zwei. Kinder gehören für mich einfach zum Leben. Und ich kann mich darin auch selbst verwirklichen.

Ann Schlumbom (17), Schülerin: Wer ein Kind hat, muß seine Freiheit opfern. Kinder erlauben keine halben Sachen, für sie hat man rund um die Uhr Verantwortung.

Aufgabe 6

Würden Sie auch gerne Kinder haben? Was spricht dafür und was spricht dagegen. Machen Sie eine Liste von den verschiedenen Punkten.
Welche Punkte sind die entscheidendsten?
Die Verhältnisse innerhalb einer Familie sind nicht immer sehr einfach! Was für Probleme gibt es bei Ihnen in der Familie, oder wo könnten Probleme entstehen – mit Geschwistern?
– wenn Sie ausgehen wollen?
– mit den Hausaufgaben? usw.

Wie lange ihr abends ausgehen dürft

Susanne, 16, geht gerne aus, wird auch oft eingeladen. Ihre Eltern bestehen darauf, daß sie spätestens um 23 Uhr zu Haus ist, wenn sie zum Tanzen oder auf private Feiern geht, „sonst kracht's gewaltig". Susanne empfindet es als Zumutung, daß ihre Eltern ihr solche „kleinlichen" Vorschriften machen: „Dürfen die das überhaupt?"
Ja, das dürfen sie. Ganz abgesehen davon, daß sich Susanne und ihre Eltern an das Jugendschutzgesetz halten müssen (danach darf sie ohnehin nur bis 22 Uhr tanzen gehen), können Eltern bestimmen, wann ihre minderjährige Tochter zu Hause sein muß. Sie haben das Sorgerecht für sie und tragen die Verantwortung. Sie haften auch für alles, was ihre Kinder tun. Davon leiten sie ihr Mitspracherecht ab.
Ihr kennt bestimmt alle den Spruch: „Solange du die Füße unter meinen Tisch steckst, hast du dich auch nach mir zu richten . . ." Letzlich müßt Ihr Euch da einfach gemeinsam arrangieren. Das sind Rechte und Pflichten, die in keinem Gesetz stehen, sondern sich aus der Lebensgemeinschaft, der Familie entwickeln. Vor keinem Gericht der Welt kann man deswegen klagen.
Das Jugendschutzgesetz sagt:
Von 12–16 Jahren dürft Ihr ins Kino bis 22 Uhr und in Gaststätten ohne zeitliche Begrenzung, wenn Euch ein Erziehungsberechtigter begleitet. Ohne Begleitung ist es auch erlaubt bei Veranstaltungen, auf Reisen oder „zur Einnahme einer Mahlzeit".
Der Besuch von Diskotheken, Varieté-, Kabarett- und Revueveranstaltungen ist unter 16 grundsätzlich verboten. Spielhallen sind ebenfalls tabu. Verboten ist auch das Rauchen und der Genuß von Alkohol in der Öffentlichkeit.
Von 16–18 Jahren dürft Ihr ins Kino bis 23 Uhr und in Gaststätten ohne jede zeitliche Begrenzung. In Diskotheken oder ähnliches alleine bis 22 Uhr, mit Erziehungsberechtigten bis 24 Uhr. Rauchen in der Öffentlichkeit ist ab 16 erlaubt, ebenfalls der Genuß von Bier und Wein. Nicht der von Branntwein.
Vielleicht fällt es Susanne leichter, gewisse Gebote oder Verbote ihrer Eltern zu akzeptieren, wenn sie darüber nachdenkt, ob sie nun wirklich alle nur aus „Schikane" heraus ausgesprochen werden. Vielleicht sorgen sich ihre Eltern einfach nur um sie. Wenn Susanne in Ruhe darüber mit ihnen spricht, wird sie viel eher beweisen können, daß sie schon „reifer" ist, als ihre Eltern denken. Das wird ihr mehr nützen als ein trotziges: „Ich laß mir nichts mehr sagen."

der Erziehungsberechtigte	parent or guardian
das Gesetz	law
minderjährig	under-age
das Mitspracherecht	right to have a say in the matter
die Vorschriften	rules

Aufgabe 7

Das Jugendschutzgesetz – Was ist erlaubt, was ist aber verboten? Füllen Sie eine Kopie dieser Tabelle mit + oder – aus:

	12–16	16–18	Bemerkungen
Kino			
Gaststätte mit Begleitung			
Gaststätte ohne Begleitung			
Diskotheken			
Rauchen			
Genuß von Alkohol			

Ist das alles in Ihrem Land gleich? Was würden Sie denn ändern wollen? Wann ist man eigentlich erwachsen, Ihrer Meinung nach?

Alle anderen in der Clique dürfen länger raus . . .

Aufgabe 8

Simone hat ein ähnliches Problem. Schreiben Sie eine Antwort zu ihrem Brief:

Ich habe ein Problem, das mir besonders in letzter Zeit sehr zu schaffen macht: Ich darf abends nicht weg!
Wenn ich so gegen 19 Uhr z. B. zu meiner Freundin gehen möchte, muß ich um 20 Uhr schon wieder zu Hause sein. Wenn ich zu einer Fete eingeladen bin, muß ich um 22 Uhr zu Hause sein.
Andere meines Alters dürfen entweder selbst entscheiden, wann sie nach Hause gehen oder müssen um 23 Uhr oder später nach Hause. Ich finde das ungerecht. Bitte geben Sie mir einen Rat, wie ich meine Eltern dazu bringe, mich öfter und vor allen Dingen länger abends wegzulassen. Ich bin schon ganz verzweifelt.

Simone, 14, Weiden

Großer Bravo Psycho-Test

Hast Du eigentlich ein gutes Verhältnis zu Deinen Eltern? Stimmt Ihr in den Grundfragen überein – was Ausgehen, Sex, Freundschaften, Kleidung und Schule betrifft? Wenn nicht, gibt's immer wieder Krach wegen der gleichen Kleinigkeiten. Aber das muß ja wirklich nicht sein.
Unser Test zeigt Dir, ob und wo es bei Dir zu Hause kriselt, wo die – vielleicht unbewußten – „wunden Punkte" liegen. Wenn Du erst weißt, wo der Haken ist, fällt es leichter, die Probleme zu lösen. Denn bist Du Dir wirklich sicher, daß Du keine Angst vor den Eltern hast? Oder ob Dir tatsächlich der „Draht" zu ihnen fehlt? Wie auch immer – hier kannst Du mehr über Deine Beziehung zu Deinen Eltern erfahren und sie damit auch harmonischer gestalten . . .

1 Du bist am Samstagnachmittag mit Deiner Clique verabredet. Wenn Du aus dem Haus gehst, machen Deine Eltern bestimmt irgendeine Bemerkung. Welche der folgenden könnte für sie typisch sein?
  a) „Und du kommst pünktlich zurück, verstanden?"
  b) „Viel Spaß!"
  c) „Paß gut auf dich auf und benimm dich anständig!"
  d) Ich glaube, meinen Eltern fällt gar nicht auf, wenn ich gehe.

2 Bei einer Party geht's hoch her. Du möchtest Deine Ausgehzeit um eine Stunde überziehen. Wie stellst Du's an?
  a) Ich rufe zu Hause an und informiere meine Eltern, daß ich später komme.
  b) Ich rufe zu Hause an und bettele so lange, bis ich länger bleiben darf.
  c) Ich bleibe einfach länger. Meine Eltern haben sowieso nichts dagegen.
  d) Ich werde auf jeden Fall nach Hause gehen. Sonst gibt's nämlich Ärger.

3 Seit kurzem bist Du mit einem Jungen/Mädchen fest befreundet. Wie sagst Du's Deinen Eltern?
  a) Gar nicht. Das ist denen sowieso egal.
  b) Gar nicht. Ich könnte nämlich Ausgehverbot bekommen.
  c) Ich stelle ihn/sie meinen Eltern vor.
  d) Ich erwähne meine Freundschaft nur beiläufig. Sonst geht nämlich diese ewige Fragerei wieder los . . .

4 Du willst Dich am Sonntag mit ein paar Leutchen in der Stadt treffen. Deine Kleidung: „poppige" Jeans, auf der einige flotte Sprüche stehen, dazu ein schriend-buntes T-Shirt. Was könnten Deine Eltern dazu sagen?
  a) „Ich würde in diesem Aufzug nicht auf die Straße gehen – aber wenn's dir gefällt . . . "
  b) „So kommst du mir nicht aus dem Haus!"
  d) Die sagen gar nichts. Ich kann mich anziehen, wie ich will.

5 Thema Ordnung: Wie bringen Dich Deine Eltern dazu, Dein Zimmer aufzuräumen?
  a) Indem sie ständig meckern. Meist macht's meine Mutter dann selbst.
  b) Für uns kein Thema! Ich sorge selber für eine gewisse Ordnung, weil's dann in meinem Zimmer gemütlicher ist.
  c) Ganz einfach: Wenn ich bis zu einem bestimmten Zeitpunkt keine Ordnung geschaffen habe, darf ich z.B. nicht aus dem Haus.
  d) Der Zustand meines Zimmers ist einzig und allein meine Sache.

6 Kannst Du mit Deinen Eltern über Sexualität reden?
  a) Generall schon, aber nicht über meine eigene.
  b) Nicht so gut, meine Eltern sind da etwas verklemmt.
  c) Das Thema scheint meinen Eltern nicht besonders zu interessieren.
  d) Na klar, meine Eltern sind da sehr aufgeschlossen.

7 Stell Dir vor, Du hast in einem Kaufhaus eine Schallplatte „gemopst" und bist erwischt worden. Wie reagieren Deine Eltern?
  a) Sie wären bestimmt nicht begeistert, würden mit mir aber in Ruhe über das Problem sprechen.
  b) Sie würden sagen: „Sieh zu, wie du die Suppe auslöffelst!"
  c) Ich glaube, ich müßte mir tagelang ihre Vorwürfe anhören.
  d) Ich müßte mit einer gesalzenen Strafe rechnen!

8 Du hast in der Schule eine Klassenarbeit verhauen. Wie bringst du's Deinen Eltern bei?
  a) Ich verheimliche ihnen die Klassenarbeit.
  b) Ich sage es ihnen bei passender Gelegenheit – aber mir ist dabei nicht so wohl in meiner Haut.
  c) Vielleicht erzähle ich es ihnen, vielleicht auch nicht. Meine Eltern interessieren sich nämlich nicht sonderlich für meine Schulangelegenheiten.
  d) Kein Problem! Ich überlege mit meinen Eltern gemeinsam, wie ich meine Leistungen verbessern kann und wie ich mir das vorstelle.

9 Wahrscheinlich wirst Du später selber Kinder haben. Welchen der folgenden Erziehungsgrundsätze würdest Du vor allem vertreten?
  a) Man sollte versuchen, jedes Problem in einem offenen Gespräch zu lösen.
  b) Kinder müssen ihre Grenzen kennenlernen. Das läßt sich am besten durch sinnvolle Strafen erreichen.
  c) Jede Erziehungssituation ist anders. So muß man sicherlich mal schimpfen und strafen. Aber man sollte dem Kind auch zeigen, daß man es mag.
  d) Kinder sollen möglichst früh lernen, ohne Hilfe der Erwachsenen ihren eigenen Weg zu finden.

10 Zum Abschluß noch ein Gedankenspiel: Mit welchem Tier hat Deine Mutter am meisten Ähnlichkeit?
  a) Löwe
  b) Giraffe
  c) Hund
  d) Igel

Aufgabe 9

Beantworten Sie selbst die Fragen im Pyscho-Test!
Sind diese Fragen realistisch? Hat es auch bei Ihnen so was gegeben?
Wie kann man solche Mißverständisse lösen?
Was bedeuten die Antworten zu Frage 10?
Die Auswertung finden Sie auf Seite 42!

Testauswertung:
In der nachfolgenden Tabelle findest Du für jede Frage einen Kennbuchstaben. Hast Du z.B. die Frage 5 mit c beantwortet, so trifft W für Dich zu, usw. Jeder Buchstabe entspricht einer Grundhaltung, die das Verhältnis Deiner Eltern zu Dir und umgekehrt beschreibt. Für Dich ist diejenige „Grundhaltung" charakteristisch, von der Du am meisten Buchstaben hast. Also: Ist Dein Test mit fünfmal Y, dreimal W und zweimal X beantwortet worden, trifft eindeutig die Y-Gruppe zu. Aber Du solltest auch mal bei „W-Einstellung" nachlesen – denn der betrifft Euer Verhältnis Eltern/Kind auch.
Und was ganz wichtig ist: Versuch mal, anhand der Testergebnisse mit Deinen Eltern ins Gespräch zu kommen. Vielleicht lassen sich in strittigen Fragen doch einige Kompromisse finden!

Frage	Antwort abcd
1	WXYZ
2	XYZW
3	ZWXY
4	XWYZ
5	YXWZ
6	WYZX
7	XZYW
8	WYZX
9	XWYZ
10	WYXZ

Die W-Haltung: Je mehr W-Werte Du bekommen hast, desto größer ist die Wahrscheinlichkeit, daß bei Euch zu Hause „klare Verhältnisse" herrschen: Deine Eltern bestimmen die Marschroute – und Du hast gefälligst zu parieren. Sonst gibt's Zoff! Ein bißchen militärisch, das Ganze. Und so schwanken Deine Empfindungen oft zwischen Ärger und Angst, Deprimiertheit oder gar Resignation hin und her. Natürlich ist es gar nicht so einfach, das „Strafe-muß-sein-Prinzip" Deiner Eltern zu verändern. Doch vielleicht hilft Dir etwas mehr Diplomatie weiter: Anstatt wütend zu reagieren oder pikiert in Deinen Schmollwinkel zurückzuziehen, solltest Du Deine Wünsche Schritt für Schritt durchsetzen. Wenn Du dabei Deinen Eltern etwas Nettes sagst, dann kannst Du sie regelrecht in „Gönnerlaune" bringen. Denn vergiß nicht: Strenge Eltern sind als Kinder selbst streng erzogen worden! Und auch sie brauchen dann und wann ihre „Streicheleinheiten".
Die X-Haltung: Wenn du mehr als fünf X-Werte erzielt hast, dann kannst Du mit Deiner „Regierung" über viele Probleme offen reden. Deine Eltern haben Verständnis für Dich und können sich gut in Deine Lage versetzen. Folglich bist auch Du kompromißbereit und reagierst sachlich und ruhig. Gereiztheit und Nörgeleien sind Dir ein Greuel – und so versuchst Du meist, mit Deinen Eltern (aber auch in der Clique) ohne Zank und Streit auszukommen. Ja, zuweilen gehst Du augenzwinkernd und lachend über Konflikte hinweg, so daß sich die Wogen glätten, noch bevor es zum „Sturm" kommt. Freilich bist Du auch verantwortungsbewußt genug, um nicht nur Deine Rechte auszuschöpfen, sondern auch die – manchmal lästigen – Pflichten zu erfüllen. Nicht immer mit Begeisterung, muß man sagen – aber wo weitgehend Harmonie herrscht, da sind Kinder wie Eltern gern bereit, mal „Fünfe gerade" sein zu lassen.
Die Y-Haltung: Wenn Du mehr als vier Y-Werte bekommen hast, dann gibt's bei Euch zu Hause oft Hektik und Streß. Deine Eltern meinen es zwar gut, treffen aber nicht immer den richtigen Ton. Logo, daß Du oft „zurückschießt" und Dich mit patzigen, manchmal auch ungerechten Bemerkungen durchzusetzen versuchst. Dann kann es durchaus passieren, daß es zum „Knall" kommt – und Du als letztlich Schwächerer auf der Strecke bleibst. In solchen Situationen bist Du natürlich stinksauer und könntest Deine Eltern am liebsten auf den Mond schießen. Doch anstatt auf Rache zu sinnen, solltest Du lieber einen psychologischen Trick anwenden: Schlag Deinen Eltern in einer ruhigen Stunde vor, für alle Streitpunkte (die Du vorher notiert hast) klare Regeln zu vereinbaren, an die sich dann jeder halten muß. Denn die „Turbulenzen" in Deiner Familie liegen vor allem daran, daß Deine Eltern (wahrscheinlich aus Gutmütigkeit, aber auch aus einer gewissen Nervosität heraus) häufig inkonsequent sind. Was Du natürlich gern für Dich ausnutzt . . .
Die Z-Haltung: „Freiheit über alles!" Je mehr Z-Werte Du erhalten hast, desto eher trifft dieser Spruch auf Dich zu. Denn Deine Eltern lassen Dich sozusagen „wild wachsen" – Du kannst mehr oder weniger tun und lassen, was Du willst. Einerseits eine tolle Sache. Denn wer wünscht sich nicht die goldene Freiheit? Andererseits hast Du aber gewiß öfter das Gefühl, daß zwischen Dir und Deinen Eltern eine unsichtbare Wand steht: Ihr könnt schlecht miteinander reden, ja manchmal scheint Ihr Euch gegenseitig ziemlich gleichgültig zu sein. So ist es nicht ausgeschlossen, daß Du Dich häufiger nach etwas mehr Zuneigung und Verständnis sehnst und im Grunde Deines Herzens etwas traurig bist. Das muß aber nicht sein! Erzähl Deinen Eltern einfach ein bißchen mehr von Dir und Deinen Freunden, von Deinen Wünschen und Sorgen. Vermutlich wissen sie noch gar nicht, daß man auch innerhalb der Familie anregende Gespräche führen kann.

erwähnen	to mention
erwischen	to catch
flott	smart, risky
der Grundsatz	principle
meckern	to grumble, moan, nag
mopsen	to filch, pinch
poppig	trendy
verklemmt	inhibited

Aufgabe 10

Wie haben Sie Frage 9 im „Psycho-Test" beantwortet? Wenn Sie Kinder hätten, wäre dann alles anders? Wenn Sie Kinder hätten, wie würden Sie sie erziehen? Definieren Sie zuerst diese Erziehungsziele (wenn nötig mit Hilfe eines Wörterbuches):

a Ehrlichkeit
b gutes Lernen/Fleiß
c Gehorsam/Unterordnung
d Höflichkeit

e Ordnungsliebe
f Hilfsbereitschaft
g Selbständigkeit
h Respekt
i Pünktlichkeit
j Reinlichkeit
k Sparsamkeit

Aufgabe 11

Geben Sie jetzt eine Reihenfolge an – welches „Erziehungsziel" ist das wichtigste, das zweitwichtigste usw?
Begründen Sie Ihre Reihenfolge – warum sind diese Ziele so wichtig?
Welche sind überhaupt nicht wichtig?
Würden Ihre Eltern wahrscheinlich die gleiche Reihenfolge angeben?
Fehlen vielleicht einige Ziele?
Sehen Sie sich den „Bravo Psycho-Test" an – versuchen Sie jede Frage zu einem dieser Erziehungsziele zu verbinden.
Wie bringt man diese Ziele einem Kind bei?

Die Geschichte vom Zappel-Philipp

„Ob der Philipp heute still
Wohl bei Tische sitzen will?"
Also sprach in ernstem Ton
Der Papa zu seinem Sohn,
Und die Mutter blickte stumm
Auf dem ganzen Tisch herum.
Doch der Philipp hörte nicht,
Was zu ihm der Vater spricht.
Er gaukelt
Und schaukelt,
Er trappelt
Und zappelt
Auf dem Stuhle hin und her.
„Philipp, das mißfällt mir sehr!"

Seht, ihr lieben Kinder, seht,
Wie's dem Philipp weiter geht!
Oben steht es auf dem Bild.
Seht! Er schaukelt gar zu wild,
Bis der Stuhl nach hinten fällt;
Da ist nichts mehr, was ihn hält;
Nach dem Tischtuch greift er, schreit.
Doch was hilft's? Zu gleicher Zeit
Fallen Teller, Flasch' und Brot.
Vater ist in großer Not,
Und die Mutter blicket stumm
Auf dem ganzen Tisch herum.

Nun ist Philipp ganz versteckt,
Und der Tisch ist abgedeckt,
Was der Vater essen wollt',
Unten auf der Erde rollt;
Suppe, Brot und alle Bissen,
Alles ist herabgerissen;
Suppenschüssel ist entzwei,
Und die Eltern stehn dabei.
Beide sind gar zornig sehr,
Haben nichts zu essen mehr.

entzwei	broken
trappeln	to clatter
zappeln	to wriggle

Aufgabe 12

Sehen Sie sich „Die Geschichte vom Zappel-Philipp" an.
Welche Erziehungsziele werden hier betont?
Was hat sich in unserem Jahrhundert geändert?

Erlkönig

Wer reitet so spät durch Nacht und Wind?
Es ist der Vater mit seinem Kind;
er hat den Knaben wohl in dem Arm,
er fasst ihn sicher, er hält ihm warm.

'Mein Sohn, was birgst du so bang dein Gesicht?'–
'Siehst, Vater, du den Erlkönig nicht?
Den Erlenkönig mit Kron' und Schweif?'–
'Mein Sohn, es ist ein Nebelstreif.'–

'Du liebes Kind, komm, geh' mit mir
gar schöne Spiele spiel' ich mit dir;
manch' bunte Blumen sind an dem Strand;
meine Mutter hat manch' gülden Gewand.'–

'Mein Vater, mein Vater, und hörest du nicht,
was Erlenkönig mir leise verspricht?'–
Sei ruhig, bleibe ruhig, mein Kind;
in dürren Blättern säuselt der Wind.'–

'Willst, feiner Knabe, du mit mir geh'n?
Meine Töchter sollen dich warten schön;
meine Töchter führen den nächtlichen Reih'n
und wiegen und tanzen und singen dich ein'–

'Mein Vater, mein Vater, und siehst du nicht dort
Erlkönigs Töchter am düstern Ort?'–
'Mein Sohn, mein Sohn, ich seh' es genau,
es scheinen die alten Weiden so grau.'–

'Ich liebe dich, mich reizt deine schöne Gestalt,
und bist du nicht willig, so brauch' ich Gewalt.'–
'Mein Vater, mein Vater, jetzt fasst er mich an!
Erlkönig hat mir ein Leid's getan'–

Dem Vater grauset's, er reitet geschwind,
er hält in den Armen das ächzende Kind,
erreicht den Hof mit Müh und Not;
in seinen Armen das Kind war tot.

Johann Wolfgang von Goethe

bergen	to hide
das Gewand	robes
es grauset ihm	he shudders
der Knabe	boy
den Reih'n führen	to lead the dancing
der Schweif	train

Aufgabe 13

Wer spricht hier in diesem Gedicht?
Wie würden Sie den Vater beschreiben? Und das Kind? Und den Erlkönig?
Wo ist der Höhepunkt des Gedichts?
Existiert der Erlkönig überhaupt?

Hüben und Drüben: Deutschland Ost und West

A Zweimal Deutschland

Schon während des Krieges hatten die Alliierten für die Zukunft des besiegten Deutschlands geplant. Soviel stand fest: es sollte ihm unmöglich gemacht werden, jemals wieder einen Angriffskrieg zu führen. Nach der Kapitulation teilten also die Siegermächte – die USA, die Sowjetunion, Großbritannien und Frankreich – Deutschland in vier Besatzungszonen auf. Berlin gehörte keiner der Zonen an, sondern wurde von den vier Mächten gemeinsam verwaltet; jede von ihnen besetzte einen Sektor der Hauptstadt.
Nach der Dreimächtekonferenz (August 1945) wurden die meisten der in den deutschen Gebieten der Tschechoslowakei zurückgebliebenen Sudetendeutschen, sowie Deutsche aus den Gebieten östlich der Oder und Neiße ausgewiesen. So waren in den ersten Nachkriegsjahren etwa 13 Millionen Deutsche unterwegs. Ihr Hab und Gut hatten sie zum größten Teil zurücklassen müssen. Wie viele während dieser Völkerwanderung den Tod fanden, läßt sich nur grob schätzen; die Zahl durfte über einer Million liegen. Die Vertriebenen wurden auf alle Besatzungszonen und Länder verteilt. Der weitaus größte Teil von ihnen kam in das Gebiet der späteren Bundesrepublik.
Im Frühsommer 1948 gaben die Westmächte das Signal zur Gründung eines westdeutschen Staates. Sie schlugen vor, durch eine Nationalversammlung eine Verfassung ausarbeiten zu lassen. Bei den meisten deutschen Politikern stieß dieser Vorschlag auf Widerstand, weil sie fürchteten, dadurch die Spaltung Deutschlands zu fördern. Also trat der Parlamentarische Rat am 1.

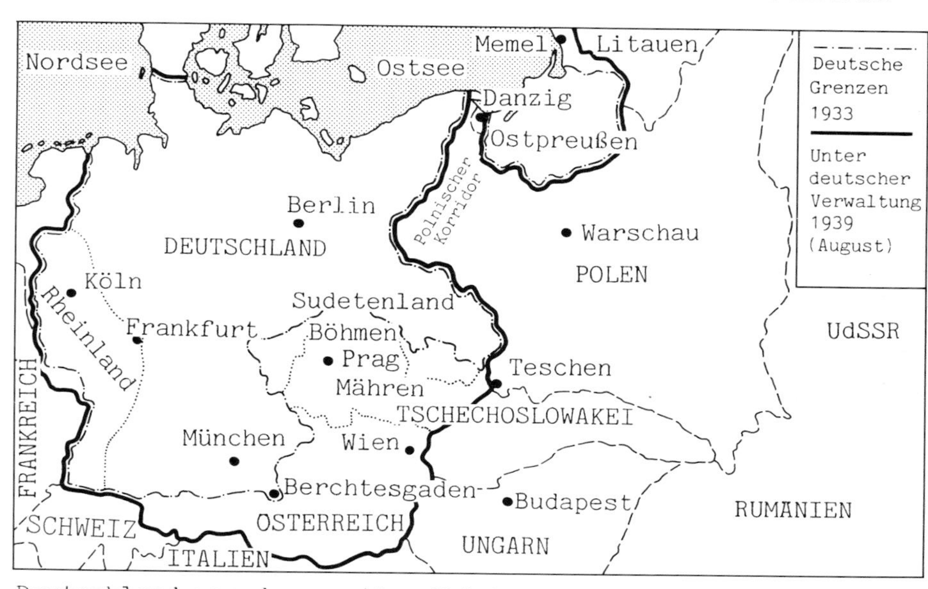

Deutschland vor dem zweiten Weltkrieg

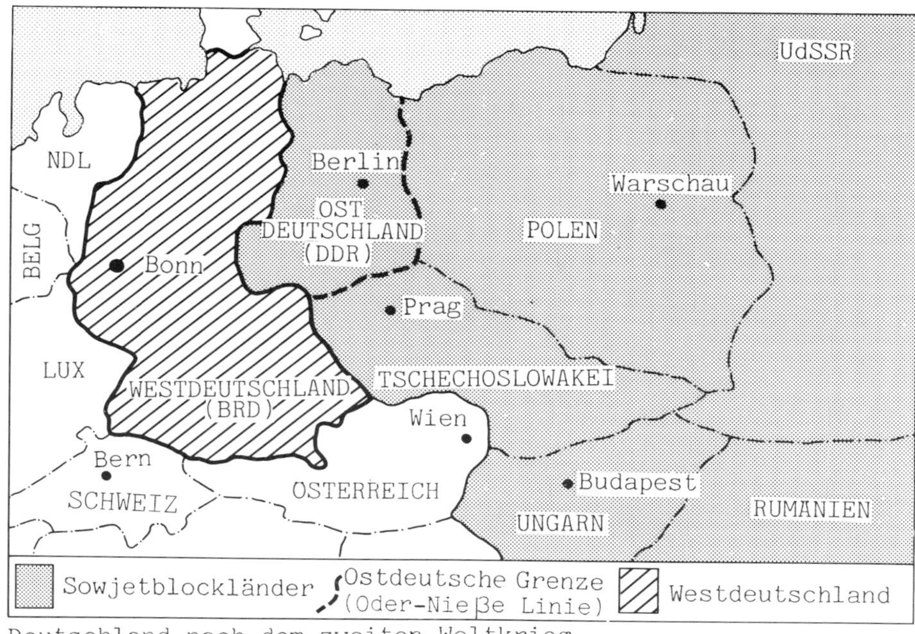

Deutschland nach dem zweiten Weltkrieg

September 1948 in Bonn zusammen; zu seinem Präsidenten wurde ein führender Mann der Christlich-Demokratischen Union (CDU), Konrad Adenauer, gewählt; am 8. Mai 1949 wurde das Grundgesetz vom Parlamentarischen Rat mit 53 Stimmen dafür und 12 Stimmen dagegen angenommen.
In der sowjetischen Zone war schon früh mit dem Aufbau eigener Staatsorgane nach sowjetischem Vorbild begonnen worden. Der politische Druck und die wirtschaftlichen Schwierigkeiten erregten aber große Unzufriedenheit bei der Bevölkerung der DDR; am 17. Juni 1953 kam es zu einem Aufstand, der von sowjetischen Truppen niedergeschlagen wurde. Tag für Tag flohen Bürger der DDR in die Bundesrepublik und nach Westberlin. Zur Verhinderung der „Republikflucht" errichteten die Behörden der DDR 1952 entlang der gesamten Demarkationslinie zur Bundesrepublik umfangreiche Sperranlagen mit Stacheldrahtzäunen und Minenfeldern – die am schärfsten bewachte Grenze Europas. Lange Zeit hatten jedoch Flüchtlinge noch die Möglichkeit, über Ostberlin ungehindert nach Westberlin und von dort mit dem Flugzeug in die Bundesrepublik zu gelangen. Um auch diesen Weg zu versperren, baute die DDR im August 1961 quer durch Berlin eine scharf bewachte Mauer.

der Angriff	attack
der Aufstand	rebellion
ausweisen	to expel
die Behörden	the authorities
der Flüchtling	refugee
die Gründung	founding
die Verfassung	constitution
die Versammlung	parliament
verwalten	to govern
das Vorbild	example

Aufgabe 1

Lesen Sie den ersten Text und verbinden Sie dann jedes Substantiv mit einem passenden Verb (bzw. jedes Verb mit einem passenden Substantiv)! Füllen Sie eine Kopie dieser Tabelle aus.

Verb	*Substantiv*
	die Verwaltung
gründen	
aufstehen	
	die Wache
	die Besatzung
spalten	
	die Flucht
	die Sperre
vertreiben	

Aufgabe 2

Für jeden Absatz des ersten Textes notieren Sie drei oder vier Schlüsselwörter (die Wörter, die man unbedingt braucht, um den Text zu verstehen).

Aufgabe 3

Für viele junge Bundesbürger ist die DDR ein fremdes Land, so gut wie „Ausland".
Denken Sie ans erste Mal, wo Sie nach Deutschland bzw. ins Ausland gefahren sind. Welche Unterschiede sind Ihnen besonders aufgefallen – in den Läden?
– auf der Straße?
– in den Häusern?
– bei den Menschen?

Lesen Sie jetzt die Erfahrungen einiger jungen Leute aus der BRD, die die DDR besuchten.

B Wie ist es drüben?

So fremd und doch so nah

Sie kennen den Eiffelturm und das Kolosseum, waren schon am Matterhorn und am Big Ben, aber Magdeburg oder Rostock? Wo ist das? Die DDR ist für viele Jugendliche in der Bundesrepublik Deutschland ein unbekanntes Land. Private Reisen in den anderen deutschen Staat muß man genau planen. Da kann man nicht einfach losfahren wie in westliche Länder. Auch Klassenreisen mit der Schule macht man lieber in Richtung Westen, denn Leipzig, Dresden oder Weimar sind keine Attraktionen wie London, Paris oder Rom. Dazu kommt ein bißchen Angst vor „Ostblock" und „Kommunismus", vor der Ideologie und dem „Staatsapparat", mit Funktionären und Polizisten. Trotzdem wagen nicht wenige das „Abenteuer". Etwa 30 000 Schüler machten 1985 eine Klassenfahrt in die DDR. Viele machten dieselbe Erfahrung: Die DDR ist nicht gerade ein Touristenparadies, aber die Menschen sind Deutsche wie wir. Und wir wissen fast gar nichts über sie. Wir zeigen Ausschnitte aus einem Reisebericht von Schülern aus Landau.

Grau in Grau

Wir haben das Gefühl, in einem alten Film zu sein: die Häuser so alt, die Straßen so holprig, nur wenige Autos. Genauso hatten sich viele von uns die DDR vorgestellt: wenig reizvoll und grau. Ein Farbtupfer in dem sonst so grauen Stadtbild von Halle-Neustadt ist das rote Transparent mit dem mächtigen Karl-Marx-Kopf und der Parole „Alles für das Wohl des Volkes, für das Glück der Menschen – das ist der Sinn des Sozialismus".

Goethe statt Disco

Erfurt ist schön. Die Fußgängerpassage ist eine der schönsten in der DDR. Viele Hausfassaden aus Renaissance und Barock sind restauriert und geben dem Straßenbild farbige Akzente. Wir spüren die Atmosphäre – es ist ein Stück gemeinsamer deutscher Geschichte.
Weimar ist ein Juwel unter den Städten der DDR. Mit viel Geld und Sorgfalt pflegt man hier die politische und literarische Tradition Deutschlands. Aber Sylvia sagt, was viele denken: „Gibt es denn hier außer Schiller und Goethe vielleicht auch eine Disco?" – Da ist er wieder, dieser Grauschleier. Man sieht ihn überall, wenn man aus der hektischen, farbigen Bundesrepublik in die DDR kommt und wenn man – wie wir – erst 16 Jahre alt ist.

Leere Schaufenster

An unserem freien Nachmittag fahren wir in die Leipziger Innenstadt. Wir beobachten, wie etwa 20 Menschen vor einem Obst- und Gemüsegeschäft stehen. Die Schaufenster sind leer. In der Drogerieabteilung des Kaufhauses „Konsum" liegen fünf Lippenstifte und ein paar Stück Seife herum. Ein sowjetischer Soldat probiert ein Haarspray für acht Ostmark.
Der Staat setzt die Preise fest. Sie sind überall gleich. „Die Waren haben einen ganz anderen Charakter als bei uns. Sie sollen nicht attraktiv wirken und zum Kauf anregen, sie sollen nur ihren Zweck erfüllen", belehrt uns Stefan, der Klassenprimus. „Deshalb gibt es auch keine Reklame und keine sanfte Musik beim Einkauf." In der Tat: knallig bunte Reklame wie im Westen gibt es hier nicht. Hier gibt es nur politische Parolen: „Unsere Friedenstat unserem Friedensstaat" – „Frieden schaffen – gegen NATO–Waffen"

Ein Abend im Club

Die Klasse ist eingeladen in den Jugendclub. Im rot-grün-blauen Licht hören wir Nena singen „Rette mich". Alfred und Jens, staatlich geprüfte Diskotheker (Discjockeys) heizen uns ein: alles West-Musik, kaum ein DDR-Titel ist dabei. Später bittet uns Frank, der Gewerkschaftssekretär, in eine kleine Bar im Jugendclub. Wir entdecken Campari, Ballantine's Whisky und Hennessy-Cognac.
Die Atmosphäre wird lockerer. Jeder redet mit jedem. Wir stecken die Köpfe zusammen und diskutieren.
„Wahnsinn, daß ihr zehn Jahre auf ein Auto warten müßt!" – „Ihr mit eurem Konsumterror!" – „Ihr werdet von den Russen ausgebeutet!" – „Ihr seid doch von den Amerikanern abhängig!" – „Nennt ihr so was Freiheit, wenn man einen Stacheldrahtzaun zieht und die Leute hinter einer Mauer einsperrt?" Der Systemvergleich endet in der Sackgasse. Langsam geht man über zu Alltagsfragen und -problemen: Ausbildung, Schule, Freizeit, Musik und Mode. Es geht um die Tabelle der Fußball-Bundesliga und um beliebte Fernsehsendungen aus dem Westen wie „Dallas" und „Wetten, daß . . ."
Der Abend wird lang und die Verabschiedung ist herzlich, man umarmt sich, tauscht Adressen aus. Gerne, sehr gerne würde man die anderen einladen.

Menschen wie wir

„Diese Gespräche ließen uns fühlen, wie gleich wir alle sind. Ob es um Probleme mit Eltern oder Schule ging, um Schwierigkeiten mit Freund oder Freundin – wir waren oft der gleichen Meinung", schreibt Maren in ihr Tagebuch. Und Nicole sagt: „Die DDR ist ein anderes Land und zum Teil ein fremdes Land. Wir müssen versuchen, das zu verstehen, anstatt immer drauf 'rumzuhacken."

das Abenteuer	adventure
ausbeuten	to exploit
der Grauschleier	greyness
auf etwas herumhacken	to pick at something
holprig	bumpy
spüren	to sense
umarmen	to embrace

Aufgabe 4

Welche Unterschiede zwischen den zwei deutschen Staaten bemerken die Schüler
a. auf der Straße?
b. in den Läden?
c. in den Nachtlokalen?
d. im Gespräch mit den DDR-Jugendlichen?
Was haben die BRD und die DDR gemeinsam? Was haben die Jugendlichen gemeinsam? Machen Sie eine Liste!
Worauf reagieren die west-deutschen Jugendlichen positiv? Und worauf reagieren sie negativ?
Welche Aspekte des Lebens in der DDR halten Sie für gut und welche für nicht so gut?

„Ich möchte hier nicht weg": Jugendliche diskutieren über ihren Staat

Sabine wird im Juli 16, ihre Freundin Anja ein paar Monate später. Beide besuchen die 9. Klasse der Goethe-Schule in Weimar. Sabine arbeitet in der evangelischen „Jungen Gemeinde", „was mir unheimlich Spaß macht". Sie ist – wie nur wenige Jugendliche in der DDR – nicht in der FDJ (Freie Deutsche Jugend, staatliche Jugendorganisation der DDR). Anjas Mutter ist in der Partei. „Da mußte ich in die FDJ." Beide Mädchen ziehen an ihrer Zigarette. Sie sitzen mit uns an einem Tisch im Café ‚Esplanade' in Weimar. Es ist die erste Begegnung der DDR-Mädchen mit ‚Westlern'. Anja berichtet: „In der Schule, vor allem in Staatsbürgerkunde, wird sehr viel Schlechtes über euch im Westen erzählt: Arbeitslosigkeit, Wohnungsnot, Ausländerfeindlichkeit, Aggression der Polizei gegen Friedensdemonstranten". „Glaubt ihr das?", fragt Karin. „Es ist immer dasselbe. Viele hören schon gar nicht mehr hin. Die meisten sehen sowieso West-Fernsehen. So können wir uns ungefähr ein Bild von euch machen." Aus der DDR-Hitparade kennt Sabine keinen Titel. Sie hört nur West-Musik. „Wenn ich natürlich öffentlich sage, DDR ist Scheiße, dann holen sie mich. Also sage ich in der Schule, die DDR ist gut und schön." Denken alle so wie sie? „30 Prozent sind überzeugte Sozialisten", meint Anja. „Sozialismus direkt ist nicht schlecht, aber er müßte freier sein, ehrlicher. Als ein westdeutscher Politiker

vor einiger Zeit nach Weimar kam, wurde die Schillerstraße für die einfachen Leute gesperrt. Polizisten in Zivil spielten ‚Fußgänger'. Warum so ein Theater?"

Und was finden sie gut an der DDR? Anja überlegt. „Unsere Wohnungen sind billiger als bei euch. Jeder bekommt einen Arbeitsplatz. Der Arztbesuch ist kostenlos. Und der Staat tut eine Menge für die Familie." Aber viele Menschen wollen ausreisen aus der DDR, sagen wir. Jetzt wird Sabine energisch: „Die machen einen großen Fehler – wo die Arbeitslosigkeit so hoch ist bei euch!" Und Anja meint: „Irgendwie finde ich das feige, einfach davonzulaufen." Beide glauben, daß das Fernsehen schuld daran ist. Anja: „Die Werbung im West-Fernsehen macht die Leute verrückt. Sie glauben, bei euch ist das Paradies. – Nein, hier bin ich geboren, ich möchte nicht weg. Hier ist meine Heimat. Den Westen besuchen – ja, aber vielleicht zuerst Frankreich, Paris." Sabine nickt. „Aber wir würden wieder zurückkommen."

die Ausländerfeindlichkeit	hatred of foreigners, xenophobia

Aufgabe 5

Was sagen die DDR-Jugendlichen? Sind folgende Behauptungen falsch oder richtig laut dem Text?

a. „In der BRD haben viele Leute keine Wohnungen."
b. „In der BRD werden Ausländer gehaßt."
c. „West-Musik ist nicht interessant."
d. „Bei uns muß man für einen Arzt sehr viel bezahlen."
e. „In der Schule lernt man viel über die Nachteile des Lebens im Westen."
f. „Die meisten Mädchen in der DDR sind Mitgleider der FDJ."
g. „In der DDR hat jeder eine Arbeit."
h. „Im Westen hat jeder eine Arbeit."
i. „Politiker im Osten sind unehrlich."

Aufgabe 6

Schreiben Sie die Aspekte des Lebens im Westen auf, die Anja für schlecht hält.
Hat sie recht?
Welche anderen Aspekte des Lebens im Westen würden DDR-Bürger als fremd empfinden, Ihrer Meinung nach?

Jungsein in der DDR

abgekürzt	abbreviated
berufstätig	employed
brodeln	bustling
die Führungsschicht	ruling class
gehören	to belong
genießen	to enjoy
gering	small
es ist die blanke Sahne	it's really great
die Scheidung	divorce
die Selbständigkeit	independence
die Staatsverdrossenheit	dislike of the state
die Verhandlung	negotiation
die Vorstellung	conception, idea
der Zustand (¨e)	circumstance

Aufgabe 7

Teil 1

Hören Sie sich das Tonband an. Sagen oder denken die DDR Schüler, daß . . .

a. . . . sie noch nicht wissen, was sie im späteren Leben machen werden?
b. . . . sie das Abitur bestehen werden?
c. . . . sie intelligent sind?
d. . . . man das Abitur braucht, um zu den wichtigsten Leuten des Staates zu gehören?
e. . . . Mädchen in der DDR sehr selbständig sind?
f. . . . es für Mädchen einfach ist, einen Studienplatz zu finden?
g. . . . es für eine Frau schwerer ist, sich in der DDR von ihrem Mann zu scheiden, als in der Bundesrepublik?
h. . . . die meisten Frauen in der BRD Hausfrauen sind?

Teil 2

In welcher Reihenfolge werden folgende Behauptungen geäußert?
a. Man hat sein Privatleben in der DDR.
b. Der Staat kümmert sich um einen.
c. Die BRD-Gesellschaft ist eine „Ellbogen-Gesellschaft".
d. Es wäre schön, ins Ausland zu fahren.
e. Viele Leute fahren aus Unwissenheit hinüber (in die BRD).
f. Es ist nicht notwendig ins Ausland zu fahren.

Teil 3

Machen Sie Notizen unter folgenden Stichwörtern – was haben die Schüler zu sagen über:
a. Mitgliedschaft der FDJ?
b. Ob die FDJ-Vertreter geliebt sind?
c. Die Arbeit der FDJ?
d. Die Zensur?

Aufgabe 8 – Zur Diskussion

Hören Sie das Tonband noch mal und machen Sie eine Liste von dem, was die Schüler an ihrem Land gut finden. Was meinen Sie – gibt es auch in Ihrem Land Zensur? Gibt es auch Informationsfreiheit? Wie könnte man das Leben verbessern? Kümmert sich der Staat um den einzelnen Menschen?

Schlange stehen für Jeans

Aufgabe 9

Hören Sie sich das Tonband an.
Welche dieser Wörter werden von wem gebraucht? Vom dem FDJ-Sekretär, von Elke oder in der FDJ-Zeitung? Und in welchem Zusammenhang?

Ausbeutung
Unabhängigkeit
Westfummel
Klassenunterschiede
Klassenfeind der Sieg Amerikas
Geheimzeichen der West-Sympathisanten
Befreiung von der Bügelfalte
taugen
Tanzkleidung
Proletarier
Sehnsucht
gepflegte

begehrt	desired
der Einlaß	admittance
der Fetzen	rag
die Glosse	insult
die Niete	rivet
Quatsch mit Soße!	rubbish!
die Traube	bunch
verwerflich	reprehensible

Vergleichen Sie die Rolle der FDJ in diesem Ausschnitt mit ihrer Rolle im ersten Tonbandabschnitt („Jungsein in der DDR", Teil 3.).

Deutsch mit gespaltener Zunge

Hier „Waldsterben" und „Pornofilm", dort „Solibasar" und „Broiler". Sprechen die Deutschen verschiedene Sprachen? In Ostberlin ist jetzt ein neues „Handwörterbuch" erschienen. Ein Vergleich mit dem bundesrepublikanischen Duden Universalwörterbuch zeigt, wo die Deutschen inzwischen aneinander vorbeireden.
Was für ein Land: Es gibt kein Waldsterben und keine Demos, keinen Supermarkt und keinen Sozialfall (also auch keine Sozialhilfe), keinen Konsumartikel und keinen Cappuccino (wohl aber Espresso), keinen Strichjungen und keinen Walkman, weder Herpes noch Aids. Ohne Erfolg hält man Ausschau nach Instandbesetzern, Punks, Freaks und der ganzen Alternativeszene. Niemand ist gefrustet, cool, stoned oder high, niemand macht Liebe oder joggt, trägt BH oder Petticoat.
Alle diese Begriffe sucht man vergebens in dem neuen DDR-Duden, dem soeben erschienenen zweibändigen „Handwörterbuch der deutschen Gegenwartssprache", das „den heute üblichen Bereich des Sprachschatzes" in Deutschland-Ost beschreiben will. Sprechen Frankfurter an der Oder und am Main nicht mehr dieselbe Sprache? Brauchen wir, wie die „Zeit" schon vor Jahren fragte, „bald deutsch-deutsche Simultan-Dolmetscher"? Mit Sicherheit nicht. Aber der Wörterbuch-Vergleich zeigt, wie sehr Sprache ein Spiegel der Gesellschaft und ihres politischen Systems ist.
Zunächst: Während es der DDR-Duden bei 60 000 Stichwörtern beläßt, beziffert der bundesdeutsche Duden „den zentralen Wortschatz der deutschen Sprache" auf 70 000 (und verzeichnet darüber hinaus weitere 50 000 regional-, fach-, und sondersprachliche Ausdrücke). Ferner wird das westliche Vokabular stark angereichert durch englische Wörter, die Jahre, manchmal Jahrzehnte brauchen, bis sie die deutsch-deutsche Sprach-Grenze passieren- Fan und Babysitter, Selfmademan und Callgirl haben es bereits geschafft, nicht jedoch Callboy, Platten-Cover oder Talkshow.
Daß Wörter wie Kiwi oder Konsumterror, Hot dog oder Autostrich fehlen, darf allerdings nicht zu dem vorschnellen Schluß verleiten: Was es in der DDR nicht gibt, steht auch nicht im Lexikon. Ausgedünnt bleibt hingegen das religiöse Vokabular (etwa Dreifaltigkeit oder Passionsweg), selbst der Religionslehrer ist spurlos verschwunden. Im politischen Bereich machen sich die Unterschiede zwischen West und Ost natürlich am deutlichsten bemerkbar. Definitionen sind ideologische Ansichtssachen, das Wörterbuch wird zum Lehrbuch:
*Arbeitslosigkeit (Ost): „typische Erscheinung im Kap., die darin besteht, daß für einen Teil der Werktätigen keine Möglichkeit gegeben ist, sich durch Arbeit seinen Lebensunterhalt zu verdienen."
*Arbeitslosigkeit (West): „1. Zustand, arbeitslos zu sein. 2. das Vorhandensein von Arbeitslosen"
*Börse (Ost): „organisierter, regelmäßiger, bes. der Spekulation dienender Markt im kap. Wirtschaftssystem". *Börse (West): „regelmäßig stattfindender Markt für Wertpapiere, Devisen und vertretbare Waren."
*Volksverdummung (Ost): „bewußte Manipulierung des werktätigen Volkes im Interesse der imperial. Bourgeoisie" *Volksverdummung (West): „Irreführung, mit der man das Volk etwas glauben machen möchte."

ausgedünnt	thinned out
Ausschau halten	to look out for
der Dolmetscher	interpreter
die Irreführung	leading astray
der Schluß	conclusion
das Vorhandensein	presence
vorschnell	premature

Aufgabe 10

a. Machen Sie eine Liste von allen Wörtern, die in der DDR nicht zu hören sind!
b. Versuchen Sie, diese Wörter in Kategorien (z.B. Essen und Trinken, Politik usw.) einzuordnen!

Kategorie	*Wort*
1. Essen und Trinken	Hot dog
2.	
3.	
4.	
5.	
usw.	

Jetzt definieren Sie die Wörter, damit ein DDR-Bürger sie verstehen kann!
c. Kennen Sie noch welche Fremdwörter in der deutschen Sprache, die aus dem Englischen gekommen sind?

Zur Diskussion

Was zeigt uns die Sprache über die Unterschiede zwischen Ost und West?

Aufgabe 11

Spiel! Wählen Sie ein deutsches Wort aus dem Wörterbuch, das Sie bis jetzt nie gesehen haben. Schreiben Sie dann für dieses Wort die richtige Definition und zwei weitere, falsche Definitionen auf. Die anderen müssen dann entscheiden, welche die richtige ist!

C Die Berliner Mauer

Worte der Woche

»Ich werde mich nie an diese deutsche Teilung gewöhnen.«
Martin Walser, 60, Schriftsteller

»Möge dieses Berlin, das heute ein Symbol der Teilung Europas ist, eines Tages Symbol seiner Einheit sein.«
Elizabeth II., 61, Königin von England

»Die DDR und die BRD gehörten nie zusammen, es trennen sie Welten, die sozialistische und die kapitalistische.«
Erich Honecker, 74, DDR-Staatsratsvorsitzender

»Wir wollen, daß die Berliner Mauer fällt.«
Ronald Reagan, 76, US-Präsident

»Wir müssen lernen, mit der Teilung zu leben. Niemand weiß wie lange sie dauern wird.«
Helmut Schmidt, 68, Kanzler a.D.

Kurz vor zwei Uhr in der Nacht zum 13. August geht plötzlich das Scheinwerferlicht aus, das das Brandenburger Tor von Osten in helles Licht getaucht hat. Es dauert eine Weile, bis sich die Augen an die Dunkelheit gewöhnt haben. Männer mit Gewehren, Jeeps, Lastwagen und Schützenpanzer zeichnen sich als Schatten gegen die spärliche Beleuchtung der Straße Unter den Linden ab. Conrad Schumann erinnert sich: „Die Panzer haben in einigem Abstand geparkt. Es kamen immer mehr Lastwagen angerollt. Wir mußten Stacheldrahtrollen und Betonpfeiler abladen. Befehle wurden leise hin und her gerufen. Das Klappern von Nagelstiefeln hallte über den Asphalt. Es war eine irgendwie unwirkliche, gespenstische Situation. Auf der Westseite des Brandenburger Tores ist es zu dieser Zeit ruhig. Nur vereinzelt fahren ein paar Autos über die Straße des 17. Juni. Liebespaare wandeln noch über die Parkwege des Tiergartens. Laut geht es im britischen Offiziersclub zu, der im Tiergarten-Bezirk liegt . . .

Erst bei Anbruch des neuen Tages – in Berlin geht die Sonne um 4.46 Uhr auf – wird das ganze Ausmaß der nächtlichen Militäroperation im Ostsektor deutlich: Von den 80 Straßen, die bisher die beiden Teile Berlins miteinander verbunden haben, sind alle bis auf drei Übergänge unpassierbar gemacht; verbarrikadiert, mit schwerbewaffneten Posten gesichert, „verdrahtet", wie es im Polizeibericht immer wieder heißt. Die Brücken über die Spree und über die Kanäle sind fast alle gesperrt. S-und U-Bahnen verkehren nicht mehr zwischen Ost und West.
53 000 Grenzgänger aus Ostberlin werden an diesem Tag nicht an ihrem Arbeitsplatz im Westen erscheinen. Hunderttausende von Familien werden auseinandergerissen, Liebespaare voneinander getrennt. Dieser August wird ein Tag der Tränen und der Trauer und der ohnmächtigen Wut.

das Ausmaß	extent
bewaffnet	armed, guarded with weapons
gespenstisch	ghostly
das Gewehr	weapon
der Grenzgänger	people who cross the frontier
ohnmächtig	impotent, powerless
die Wut	anger

Aufgabe 12

In welcher Reihenfolge ist am 13. August alles passiert?
a. Man sieht die Barrikaden an den Grenzübergängen, die gesperrten Brücken über die Spree und über die Kanäle.
b. Die Sonne geht auf.
c. Stacheldraht und Betonpfeiler werden abgeladen.
d. 53 000 Menschen kommen nicht zur Arbeit, weil sie nicht mehr von Ost nach West fahren dürfen.
e. Man hört dumpfe Befehle und Nagelstiefel auf der Straße.
f. Das Scheinwerferlicht geht aus.
g. Man bemerkt Männer mit Gewehren, Schützenpanzer usw.

Diesen Tag vergessen die Berliner nicht

Diesen 13. August 1961, an dem Ulbricht im Schutze der Nacht den Eisernen Vorhang mitten durch die alte Reichshauptstadt herunterrasseln ließ und seinen Herrschaftsbereich in ein hermetisch abgeriegeltes Gefängnis verwandelte, werden die Berliner und die Menschen in der Zone so bald nicht vergessen. Dieser 13. August 1961, an dem die Spaltung Deutschlands von den Zonen-Machthabern bis zu einem Grade selbstzerstörerischer Schande vertieft wurde, gehört wie der 17. Juni 1953 von heute an zu den schicksalhaften Daten der deutschen Nachkriegsgeschichte.

Während die West-Berliner noch ahnungslos am Frühstückstisch saßen und erst durch die pausenlosen Nachrichtensendungen der Rundfunkstationen von der militärischen Abriegelung der Zone und des Ostsektors erfuhren, spielte sich im Ostsektor der Stadt und auf den Zonenrandbahnhöfen eine bittere menschliche Tragödie ab . . .

Der Tagesspiegel vom 15.8.1961

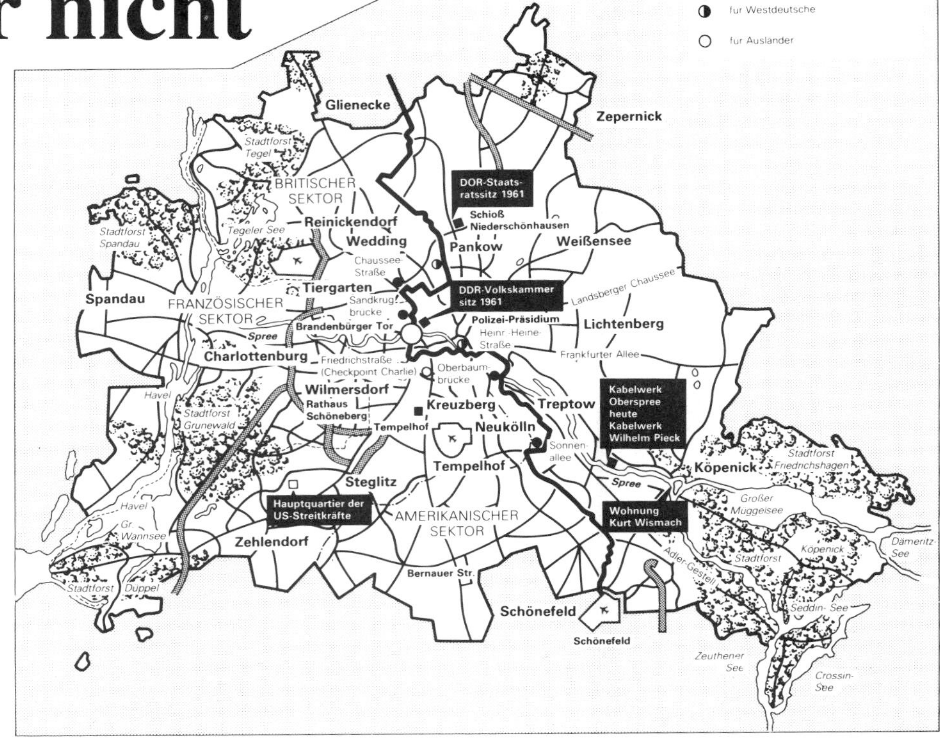

Aufgabe 13 – Zur Diskussion

Stellen Sie sich mal vor, ihre Stadt wird plötzlich durch eine solche Mauer getrennt. Was würden Sie dann nicht tun können, was Sie jetzt jeden Tag tun? Worauf müßten Sie dann verzichten?

Aufgabe 14

Sehen Sie sich die Fotos an! (aus „Nachts, als die Soldaten kamen")
Stellen Sie sich mal vor, Sie sind der Mann auf der Leiter, und schreiben Sie einen Brief an einen Freund bzw. eine Freundin, die außerhalb von Berlin wohnt. Beschreiben Sie darin alles, was sie erlebt haben und alles, was Sie fühlen!
Oder schreiben Sie das Gespräch zwischen den zwei Frauen auf, die ein Baby über den Stacheldraht überreichen.

Hier und Dort (1965)

I hier freiheit
dort knechtschaft

hier wohlstand
dort armut

hier friedfertigkeit
dort kriegslüsternheit
hier liebe
dort haß
dort satan
hier gott

II hier gleichheit
dort ausbeutung

hier aufbau
dort zerfall

hier friedensheer
dort kriegstreiber
hier leben
dort tod
dort böse
hier gut

III jenseits von hier
und
fernab von dort
such ich mir
nen fetzen land
wo ich mich ansiedle
ohne feste begriffe

von Günther Wallraff

Die Politik: wer wählt wen warum?

A Aktuelle Probleme

Aufgabe 1

Jeder will irgendwie die Welt verändern! Was würden Sie verbessern, wenn Sie an der Macht wären? Was sind für Sie die wichtigsten politischen Themen unserer Zeit?
- die Umwelt
- die Aufrüstung
- die Arbeitslosigkeit
- die dritte Welt
- die Armut
- das moralische Bewußtsein
- Tierrechte
- Alkohol, Drogen, AIDS
- Atomkraft
- Sonstiges

Welche dieser Probleme sind international, welche sind rein innenpolitisch? Erstellen Sie eine Liste je nach Wichtigkeit der einzelnen Punkte. Begründen Sie Ihre Reihenfolge!

Was sind die wichtigsten aktuellen Probleme?

betreffen	to concern
die Errichtung	construction
der Frieden	peace
das Kernkraftwerk	atomic power station
psychisch	psychological
rechtfertigen	to justify
überleben	to survive
die Umgebung	surroundings
das Verantwortungsbewußtsein	sense of responsibility
verhungern	to starve

Aufgabe 2

Sie hören auf dem Tonband zwei Deutsche (Markus und Anna), die die politischen Probleme unserer Zeit diskutieren. Notieren Sie die Probleme (Siehe auch Aufgabe 1), die sie erwähnen. Schreiben Sie auch die Gründe auf, die sie für ihre Wahl geben.
Können Sie auch weitere Gründe geben? Vergleichen Sie Ihre eigene Liste mit den Problemen, die auf dem Tonband besprochen werden – haben Sie Ihre Meinung vielleicht verändert?

Angst vor der Angst

Angst ist nicht gleich Angst. Gemeint sind hier nicht krankhafte Ängste – wie Klaustrophobie (die Angst vor engen Räumen), sondern die realen Ängste vor Krankheit, Unfall, Arbeitslosigkeit, Krieg etc. Die allgemeine Verunsicherung wächst, da nutzen auch keine liebenswerten Bilder aus Genf und keine geschönten Beschäftigungszahlen. „Inhalt" hat eine (sicher nicht repräsentative) Umfrage gemacht. Hat Jugendliche aus Nordrhein-Westfalen gefragt: "Wovor haben Sie Angst?" Die Antworten sind bedrückend. Der Traum vom angstfreien Leben bleibt ein Traum. Das Gleiche hat „Inhalt" Politiker und Männer des öffentlichen Lebens gefragt. Ihre Antworten sind den Aussagen der Jugendlichen gegenübergestellt. Wovor haben Sie Angst?

Die Schüler

„Vor Krankheit!"
Ulrike Melcher, 18 Jahre

„Vorm Arbeiten!"
Nicole Bruchmann, 16 Jahre

„Vorm Krieg!"
Melanie Steul, 16 Jahre

„Vor Einsamkeit hab' ich Angst, und daß meine Kinder nicht mehr so aufwachsen können wie ich. Ich bin im Wald aufgewachsen und da stehen jetzt schon überall Häuser."
Jochen Linnert, 17 Jahre

„Vorm Krieg sowieso. Ich will ja keinen. Es gab ja schon genug Kriege, da fragt mich ja auch keiner nach. Man will was machen. Aber dann fragt man sich was? Und da fühlt man sich dann so ohnmächtig, finde ich."
Meike Rehme, 19 Jahre

„Vorm Krieg, ja, ja . . ."
Verena Behr, 17 Jahre

„Ja, vor meiner Freundin, wenn sie schlecht gelaunt ist."
Herbert Nett, 17 Jahre

„Mach ich mir eigentlich keine Gedanken drüber. So, ich schätze schon, daß es mal zu einem großen Knall kommen wird. Aber im Moment, ich lebe halt und das ist das Wichtigste."
Sandra Klose, 18 Jahre

„Was manche Politiker machen, davor habe ich Angst."
Peter Fechner, 19 Jahre

„Ja, vor Aids!"
Martina Rotzsch, 18 Jahre

„Vor den Atombomben!"
Adriano Maiovino, 17 Jahre

„Daß keiner Arbeitsplätze kriegt."
Mathias Weful, 17 Jahre

„Ja, hat jeder. Vor der Zukunft!"
Nikolaus Fussovias, 15 Jahre

„Vorm Weltkrieg überhaupt nicht. Aber daß eine gewisse Ungebildetheit im deutschen Volk ausbricht, daß, wenn viele über Politik nicht Bescheid wissen, dann könnte es halt sein, daß nur noch welche die Fäden ziehen und man dann nur noch Marionettefigur ist."
Oliver Noß, 19 Jahre

„Weltkrieg!"
Veronika Weisner, 15 Jahre

Die Politiker

„Ich habe Angst vor Langeweile"
Achim Rohde, FDP-Landtagsfraktionsvorsitzender

„Ich habe Angst vor der Intoleranz. Sie ist wie eine Mauer, durch die kein freier Gedanke, kein Argument hindurch dringen. Intoleranz ist das Ende des Respektes vor anderen Meinungen und der Achtung vor anderen Menschen".
Dieter Pützhofen, Landesvorsitzender der CDU Rheinland

„Vor einem Krieg natürlich, der alles sinnlos machen würde, wofür wir uns einsetzen, vor einem Verrücktwerden der Radarschirme und Abschußcomputer für Raketen. Persönlich habe ich sonst nicht viel Angst. Am ehesten vor einem Unfall, der mich verstümmelt zurückläßt."
Dr. Peter Glotz, Bundesgeschäftsführer der SPD

„Ich habe Angst vor einem atomaren Krieg, der alles Leben auf der Erde vernichten kann. Diese Angst lähmt mich nicht, sondern treibt mich, um nach politischen Alternativen zum gegenwärtigen System der atomaren Abschreckung zu suchen."
Prof. Dr. Kurt Biedenkopf, MdL, Landesvorsitzender der CDU Westfalen.

„Wenn es irgend etwas gibt, das mich erschreckt, so ist es die Neigung einiger junger Leute, ihr demokratisches politisches System wegen seiner Unzulänglichkeiten abzulehnen. Junge Amerikaner und junge Deutsche brauchen keine Furcht vor der Zukunft zu haben. Sicherlich stehen wir alle vor schweren Entscheidungen, aber wir leben in offenen, freien Gesellschaften, wo wir von unseren individuellen Rechten Gebrauch machen, um die Probleme zu lösen, mit denen wir konfrontiert sind."
Richard R. Burt, Amerikanischer Botschafter, Bonn

„Ich habe Angst vor Krieg, vor Brutalität und Fanatismus, vor Computern, die auf Massenvernichtung der Menschheit programmiert sind. Ich habe Angst vor Menschen, die wegen DM 10.000, – in einer Supermarktkasse ein neunjähriges Mädchen und ihre Mutter erschießen. Vor Generälen, die den Massenmord kalkulieren."
Otto Schily, MdB, "Die Grünen".

"Wenn wir Angst richtig deuten, ist sie ein beklemmendes Gefühl des Schreckens. Dieses Gefühl habe ich nicht. "Glaube, Hoffnung und Liebe, diese drei; am größten unter ihnen ist die Liebe", sagt der heilige Paulus (1Kor 13,13). Angst kann nur durch die Nähe eines Liebenden überwunden werden. Der große Liebende aber ist Gott selber."
Joseph Kardinal Höffner, Erzbischof von Köln.

die Abschreckung	deterrence
bedrückend	oppressive
beklemmend	oppressive
Beschäftigungszahlen	employment figures
sich Gedanken machen	to worry about
gegenübergestellt	contrast
der Knall	crunch
lähmen	to paralyse
die Massenvernichtung	mass destruction
die Ungebildetheit	ignorance
die Unzulänglichkeit	inadequacy
verstümmelt	maimed
die Verunsicherung	insecurity

Aufgabe 3

Machen Sie eine Liste von allem, vor dem die befragten Leute Angst haben! Schreiben Sie nur die Schlüsselwörter (z.B. "Krieg", usw.) auf – wie oft wird jedes Schlagwort erwähnt?

Aufgabe 4

Wählen Sie fünf dieser Aussagen aus, mit denen Sie übereinstimmen! Sagen Sie jetzt warum!

Aufgabe 5 – Zur Diskussion

Welche Ängste halten Sie für private Ängste und welche haben mit den Problemen der Welt zu tun?
Wieviele dieser Leute halten Sie für optimistisch? Welche sind im großen und ganzen pessimistisch?
Wird man optimistischer, je älter man wird?
Vergleichen Sie die Meinungen der Schüler und der Politiker! Welche Meinungen haben Schüler und Politiker gemeinsam?
Welche Ängste sind Ihrer Meinung nach politisch nicht zu überwinden?

Politische Beteiligung bei Jugendlichen

Die Bereitschaft zum politischen Engagement der jungen Generation wird weithin überschätzt. Nur 10% der Jugendlichen zwischen 14 und 17 Jahren sind gegenwärtig „sehr stark" bis „stark" politisch interessiert; 90% dagegen nur „etwas", „kaum" oder „überhaupt" nicht. Jedoch wird das politische Interesse mit zunehmendem Alter und auch mit höherem Bildungsgrad größer – bei den 18- bis 21jährigen steigt es sogar auf 25%, bei Gymnasiasten und Hoch- und Fachhochschülern sogar auf 40% bzw. 44%. Die Bereitschaft zum politischen Engagement bei Anhängern der Grünen oder linksextremer Parteien ist außerordentlich stark vorhanden; bemerkenswert ist auch, daß diejenigen Jugendlichen, die den Grünen, Alternativen und der extremen Linken zuneigen, zum Teil auch illegale Formen politischer Aktivität akzeptieren, wie zum Beispiel „Besetzen von Fabriken" oder „Beschädigung fremden Eigentums".

Maßnahmen politischer Aktivität

	habe es schon getan	würde ich vielleicht tun	kommt nicht in Frage	keine Antwort
– an Wahlen teilnehmen	30,4	61	7,6	0,5
– Beteiligung an einer Unterschriftensammlung	18,2	55,1	26,0	0,6
– politische Diskussionen führen	17,8	46,4	35,2	0,7
– Teilnahme an einer Demonstration	8,0	42,0	49,5	0,7
– aktive Mitarbeit in einer Bürger- oder Wählerinitiative	4,2	53,9	41,1	0,8
– aktive Mitarbeit in einer Partei	3,6	53,9	41,1	1,0
– Beteiligung an spontanen Streiks	1,7	31,2	65,8	1,2
– Schreiben von Parolen an Mauern und Wänden	0.8	6,5	91,3	1,4
– handgreifliche Auseinandersetzung mit Polizisten oder Demonstranten anderer Seite	0,4	4,1	97,7	0,8
– Beschädigung fremden Eigentums	0,4	4,1	95,2	1,0

der Bildungsgrad	level of education
gegenwärtig	at present
überschätzen	to over-estimate
zunehmen	to increase
zuneigen	to tend

Aufgabe 6

Sehen Sie sich den Text und die Tabelle „Maßnahmen politischer Aktivität" an. Sind folgende Sätze falsch oder richtig? Wie würden Sie sie im Text oder von der Tabelle begründen?

a) Je älter man wird, desto politisch aktiver wird man.
b) Je extremer die politischen Meinungen, desto aktiver ist man.
c) Je gebildeter man ist, desto aktiver ist man.
d) Die Mehrheit der Jugendlichen in der BRD ist politisch stark interessiert.
e) Viel mehr Jugendliche sind politisch aktiv, als man gedacht hätte.
f) „Linke" oder „Grüne" sind politisch aktiver als „Konservative".
g) Man ist eher dazu geneigt, über Politik zu reden als etwas zu tun.
h) Gewalt kommt für die meisten jungen Leute nicht in Frage.

Aufgabe 7

Finden Sie mit Hilfe eines Wörterbuchs für jedes Substantiv ein passendes Verb!

z.B. die Beteiligung — sich beteiligen
die Teilnahme
die Mitarbeit
die Demonstration
die Auseinandersetzung
die Beschädigung

Aufgabe 8

Beantworten Sie jetzt selber die Fragen! An welchen der Maßnahmen

– haben Sie schon teilgenommen?
– würden Sie vielleicht teilnehmen?
– würden Sie nie teilnehmen?

z.B.– Ich habe schon an Wahlen teilgenommen
Ich habe mich schon an einer Unterschriftensammlung beteiligt
– Ich würde vielleicht an Wahlen teilnehmen
Ich würde mich vielleicht an einer Unterschriftensammlung beteiligen
– Ich würde nie an Wahlen teilnehmen
Ich würde mich nie an einer Unterschriftensammlung beteiligen

Vergleichen Sie jetzt ihre Angaben mit denen eines Partners! Sind Sie politisch interessierter als er/sie? Sind Sie im Vergleich zu den befragten deutschen Jugendlichen politisch interessierter oder nicht? Sind Sie „sehr stark", „stark", „etwas", „kaum" oder „überhaupt nicht" politisch interessiert?

Welche Maßnahmen sind zu rechtfertigen?

jemand von etwas abhalten	to prevent someone doing something
ablehnen	to reject
jemanden auf etwas aufmerksam machen	to draw attention to something
die Aussöhnung	reconciliation
bejahen	to agree to
sich für etwas einsetzen	to get involved in something
entführen	to hijack (or kidnap)
der Entschluß	decision
heimlich	secret(ly)
die Lösung	solution
das Mittel	means
die Öffentlichkeit	public
die Pflicht	duty
der Richter	judge
sinnvoll	sensible
der Standpunkt	standpoint
der Streit	quarrel
die Überzeugung	conviction
verurteilen	to condemn
die Wirkung	effect

Aufgabe 9

Sehen Sie sich die Tabelle der politischen Maßnahmen an. Sie hören auf dem Tonband zwei Männer und eine Frau, die sich zu diesem Thema äußern. Fassen Sie ihre Meinungen zusammen.

Aufgabe 10 – Zur Diskussion

Ist Gewalt je zu rechtfertigen? Unter welchen Umständen?

Aufgabe 11

Die Einwohner eines friedlichen kleinen Dorfes in Oberbayern erfahren, daß Atomraketen in der Nähe des Dorfes stationiert werden sollen. Das Dorf hat zur Zeit knapp 500 Einwohner; im Winter kommen aber Tausende von Wintersportlern, die in den Bergen gerne skilaufen. Diese Krise verlangt sofortige Maßnahmen, aber was soll dagegen getan werden? Bei einer Versammlung im Rathaus werden alle möglichen Schritte besprochen und bewertet und natürlich entsteht ein heftiger Streit. Alle Prominenten der Gegend sind dabei:
Herr Wolfgang Friedrich, Bürgermeister, führender Politiker.
Professor Manfred Grimmelshausen, früherer Universitätsprofessor, Kernkraftphysiker, der jetzt im Ruhestand ist.
Frau Dr. Brigitte Honigbohne, Ärztin.
Herr Heinz Kessel, Direktor der Volksschule.
Frau Rosi Lebkowitz, Mitglied der Grünen.
Herr Kurt Spitz, arbeitsloser Einwohner des Dorfes.
Der Plan zeigt den Teilnehmern die vorgesehene Lage des gesperrten Gebietes. Es liegt an der Straße zwischen dem Dorf und der Autobahn München-Salzburg, die 20 km. nördlich des Dorfes liegt und die viele für das Dorf wichtige Skifahrer in die Skigebiete bringt.
Sie übernehmen eine der Rollen in dieser Debatte und bekommen von Ihrem Lehrer die Rolle. Es muß am Ende der Diskussion beschlossen werden, wie Sie auf diesen Beschluß der Regierung

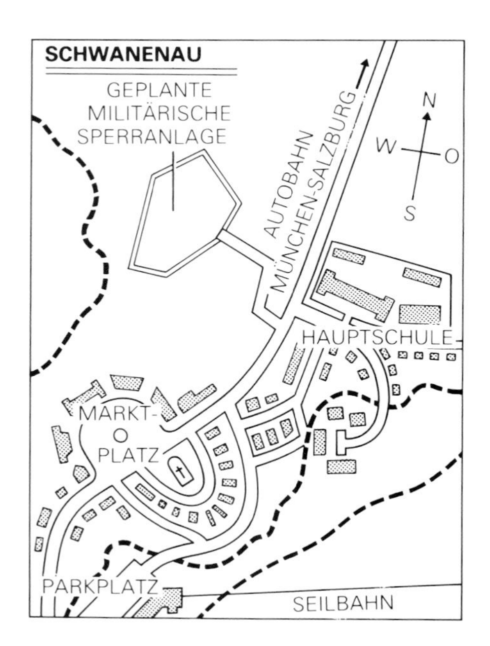

reagieren sollten. Es bleiben einige Möglichkeiten offen:
- das Schreiben eines Protestbriefes an die Bundesregierung
- die Beteiligung an einer Unterschriftensammlung
- die Teilnahme an einer Demonstration
- Die Beteiligung an spontanen Streiks
- das Schreiben von Parolen an Mauern und Wände
- handgreifliche Auseinandersetzung mit Polizisten
- die Beschädigung fremden Eigentums
- die Besetzung des geplanten Militärbereiches

Natürlich sind andere Schritte möglich, und Sie können auch mehr als einen dieser Schritte unternehmen. Aber Sie sind sich nicht alle einig – Sie müssen versuchen, sich in Ihre Rolle hineinzudenken und für die beste Lösung zu argumentieren. Falls Sie glauben, das Argument verloren zu haben, hat jeder eine „Rückzugsposition", damit ein Kompromiß möglich sein kann.
Nützliche Ausdrücke werden auf Ihrer Rollenkarte gegeben.

B Die Qual der Wahl

„Noch ein paar Fragen . . ."

1) Sind Sie dafür, daß Waffen aus der Bundesrepublik in Krisengebiete geliefert werden? Ja ☐ Nein ☐

2) Sind die meisten Arbeitslosen an ihrem Schicksal selber schuld? Ja ☐ Nein ☐

3) Sollte für Arbeitslose und Sozialhilfe-Empfänger ein allgemeiner Arbeitsdienst eingeführt werden? Ja ☐ Nein ☐

4) Sind Sie dafür, daß die Bundesregierung mit der Entspannungspolitik aufhört? Ja ☐ Nein ☐

5) Sind Sie dafür, daß die Polizei gegen Demonstranten mit Gas vorgeht? Ja ☐ Nein ☐

6) Sind Sie dafür daß auf dem Boden der Bundesrepublik Atom-Raketen stationiert sind? Ja ☐ Nein ☐

7) Sind Sie für freie Fahrt auf unseren Autobahnen? Ja ☐ Nein ☐

8) Sind Sie dafür, daß die erste Strophe des Deutschland-Liedes in den Schulen gelehrt und gesungen wird? Ja ☐ Nein ☐

9) Sollten wir Entwicklungshilfe nur an Länder zahlen, die als Gegenleistung Handelsbeziehungen zu uns unterhalten? Ja ☐ Nein ☐

10) Sind Sie für Atomstrom? Ja ☐ Nein ☐

11) Sind Sie der Meinung, daß es der Industrie selbst überlassen bleiben soll, für den Umweltschutz zu sorgen? Ja ☐ Nein ☐

12) Sind Sie der Meinung, daß Arbeitszeitverkürzung absurd, dumm und töricht ist? Ja ☐ Nein ☐

Haben Sie alle Fragen mit Ja beantwortet, müssen Sie notfalls nach Bayern ziehen, CSU wählen.
Haben Sie mehr als die Hälfte der Fragen mit Ja beantwortet, sind Sie mit der CDU gut bedient.
Haben Sie alle Fragen mit Nein beantwortet, dann träumen Sie von einer anderen Republik.

Aufgabe 12 – Zur Diskussion

Lesen Sie „Noch ein paar Fragen".
Wenn Sie in der Bundesrepublik wohnten, wie würden Sie diese Fragen beantworten? Welche dieser Probleme sind „internationale Fragen" und welche sind rein innenpolitisch?

Was wirklich zur Wahl steht

	1. Ausländerpolitik:	2. Arbeitslosigkeit:
	Das Unions-Maxim heiß: Die Bundesrepublik ist kein Einwanderungsland.	Die Union lehnt Investitionsprogramme zur Schaffung von Arbeitsplätzen ab.
	Ausländer, die in der Bundesrepublik geboren wurden, sollen bei Volljährigkeit die deutsche Staatsbürgerschaft erhalten.	Die Liberalen lehnen staatliche Programme zum Abbau der Arbeitslosigkeit ab.
	Sie meint, daß Probleme in anderen Teilen der Welt nicht durch Aufnahme der Flüchtlinge bei uns gelöst werden können.	Durch eine Ausweitung arbeitsbeschaffender Maßnahmen (ABM) will die SPD mehreren hundertausend Arbeitslosen Beschäftigung geben.
	Ausländer, die hier leben oder zuziehen wollen, sollen volles Bürgerrecht bekommen – bis hin zum Wahlrecht.	Durch Investitionen im Umweltbereich sollen bis zu 300 000 Arbeitsplätze entstehen, durch die Einführung der 35-Stunden-Woche weitere 1,5 Millionen.

Aufgabe 13

Wir haben einige Politiker aus den vier führenden Parteien interviewiert! Sagen Sie, welcher Partei sie angehören!

1. „Ich bin fest davon überzeugt, daß die BRD keine Einwanderer mehr aufnehmen sollte."
2. „Wenn der Staat mehr Geld ausgeben würde, dann würden wir meiner Meinung nach viel weniger Arbeitslose haben."
3. „Alles spricht dafür: wir müssen auf alle Fälle den Gastarbeiten volles Asylrecht bieten".
4. „Ich bin der Meinung, daß unser Bündnis mit den USA eine Garantie der Sicherheit ist."
5. „Ich setze vor allem auf die einseitige Abrüstung der Bundesrepublik".

3. Außenpolitik:

Das Bündnis mit den USA ist für die Union Grundlage der Außenpolitik.

Die F.D.P. fordert eine "europäische Friedensordnung" für Ost und West. In Westeuropa wünscht sich die FDP eine Europäische Union mit einer europäischen Verfassung.

Die SPD bekennt sich zu NATO, will aber eine stärkere europäische Interessenvertretung.

„Wir müssen raus aus der Nato, weil es mit der Nato keinen Frieden geben kann", heißt es im Grünen-Wahlprogramm.

4. Abrüstungspolitik:

Die Union unterstützt die Strategische Verteidigungs-Initiative (SDI) des US-Präsidenten.

Sofortiger Verzicht der Atommächte auf Kernwaffentests.

Die SPD will die Stationierung amerikanischer Mittelstreckenraketen in der BRD stoppen und rückgängig machen.

Die Grünen sind für eine einseitige Abrüstung des Westens und forden den Abzug aller ausländischen Streitkräfte aus der Bundesrepublik.

die Schaffung	creation
die Streitkräfte	forces
der Verzicht	renunciation
die Volljährigkeit	age of majority (18)

6. „Ich betrachte die Stationierung der Atom-Waffen auf deutschem Boden als unverantwortlich."
7. „Wir wollen kein Geld mehr für die Arbeitslosen ausgeben; das hilft gar nicht!"

Aufgabe 14

Schauen Sie sich den Text („Was wirklich zur Wahl steht") und die Antworten der Politiker an! Schreiben Sie alle Ausdrücke auf, die man benutzen könnte, um seine Wünsche auszudrücken.

z.B.: „Ich will . . . . . . machen"
„Ich fordere . . . . . "
„Ich lehne . . . . . ab"
Finden Sie andere Beispiele!

„Wer wählt wen warum?"

Hans Malmann, 50, gelernter Tischler, Betriebsratsmitglied bei Hoesch in Dortmund, ist Stammwähler der Sozialdemokraten:
„Wer die Gewerkschaften so demütigt wie die Kohl-Regierung, wer gegen die Arbeitszeitverkürzung ist, wer Sozialabbau betreibt, der bekommt keine Arbeitnehmerstimmen"

Gabriele Westphal-Schlupp, 35, Lehrerin, wählt seit jeher die Christdemokraten. Auch diesmal hat Kohl die Stimme der Düsseldorferin sicher:
„Am liebsten würde ich Strauß wählen, das geht aber in Nordrhein-Westfalen leider nicht. Die Familien- und Sozialpolitik der Union ist ohne Alternativ"

Andreas Knapp, 22, Zivildienstleistender aus Rheinhausen, hat 1983 die SPD gewählt. Aber für den 25. Januar hat er sich vorgenommen:
„Mit halbem Herzen grün. Die Provokationen der Grünen gehen mir zwar auf den Geist, aber die nehmen als einzige den Umweltschutz wirklich ernst"

Alexander Roettig, 21, Student der Volkswirtschaftslehre in Köln, ist grüner Erstwähler:
„Auch wenn ich kein Radikaler bin: Um mich hier wohl zu fühlen, muß ich wissen, daß ich hier auch als Chinese leben oder einer radikalen Partei angehören könnte"

Mon Esser, 43, Modestilistin in Düsseldorf, Mutter der vierjährigen Lilli, will die Grünen wählen:
„Aus Verantwortung für eine Tochter. Nach Tschernobyl sind die Grünen die Partei, die den Ausstieg aus der Atomenergie jetzt will und nicht erst in ein paar Jahren"

Susanne Koelbl, 22, Studentin aus Nürnberg, ist eine Anhängerin der Grünen. Dennoch sagt sie:
„Ein rotgrünes Bündnis hat wohl leider keine Chance mehr. Die wollen nicht miteinander. Ich wähle SPD, damit diese wichtige Partei nicht allzu schwach wird"

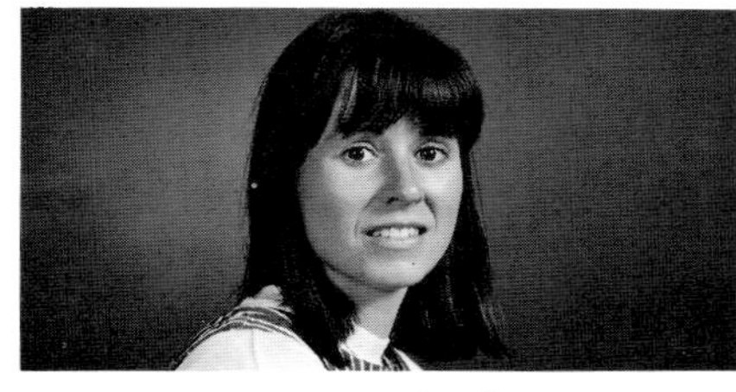

Ulrike Staudinger, 23, Studentin in München, hat bislang die CSU gewählt, will sich aber am 25. Januar anders entscheiden:
„Diesmal die FDP, weil dort die rationalere Politik gemacht wird. Damit stütze ich ganz klar die Koalition"

Achim Soethe, 41, Kraftfahrer im bayerischen Grafing, wählte früher die SPD, jetzt überlegt er noch, welche Partei am 25. Januar seine Stimme bekommt:
„Nach der Neuen Heimat ist die SPD für mich nicht mehr wählbar. Strauß finde ich gut. Aber wenn das mit der Umwelt so weitergeht, wähle ich vielleicht grün"

Madeleine Göhring, 20, Mitglied der Jungen Union in Hamburg, gibt ebenfalls zum ersten Mal ihre Stimme bei einer Bundestagswahl ab:
„Ich bin für Birne, weil der durch seine behäbige Art in der Krise leichter den Überblick behält. Außerdem: Er hat den Aufschwung eingeleitet"

Niels Hansem, 41, Schauspieler in Düsseldorf, gehört zur Minderheit der Bundesbürger, die sich das Recht nehmen, die Wahl nicht als Pflicht zu sehen:
„Die CDU ist auf dem Rückmarsch. Die SPD würde gern CDU-Politik machen. Die Grünen haben keine Antworten auf ihre Fragen, und die FDP steht für nichts."

C Das Politische System

Aufgabe 15

Notieren Sie die erwähnten Meinungen für und gegen jede Partei

CDU/CSU	SPD	FDP	Grünen

Und wen wählen Sie in Ihrem Land, oder wen würden Sie wählen, und warum? Machen Sie eine Umfrage!

Die Bundestagswahlen '87 auf einen Blick

PARTEIEN	ERGEBNIS '87 (IN PROZENT)	ERGEBNIS '83 (IN PROZENT)	DIFFERENZ 1983–1987	SITZE 1987	SITZE 1983	DIFFERENZ 1983–1987
CDU/CSU	**43,6**	**48,8**	**−5,2**	**219**	**244**	**−25**
SPD	**37,7**	**38,2**	**−0,5**	**190**	**193**	**− 3**
FDP	**8,9**	**7,0**	**+1,9**	**45**	**34**	**+11**
GRÜNE	**8,4**	**5,6**	**+2,8**	**42**	**27**	**+15**
Sonstige	**1,4**	**0,4**	**+1,0**	**–**	**–**	

Sitzverteilung im Deutschen Bundestag*

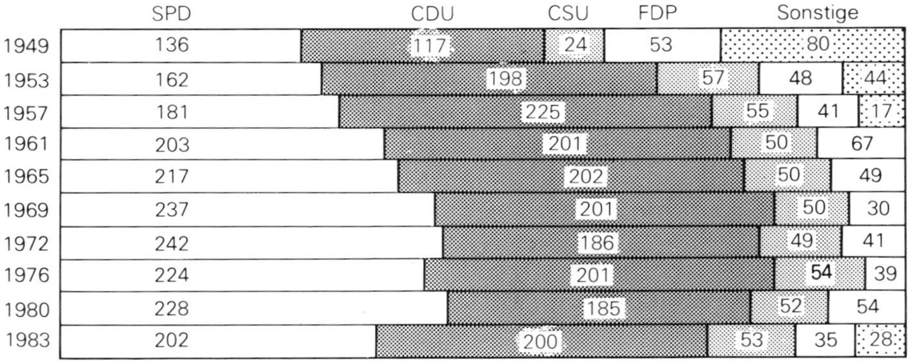

	SPD	CDU	CSU	FDP	Sonstige
1949	136	117	24	53	80
1953	162	198	57	48	44
1957	181	225	55	41	17
1961	203	201	50	67	
1965	217	202	50	49	
1969	237	201	50	30	
1972	242	186	49	41	
1976	224	201	54	39	
1980	228	185	52	54	
1983	202	200	53	35	28

*einschl.der Abgeordneten von Berlin (West)

Staat, Politik, Recht

Das Grundgesetz

Das Grundgesetz für die Bundesrepublik Deutschland wurde 1949 geschaffen, um dem staatlichen Leben für eine Übergangszeit eine neue Ordnung zu schaffen.
Die ersten siebzehn Artikel des Grundgesetzes enthalten die Grundrechte. Damit wird zum Ausdruck gebracht, daß der Staat um der Menschen willen, nicht umgekehrt, da ist, daß er nicht herrschen, sondern dienen sollte.

Die Verfassungsorgane

Staatsoberhaupt der Bundesrepublik Deutschland ist der Bundespräsident. Er wird von der Bundesversammlung gewählt, einem Verfassungsorgan, das nur zu diesem Zweck zusammentritt. Es besteht aus den Bundestagsabgeordneten und einer gleichen Anzahl von

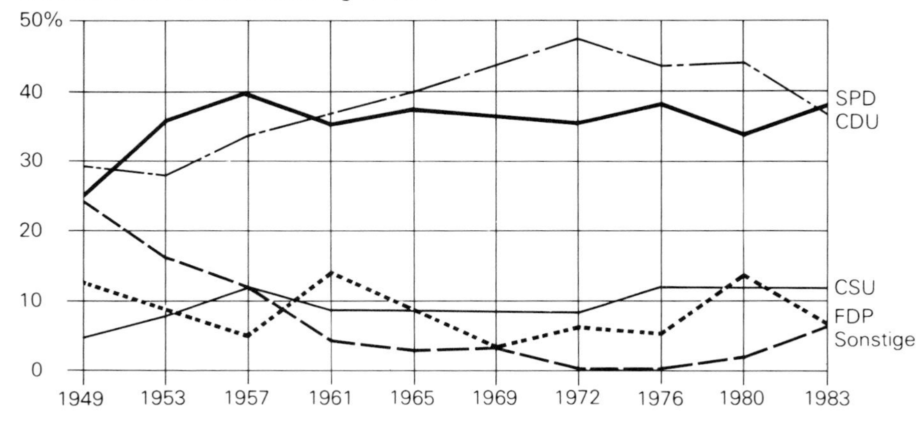

Mitgliedern, die von den Volksvertretungen der Länder gewählt werden. Der Bundespräsident wird auf fünf Jahre gewählt.

Der Bundestag

Der Bundestag ist die Volksvertretung der Bundesrepublik. Er wird vom Volk auf vier Jahre nach einem „personalisierten Verhältniswahlrecht" gewählt. Seine wichtigsten Aufgaben sind die Gesetzgebung, die Wahl des Bundeskanzlers und die Kontrolle der Regierung. Im Plenum des Bundestages werden die großen Fragen der Innen- und Außenpolitik diskutiert. Fernsehübertragungen erhöhen die Aufmerksamkeit der Bürger.

Der Bundesrat

Der Bundesrat, die Vertretung der Länder, wirkt an der Gesetzgebung mit. Er wird nicht gewählt, sondern besteht aus Mitgliedern der Landesregierungen. Jedes Land hat mindestens drei Stimmen, Länder mit größerer Bevölkerung vier oder fünf Stimmen.

Die Bundesregierung

Die Bundesregierung (häufig auch „Kabinett" genannt) besteht aus dem Bundeskanzler und den Bundesministern. Der Bundeskanzler wird vom Bundestag auf Vorschlag des Bundespräsidenten gewählt.

Die Parteien

Im Bundestag und in den Landtagen sind heute vier große Parteien vertreten: die Sozialdemokratische Partei Deutschlands (SPD), die Christlich-Demokratische Union (CDU) und die Freie Demokratische Partei (FDP).
Neben diesen vier Parteien hat es immer eine schwankende Anzahl kleinerer Parteien gegeben. Bei der ersten Bundestagswahl 1949 erhielten diese kleinen Parteien zusammen 27,9% der Stimmen, bei der 9. Bundestagswahl 1980 nur noch 2%. Dieser auffallende Rückgang ist nicht zuletzt eine Folge der Fünfprozent-Sperrklausel, die besagt, daß nur solche Parteien Abgeordnete ins Parlament entsenden können, die im jeweiligen Wahlgebiet mindestens 5% der Stimmen erhalten haben.
Rechts- oder linksradikalen Parteien ist es nur selten gelungen, diese Sperrklausel zu überwinden. Die Kommunistische Partei Deutschlands (KPD) war ein einziges Mal im Bundestag vertreten : 1949–1953 mit 15 Abgeordneten. Seit 1978 tritt die grüne Partei auf, deren Hauptanliegen der Umweltschutz ist. In einigen Bundesländern ist ihr sogar der Einzug in die Landesparlamente gelungen.

Das Wahlsystem

Das Wahlsystem für die Wahlen zum Deutschen Bundestag ist kompliziert. 248 Abgeordnete, das ist die Hälfte der Bundestagsmitglieder, werden in Wahlkreisen gewählt. Die übrigen 248 Abgeordneten werden über Landeslisten der Parteien gewählt. Also hat jeder Wähler praktisch zwei Stimmen – eine für den Abgeordneten in seinem Wahlkreis und eine für die Partei.
Bei allen Wahlen beweist die Bevölkerung ein starkes politisches Interesse. Bei der Bundestagwahl 1980 betrug die Wahlbeteiligung 88,6%.Selbst bei Kommunalwahlen erreicht sie bis zu 80%.

die Gesetzgebung	law-making
das Hauptanliegen	main concern
überwinden	to overcome
umgekehrt	the other way around
das Verhältniswahlrecht	proportional representation

Aufgabe 16

Man spricht in Deutschland oft vom „Bund und Land". Lesen Sie „Staat, Politik, Recht" und machen Sie eine Liste von allen Wörtern, die mit „Bund-" beginnen!

z.B. die Bundesbahn
die Bundesregierung

Welche Institutionen existieren auch auf Landesebene – gibt es auch eine „Landesbahn", „Landesregierung" usw.?

Schreiben Sie jetzt alle Wörter auf, die mit „Wahl-" oder „wählen" zu tun haben!

„Bundesbahn", „Bundesregierung", „Bundeskanzler" usw. beziehen sich hier auf die Bundesrepublik. Wie nennt man die entsprechenden Institutionen in der DDR, in Österreich, in der Schweiz oder in Ihrem eigenen Land?

Aufgabe 17

Lesen Sie folgende Sätze! Sind sie falsch oder richtig? Verbessern Sie die falschen Sätze.

a. Es gibt ein Grundgesetz in der Bundesrepublik.
b. Das Grundgesetz enthält die Grundrechte.
c. Das Staatsoberhaupt ist die Königin.
d. Das Staatsoberhaupt wird von einer Versammlung gewählt.
e. Der Bundestag ist das deutsche Parlament.
f. Die Bundestagsdebatten werden nur im Radio übertragen.
g. Der Bundesrat wird von den Landesregierungen gewählt; jedes Land hat zwei Stimmen.
h. Der Führer der Bundesregierung ist der Bundeskanzler.
i. Die kleineren Parteien bekommen sehr viele Sitze im Parlament.
j. Die „Fünf-Prozent-Klausel" bedeutet, daß eine kleine Partei mindestens fünf Prozent der Stimmen bekommen muß, bevor sie einen Sitz im Parlament bekommt.

Aufgabe 18

Schreiben Sie für jeden Absatz des Textes „Staat, Politik, Recht" die Schlüsselwörter auf! (die Wörter, die in jedem Absatz besonders wichtig sind)

Absatz 1: Das Grundgesetz
Absatz 2: Die Verfassungsorgane
Absatz 3: Der Bundestag
Absatz 4: Der Bundesrat
Absatz 5: Die Bundesregierung
Absatz 6: Die Parteien
Absatz 7: Das Wahlsystem

Staatlicher Aufbau in der Bundesrepublik Deutschland

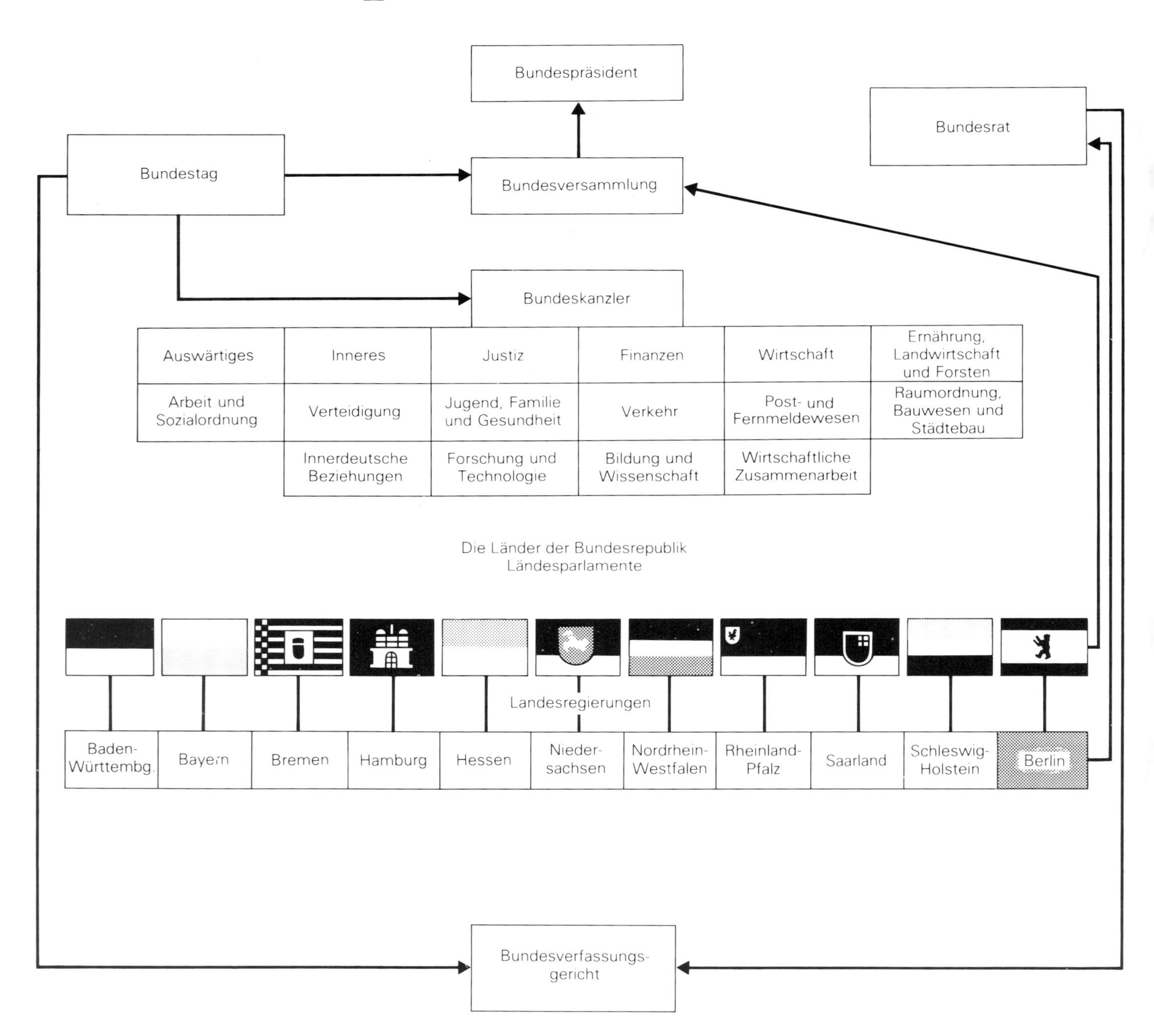

Aufgabe 19

Fassen Sie mit Hilfe dieser Skizze ganz kurz das politische System der BRD zusammen!
Fassen Sie die Unterschiede der politischen Systeme Deutschlands und Ihres eigenen Landes unter den folgenden Schlüsselwörtern zusammen: Staatsoberhaupt; Parlament; Länder; Zweitstimme; Führer des Kabinetts; Sperrklausel; Grundgesetz.

„Der Abgeordnete"

Aufgabe 20

Beschreiben Sie jede Karikatur!
Was hält man von unseren Politikern – sind sie:

- faul?
- ehrgeizig?
- kompetent?
- unfähig?
- allwissend?
- unwissend?
- ehrlich?
- unehrlich?
- unintelligent?
- nie da, wenn man sie braucht?
- selbstsüchtig?

Die Presse: unabhängig, überparteilich?

A Die Massenmedien

Aufgabe 1

Woran denken Sie, wenn Sie an a) Zeitung b) Fernsehen denken?

Mediennutzung in der BRD

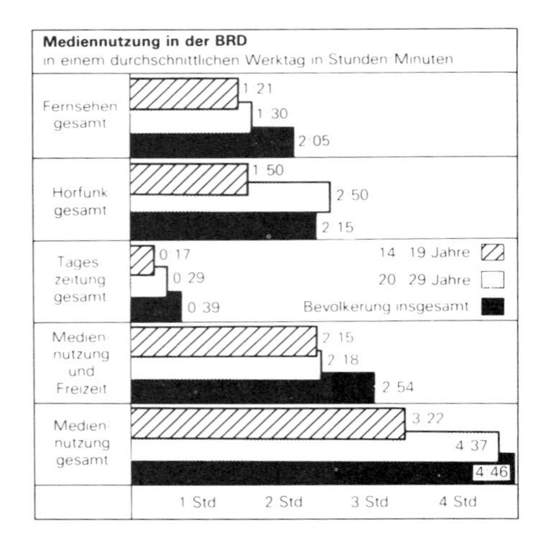

Mit der Verbreitung der Medien hat sich auch die Dauer der Mediennutzung erhöht, die in der BRD (wie auch in anderen westlichen Industrieländern) den größten Teil der Freizeit beansprucht (4,46 Stunden pro Tag, 1982). Das Fernsehen ist mit einer durchschnittlichen täglichen Sehdauer der erwachsenen Zuschauer von ca. 2 Stunden das am häufigsten genutzte Medium. Die verschiedenen Medien erfüllen vielmehr unterschiedliche Funktionen. Das Fernsehen wird als bedeutendstes Medium für aktuelle Information und Unterhaltung betrachtet; die Tageszeitung ist die wichtigste Quelle für Informationen aus dem lokalen Bereich; der Hörfunk wird häufig als begleitendes Medium neben anderen Tätigkeiten (z.B. Hausarbeit, Autofahren) genutzt.
Untersuchungen zur Mediennutzung haben ergeben, daß die durchschnittliche tägliche Fernsehnutzung der Bevölkerung seit Mitte der 70er Jahre stagniert und an Wochenenden seit 1979 sogar rückläufig ist, obwohl sich die Sendezeit der Rundfunkanstalten bis 1982 weiter erhöht hat (unter anderem durch die Einführung des bundesweiten Vormittagsfernsehens 1981). Diese Entwicklung weist auf Sättigungsgrenzen für die Mediennutzung hin und wird damit erklärt, daß viele (vor allem jüngere Bürger) mehr Freizeit außer Haus verbringen.

beanspruchen	to claim
auf etwas hinweisen	to point to something
rückläufig sein	to be in decline
die Sättigungsgrenze	saturation level
die Tätigkeit	activity

Aufgabe 2

Sehen Sie sich das Flußdiagramm an und fassen Sie mit seiner Hilfe die wichtigsten Punkte im Text zusammen.

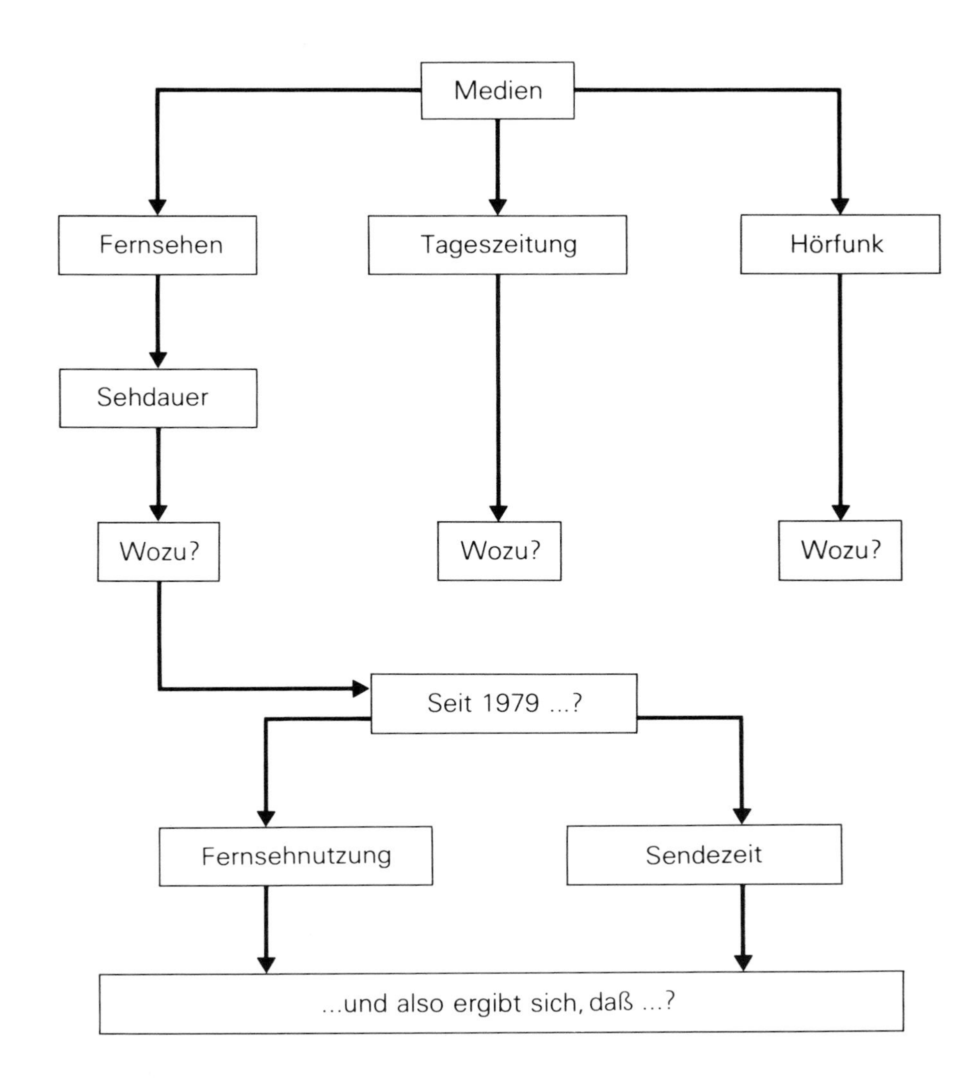

Aufgabe 3

Sehen Sie sich die Tabelle „Mediennutzung in der BRD" an!
Wir haben verschiedene Leute gefragt, wie sie das Medienangebot ausnützen.
Würden Sie sagen, daß sie typisch sind?

a) Heiko, 17 aus Münster: „Jeden Tag lese ich mindestens eine Stunde lang die Tageszeitung."
b) Lene, 24, aus Düsseldorf: „Ich verbringe meine Freizeit lieber beim Radiohören als beim Fernsehen."
c) Holger, 22, aus Würzburg: „Im Fernsehen ist nichts Interessantes. Ich sehe nie fern."
d) Karl-Heinz, 32, aus Donaueschingen: „Ja, ich sehe ziemlich gern fern. Vielleicht zwei Stunden pro Tag."
e) Brigitte, 25, aus München: „Ich habe immer nur eine halbe Stunde, um die Zeitung zu lesen, bevor ich zur Arbeit gehen muß."

Aufgabe 4

Die Massenmedien:

Presse
Rundfunk
Film
Tonträger

Neue Medien:

Bildschirmtext
Kabelfernsehen
Satellitenfernsehen
Videotext
CD-Platte
Videorecorder

Zu welchem Wort passen diese Definitionen? Können Sie die anderen auch definieren?

a) Ein Informationsübertragungsystem, bei dem Texte, Zahlen oder Bilder über Telefonleitung übermittelt werden.
b) Ein Gerät, mit dem Fernsehprogramme aufgezeichnet werden können.
c) Ein System, mit dem man in- und ausländische Rundfunkprogramme empfangen kann.
d) Radio und Fernsehen.
e) Schallplatten und Musikkassetten.

Aufgabe 5

Machen Sie eine Liste von all den Medien, die Sie bereits benutzt haben. Beginnen Sie mit dem Medium, das Sie am häufigsten benutzen und schreiben Sie zum Schluß die Medien auf, die Sie bis jetzt nie benutzt haben! Vergleichen Sie jetzt Ihre Liste mit der Liste eines Partners!

Aufgabe 6

Machen Sie eine Umfrage zum Thema Mediennutzung! Sie sollten mindestens 10 Leute fragen (fünf Leute zwischen 14–19, fünf Leute zwischen 20–29), wieviel Zeit sie für das Fernsehen, das Radio und die Zeitung pro Tag brauchen. Schreiben Sie dann die Resultate für die Befragten auf. Vergleichen Sie dann Ihre Resultate mit der Tabelle „Mediennutzung in der BRD".

a) Sieht man in Deutschland länger fern als in Ihrem Land?
b) Sieht man öfter fern, je älter man wird?
c) Welche Altersgruppe ist eher dazu geneigt, eine Tageszeitung zu lesen?
d) Liest man lieber eine Tageszeitung in Deutschland als in Ihrem Land?
e) Sind Sie für Ihr Alter typisch?

Der Weg einer Zeitungsinformation vom Ereignis zum Leser

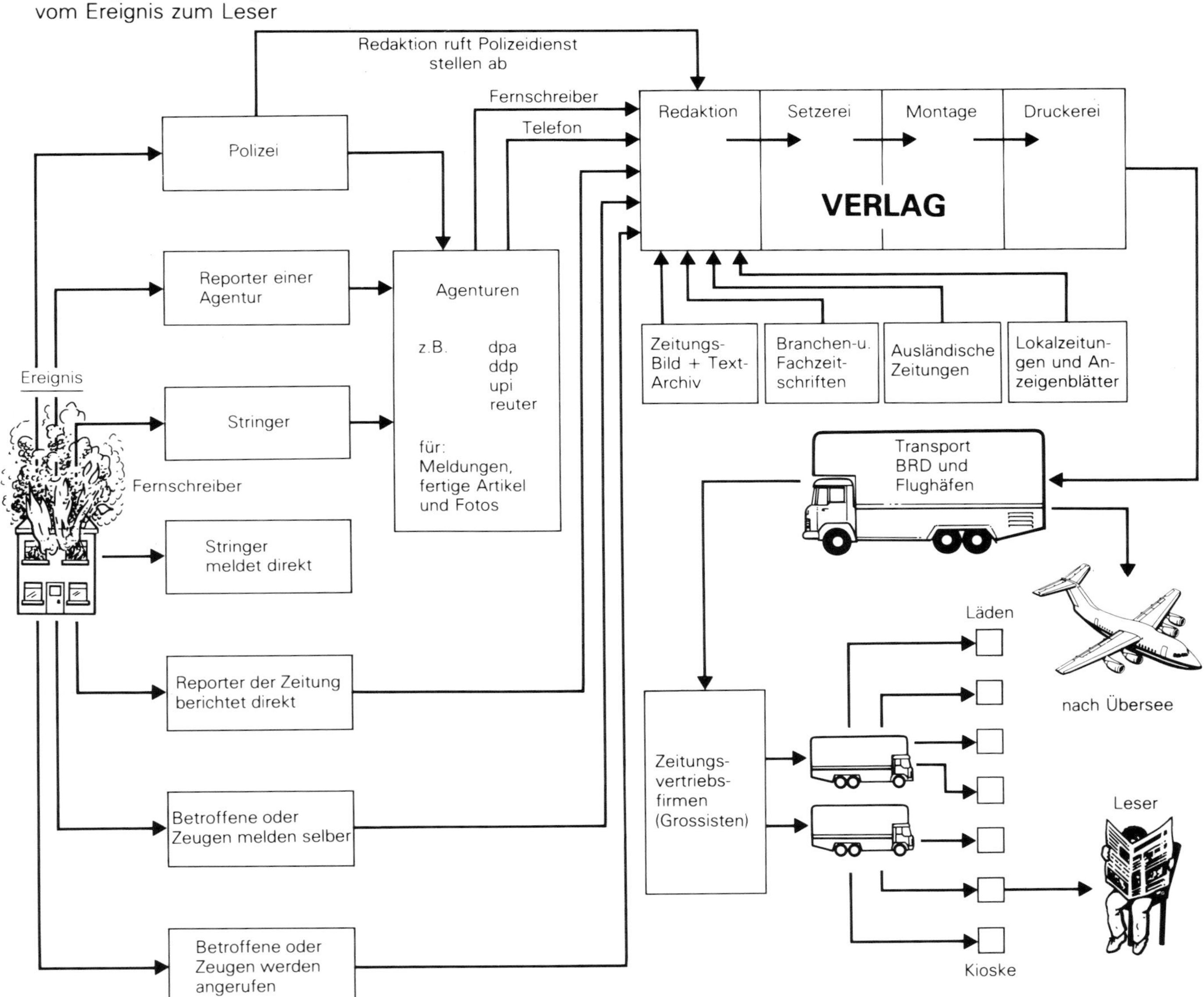

Tageszeitungen

Nur ein kleiner Teil der Zeitungen der BRD hat eine eigene politische Redaktion. 1983 produzierten nur 125 von 1 255 Zeitungen ihren allgemein-politischen Teil selbst; alle anderen Zeitungen übernahmen den politischen Teil von diesen 125.

In der Bundesrepublik gibt es keine zentrale Presse; die Zeitungen berichten internationale und nationale Nachrichten sowie lokale Ereignisse. Die häufige Nutzung des Lokalteils der Tageszeitungen zeigt das Bedürfnis vieler Bürger nach Informationen über die nähere Umgebung.

Zeitschriften

Viele Zeitschriften erscheinen nur in geringer Auflage wegen der Vielseitigkeit des Zeitschriftenangebots. Die Publikumszeitschriften (Illustrierte, Programmzeitschriften usw). haben den größten Anteil an der Gesamtauflage.

Aufgabe 7

Finden Sie die richtige Definition Für jedes Wort auf Seite 75:

1. Der Zeuge	a. ist das, was passiert.
2. Die Auflage	b. ist der Teil einer Zeitung, der über Ereignisse innerhalb der näheren Umgebung berichtet.
3. Eine Nachrichtenagentur	c. hat die Aufgabe, Meldungen auszuwählen und die Zeitung zusammenzustellen.
4. Eine Meldung	d. ist der Mann/die Frau, der/die Berichte schreibt.
5. Die Redaktion	e. ist eine Zeitung, die in der ganzen Bundesrepublik verkauft wird.
6. Eine überregionale Zeitung	f. ist die Anzahl der gedruckten Zeitungen.
7. Der Leser	g. ist der Ort, an dem eine Zeitung gedruckt wird.
8. Der Lokalteil	h. ist ein Bericht.
9. Der Kommentar	i. ist eine Firma, die Berichte an die Zeitungen verkauft.
10. Der Reporter	j. ist der Teil, in dem die Meinungen der Redaktion ausgedrückt werden.
11. Das Ereignis	k. ist jemand, der das Ereignis sieht.
12. Der Verlag	l. ist jemand, der die Zeitung kauft.

B Blick in eine Zeitung

Aufgabe 8

Hier sehen Sie die Seitenüberschriften einer Düsseldorfer Zeitung und auf Seite 77 einige Artikel, die auf diesen Seiten erschienen. Lesen Sie zuerst die Artikel. Welche Berichte würden Sie auf welcher Seite finden? (Suchen Sie für jeden Bericht eine passende Überschrift aus.)
Welche Seiten würden sich wahrscheinlich im lokalen Teil dieser Zeitung befinden?

Das neue Buch

FERNSEHEN UND FUNK

HEUTZUTAGE

REISE-JOURNAL

WIRTSCHAFT UND BÖRSE

FEUILLETON

Humor und Rätsel

Deutschland und die Welt

ROMAN

POLITISCHE UMSCHAU

DÜSSELDORFER SPORT

DÜSSELDORFER STADTPOST

WISSENSCHAFT UND BILDUNG

Technik und Verkehr

23 Seiten Stellen / 20 Seiten Immobilien / 13 Seiten Auto

Ausgabe D / Preis 1,20 DM

RHEINISCHE POST

Düsseldorfs größte Zeitung

ZEITUNG FÜR POLITIK UND CHRISTLICHE KULTUR

FF 6	hfl 1,75	Lire 1.300	Pts. 120
öS 12	sfr 1,60	bfrs 35	l. C. 130

JAHRGANG 41 — SAMSTAG – 3. MAI 1986 — Nr. 102

Stadt-Düsseldorff Post-Zeitung. DÜSSELDORFER STADTPOST  Düsseldorfer Zeitung.

Müssen alte Autos bald jährlich zum TÜV?

KURZ BERICHTET

Borussia Dortmund verpflichtete den Stürmer Norbert Dickel (bisher 1. FC Köln) für zwei Jahre. Die Ablösesumme soll 300 000 Mark betragen.

Wegen einer Magenoperation, der er sich in seiner Heimatstadt Wien unterziehen wird, steht Trainer Ernst Happel dem Fußball-Bundesligisten Hamburger SV auf der bevorstehenden Amerika-Reise nicht zur Verfügung.

CHRONIK

Der japanische Kirchenmusikverein Senadi-Morioka singt morgen um 20 Uhr in der Kreuzkirche, Collenbachstraße, das Oratorium „Der Messias" von Händel.

Joe Jackson gastiert morgen um 20 Uhr in der Philipshalle.

„Schlieren des Innenlebens – Farbaußenwelten" ist der Titel einer Ausstellung von Winfried Schmitz-Linkweiler, die der Künstler am Montag, 5. Mai, um 20 Uhr im Rondell, Lewittstraße 2, eröffnet.

„Confederacy of Fools" spielt in englischer Sprache am Montag, 5. Mai, um 20 Uhr das Stück „Intercourse" in der „jab", Heinrich-Heine-Platz.

Benrath mit „Markise"

Hinein ins Freibad

Von Rudolf H. Kanemeier

Man tummelt sich wieder in Düsseldorfs Freibädern – zwar noch nicht in allen, aber immerhin. Termingerecht hatte die Sonne ihr Heizwerk angekurbelt, waren die Frühlingstemperaturen auf wohltuende Höhen geklettert: Am 1. Mai wurden die Bäder in Benrath, Stockum und Flingern wieder eröffnet.

Freundschaftsfest

In der Aula der Heinrich-Heine-Gesamtschule, Graf-Recke-Straße 170, wird am Samstag, 10. Mai, ab 19 Uhr ein internationales Jugendfreundschaftsfest veranstaltet. Organisator ist die Jugendgruppe des Türkischen Arbeitervereins an der Erkrather Straße. Auf dem Programm stehen Musik, Folklore, Speisen und Getränke.

BÖRSE

Weiter schwach

Düsseldorf – Trotz einer mehr uneinheitlichen Kursentwicklung im Sitzungsverlauf schwächten sich die Notierungen am Düsseldorfer Aktienmarkt zum Wochenschluß überwiegend etwas ab. Deutlich unter Druck standen dabei die Elektrowerte, die sich unter Führung von Siemens um bis zu 21 DM verbilligten.

BV Hassels überraschte

Die Überraschung bei den Fußballspielen der zweiten Kreispokalrunde war der 2:0-Erfolg des Kreisligisten BV Hassels über den Tabellensechsten der Bezirksliga, DSV 04. Orbe und Sons schossen die Tore.

„Endstation Hölle" (Skyjacked, USA 1972, Regie: John Guillermin, mit Charlton Heston, Yvette Mimieux, James Bronin): Mit seinem Land und dessen Politik unzufriedener amerikanischer Vietnam-Veteran an Bord eines Flugzeugs will per Bombendrohung eine Kursänderung.

„Der Tiger parfümiert sich mit Dynamit" (Frankreich 1965, Regie: Claude Chabrol, mit Roger Hanin, Michel Bouguet): Im Original ist das eine zynisch satirische Variante der üblichen Terroristen-Filme.

Daimler will die Pkw-Kapazität erhöhen

Stuttgart – Die Nachfrage nach dem gesamten Mercedes-Pkw-Programm, nicht zuletzt der neuen Mittelklasse, ist so stark, daß die erweiterten Kapazitäten des Daimler-Konzerns bereits heute wieder voll ausgelastet sind.

Kurz aber wichtig

FESTGENOMMEN. Auf dem Amsterdamer Flughafen Schiphol haben Sicherheitskräfte gestern einen 33jährigen Japaner verhaftet, der nach Angaben der Polizei „kiloweise" Sprengstoff in seinem Gepäck hatte. Der Mann war mit einer Maschine der jugoslawischen Fluggesellschft JAT aus Belgrad gekommen. Außerdem fand die Polizei bei der Durchsuchung seines Reisegepäcks zwei Zündmechanismen, die der Japaner in Transistorradios mit sich führte.

AUSSIEDLER. Im April sind 2734 Aussiedler aus Ostblockländern in die Bundesrepublik gekommen, gegenüber 2847 im April 85. Wie das Bayerische Sozialministerium gestern in München weiter mitteilte, reisten 1720 aus Polen ein gegenüber 1447 im April 1985. Aus Rumänien kamen 849 (April 85: 1223). Aus der Sowjetunion reisten 69 (73) ein, aus der Tschechoslowakei 48 (54), aus Ungarn 25 (39), aus Jugoslawien 19 (sieben). Über das westliche Ausland reisten drei ein (April 1985: vier).

Aufgabe 9

Sie arbeiten mit einem Partner zusammen – einer ist ein Reporter, der seinen Redakteur anruft, um über ein Ereignis zu berichten. Er bekommt verschiedene Artikel und er muß kurz und einfach *in seinen eigenen Worten* **das zusammenfassen, was er in den Artikeln berichtet wird.**
Fassen Sie jeden Artikel zusammen: *Wer* **hat** *was, wo, wie, wann* **und** *warum* **gemacht?**
Der andere Partner ist der Redakteur. Er hat die verschiedenen Schlagzeilen auf dieser Seite und er muß für jeden Bericht eine passende Schlagzeile aussuchen.
Auf welcher Seite einer Zeitung würde man wahrscheinlich diese Berichte finden können?
Die Artikel bekommen Sie von Ihrem Lehrer.

Auto schleuderte gegen Hauswand

Aufgeschlossen für Boykott

Anmeldungen zum „13. Drumbo-Cup"

Mord gefilmt

Alkoholfrei immer beliebter

Neue Geisteskrankheit
Panische Aids-Angst

Oh, Tannenbaum – wie bist du teuer

Schuhe laufen

Rotlicht mißachtet – folgenschwere Unfälle

Gegen Apartheid

Arm gebrochen und weitergefahren

Nach Start explodiert
Deutsche Presse-Agentur

Fußgänger schwebt in Lebensgefahr

Frau lief vor Straßenbahn

Alle wollen nach Bayern

Aufgabe 10

Sehen Sie sich zuerst die Schlagzeilen für Aufgabe 9 an! Wozu dienen diese Schlagzeilen – entscheiden Sie für jede Schlagzeile, ob jeder Satz zutrifft oder nicht!
Welche Schlagzeile:
gibt Information?
macht den Leser aufmerksam auf den Text?
macht den Leser neugierig?
überrascht den Leser?
schockiert?
drückt eine politische Meinung aus?
ist witzig?
verdeckt die Wahrheit?
unterbricht einen langen Text?

Wozu dient eine Schlagzeile?
Wie muß die ideale Schlagzeile sein?

Aufgabe 11

Schreiben Sie jetzt zwei Schlagzeilen für diese Artikel – eine muß sensationell wirken, die andere ernsthaft!

Neu Delhi – Neun Menschen sind in Ostindien bei einem Gewittersturm vom Blitz erschlagen worden. Wie die Presseagentur „United News of India" gestern berichtete, fuhr der Blitz in eine dörfliche Siedlung. Der begleitende Sturm deckte mit einer Windgeschwindigkeit von 140 Kilometer in der Stunde Dächer ab, zerstörte etwa 200 Häuser und riß rund 2000 Hütten mit sich. Das Gebiet von Nalanda im indischen Bundesstaat Bihar war von den Verwüstungen am stärksten betroffen. Die Telefonverbindungen waren in weiten Gebieten unterbrochen. (dpa)

Von unserem Redaktionsmitglied Wolfgang Dieling

Beschämend für die Landeshauptstadt sind die Ausschreitungen von Fortuna-Fans, die am Samstag zum letzten Fußball-Spiel der Saison in die Nachbarstadt Krefeld gereist waren. Raubüberfälle, Bedrohung von Passanten, „Randale" auf Hauptgeschäftsstraßen verzeichnete die Krefelder Polizei, die nur durch einen Großeinsatz eine Massenschlägerei auf einem Kirmesplatz verhindern konnte. Insgesamt wurden 18 junge Düsseldorfer festgenommen.

Kloten – Ein Verkehrsflugzeug vom Typ Boeing 727 der spanischen Fluggesellschaft Iberia ist bei der Landung auf dem Flughafen Zürich-Kloten mit einer Tragfläche auf der Piste aufgeschlagen und dadurch stark beschädigt worden. Personen kamen nicht zu Schaden, wie ein Sprecher des Flughafens erklärte. Als mögliche Unfallursache wird von Experten eine zu starke Korrektur im Landeanflug angenommen. Die aus Madrid kommende Maschine mit 149 Passagieren an Bord hatte am Samstag kurz vor 18 Uhr planmäßig zur Landung angesetzt. (ap)

Bad Liebenzell – Bei einem Bootsunglück auf der Nagold in Höhe von Bad Liebenzell sind am Wochenende eine 15jährige Kanufahrerin beim Kentern ihres Bootes ertrunken und ein 26jähriger Polizist beim Rettungsversuch ums Leben gekommen. Der 16jährige Bruder des Mädchens, der in einem zweiten Kanu saß und ebenfalls versuchte, die Schwester zu bergen, schwebt in Lebensgefahr. Der Vater, der mit im gekenterten Boot fuhr, erlitt einen Schock, konnte aber ohne fremde Hilfe das Ufer erreichen, wie die Polizei gestern mitteilte. (dpa)

Die Leiche einer etwa 30 Jahre alten Frau wurde am Samstag gegen 15.30 Uhr in Höhe von Stürzelberg im Rhein entdeckt und kurz darauf von der Wasserschutzpolizei geborgen. Die Tote konnte bisher nicht identifiziert werden. Nach Angaben der Wasserschutzpolizei trieb die Ertrunkene höchstens seit Donnerstag im Strom, Spuren äußerer Gewaltanwendungen waren nicht zu erkennen. Die Frau war etwa 1,70 Meter groß, hatte schwarze Haare und trug ein Toupet. Bekleidet war sie mit einer braunen Regenjacke mit Kapuze, einer braunen Stoffhose und rötlichen Schuhen.

Bombe zerfetzt Urlauber-Jet: 30 Tote

Wieder mysteriöse Todesfälle in Wuppertaler Krankenhaus

Nachrichten
■ 7 Tote nach der Disco

5:2! Bayern sind die Größten

Stadt will den Rhein sauber halten

Unwetter: Drei Tote

■ Selbstmord wegen Katze

Erdbeben in Mexiko

Aufgabe 12

Fassen Sie für einen Freund die Nachrichten in diesen Schlagzeilen zusammen. Für jede Nachricht werden Sie natürlich einen vollständigen Satz und, wenn möglich, das Passiv benutzen!
z.B. Ein junger Mann wurde festgenommen.

Aufgabe 13

Wählen Sie eine Schlagzeile aus! Was für eine Geschichte steckt hinter diesem einen Satz? Schreiben Sie einen Zeitungsbericht darüber!

Aufgabe 14

Sehen Sie den Text „Katastrophe von Tschernobyl ist noch nicht unter Kontrolle" an! Sind folgende Behauptungen falsch oder richtig?

a) 2 000 Leute seien gestorben.
b) Mehr als zehntausend Menschen seien evakuiert worden.
c) Das Reaktorunglück sei die größte Katastrophe auf dem Gebiet der Kernenergie.
d) Der Reaktorkern sei durchgeschmolzen.
e) Die Sowjetunion habe die deutsche Regierung um Hilfe gebeten.
f) Das Reaktorfeuer sei jetzt im Griff.
g) Man könne den Reaktorbrand nicht löschen.
h) Man habe festgestellt, daß in Schweden die normale Radioaktivität ums Zehnfache gestiegen sei.
i) Man habe keine hohen radioaktiven Werte in Deutschland gemessen.

Aus der „Bild am Sonntag" 4. Mai 1986:

Atom-Wolke noch 1 Woche

Leider – die Gefahr ist noch nicht vorbei: Die Atom-Wolke aus dem sowjetischen Kernkraftwerk Tschernobyl wird noch eine Woche über Deutschland und Europa treiben. Wie stark wir von der Radioaktivität getroffen werden, hängt vom Wind ab. Denn: Satellitenfotos zeigen weiter Rauch über Tschernobyl, der Reaktor brennt weiter. Große Sorgen bei uns, immer wieder dieselben Fragen: Kann ich noch Milch trinken, Gemüse essen? Dürfen Kinder, vor allem Babys, überhaupt noch raus? Große Berichte und Experten-Antworten auf alle Fragen – Seiten 2 bis 7

Die große Angst ▶ Antworten auf alle Fragen: • Milch • Gemüse • Babys

Aus der „Rheinischen Post", 4. Mai 1986:

Nach dem Reaktorunglück bei Kiew schwanken die Angaben über die Zahl der Toten zwischen 2 und 2000

Katastrophe von Tschernobyl ist noch nicht unter Kontrolle

Zehntausende evakuiert / Moskau bat auch in Bonn um Hilfe

Von unseren Nachrichtendiensten

Bonn/Moskau – Das Reaktorunglück in dem ukrainischen Atomkraftwerk Tschernobyl ist offensichtlich die größte Katastrophe, die sich bisher auf dem Gebiet der friedlichen Nutzung der Kernenergie ereignet hat. Nach bisher vorliegenden Erkenntnissen ist der Reaktorkern durchgeschmolzen. Ein solches Unglück wird in der nuklearen Fachsprache als „Super-GAU" bezeichnet – GAU steht für „Größter Anzunehmender Unfall". Moskau sprach gestern erstmals von einer Katastrophe und bat in der Bundesrepublik und in Schweden um Hilfe. Offenbar ist das im Reaktor befindliche Graphit in Brand geraten. Solange das Feuer nicht im Griff sei, hieß es in Expertenkreisen, komme es zu weiteren Kettenreaktionen mit der Freisetzung von Radioaktivität. Der Brand könne nicht mit normalen Mitteln, sondern nur bei völligem Luftabschluß gelöscht werden. In Schweden und Finnland ist nach dem Unfall eine bis zu zehnfache Erhöhung der Radioaktivität in der Luft festgestellt worden; im Norden der Bundesrepublik wurde eine leichte Zunahme der Strahlung gemessen. Das Bundesinnenministerium betonte aber, es bestehe keine akute Gefahr. Experten befürchten allerdings, daß die radioaktive Wolke bei anhaltendem Ostwind auch die Bundesrepublik erreichen könnte.

DIE RADIOAKTIVE WOLKE, die bei dem Kernreaktor-Unfall in Tschernobyl freigesetzt wurde, ist durch den Wind in nordwestlicher Richtung über den Norden Europas getrieben worden (dunkle obere Bildhälfte). Bild: Carto

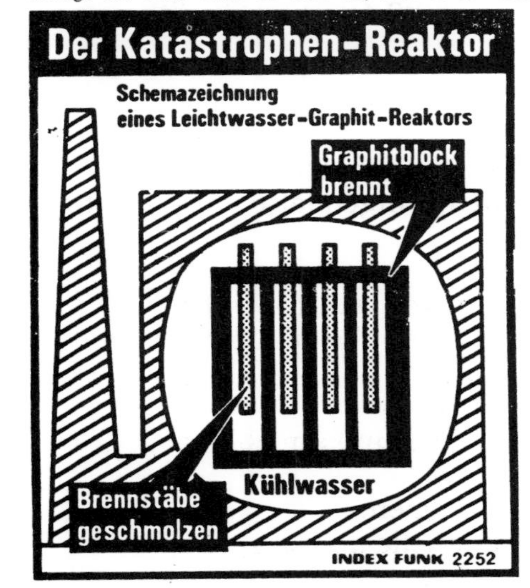

DIE BRENNSTÄBE des Reaktors in Tschernobyl sind geschmolzen. Nach den vorliegenden Meldungen ist der Graphit-Block in Brand geraten. Bild: Index

Aufgabe 15

Sehen Sie sich den Text „Atomwolke noch 1 Woche" an! Was steht in diesem Text? Beginnen Sie jeden Satz mit: „Die Bild am Sonntag berichtet (behauptet, sagt, stellt fest), daß . . . . . ." oder „stellt die Frage, ob". Benutzen Sie dabei die indirekte Rede.

Aufgabe 16

Wie fühlen Sie sich, nachdem Sie die zwei Berichte gelesen haben? Sind Sie vielleicht: schockiert; traurig; empört; entsetzt; nervös; überrascht; nachdenklich; neugierig; machtlos; gelangweilt; sonstige Gefühle?

Welche *Wörter* in den Texten schockieren/überraschen usw.?

Vergleichen Sie den Stil der zwei Artikel.

Was meinen Sie dazu?

Klaus Zander: „Ich habe Angst. Ich will in einen Strahlenbunker."
Professor. Hans-Peter Dürr (56), Direktor am Max-Plank-Institut für Physik: „Ob wir die Kernkraftwerke stillegen müssen? Es gibt keine hundertprozentige Sicherheit. Wichtig scheint mir die Wahrscheinlichkeit, mit der etwas passieren kann."
Polizei-Direktor Heinz Breuef, Chef der Hamburger Katastrophen-Abwehr: „Ergeben sich gesundheitsgefährdende Werte an Radioaktivität, wird die Bevölkerung über Rundfunk gewarnt. Außerdem fahren Lautsprecherwagen durch die gefährdeten Gebiete der Stadt oder des Landes. Wer die Warnung zu spät hört, sollte so schnell die Kleidung ablegen, duschen."

Leute, die in der Nähe eines Kernkraftwerkes wohnen: „Damit müssen wir leben. Ein bißchen nachdenklich bin ich schon geworden." – Monika Fischer (45) Lehrerin.
Gerhard Schulz (56) Generalvertreter für Waschmittel: „Absolut keine Angst. Hier wird hundertprozentige Sicherheit eingebaut. Das Ding soll sogar bei einem direktem Flugzeugabsturz stabil bleiben!"
Lydia Nussbaum (50) „Wir brauchen den Atom-Strom."

Thomas (19), Abiturient: „An die moderne Technik glaube ich eigentlich: andererseits – die Titanic ist auch untergegangen, obwohl alles, aber auch alles dagegen sprach".
Julij Kwizinskij (49), Russischer Botschafter in Bonn: „Alles unter Kontrolle. Der radioaktive Pegel bei Tschernobyl wieder niedriger. Qualität des Wassers normal".

der Absturz	crash
der Pegel	level, gauge
die Wahrscheinlichkeit	probability
der Wert	value

Aufgabe 17

Sie sind der Reporter, der diese Leute gefragt hat, was sie vom Reaktorunglück halten. Schreiben Sie jetzt Ihren Bericht! (Sie müssen dabei die indirekte Rede benutzen)

C Glauben Sie alles, was in der Zeitung steht?

„Königin kocht und Philip spült"

Eine Legende kommt in die Jahre. Am 21. April feiert Elizabeth II. von England, seit 1952 im Amt, ihren 60. Geburtstag. Seit über drei Jahrzehnten ist sie auch die gekrönte Königin der Klatschpresse, mit gutem Grund. Im Gegensatz zu den Seeräuber-Nachfahren des Hauses Monaco, die Presseorgane schon mal auf kräftigen Schadensersatz verklagen, dementiert die vornehme Royal Family nahezu niemals den Unfug, der über sie verbreitet wird.

Und der ist beträchtlich. Allein in Frankreich, so ergab eine Auszählung, wurden der Queen in einem Zeitraum von 14 Jahren 63 Abdankungen, 149 Unfälle, 43 unglückliche Nächte, 92 Schwangerschaften und 31 Beinahe-Nervenzusammenbrüche nachgesagt, 112mal hatte sie angeblich „alles satt", 73mal wollte sie sich von ihrem Ehemann trennen, und 29mal erhielt sie Morddrohungen. Auch im deutschen Blätterwald sorgt die Queen seit jeher für Frohsinn, Spannung und Unterhaltung. Kostproben aus der heimischen Gerüchteküche:

1957 „Königin kocht und Philip spült"
Bild
1959 „Afrikanischer Name für das dritte Kind?"
Welt
1966 „Die Queen macht so gern das Schweinegrunzen nach"
Hamburger Abendecho
„Immer wenn Elizabeth getrunken hat, wischt sie sorgfältig Lippenstiftabdrücke von den Gläsern, Tassen und Sektkelchen ab. Denn sie hat erfahren, daß eine amerikanische Kosmetikfirma seit Jahren hinter dem Abdruck ihrer Lippen herjagt, den sie für Werbezwecke verwenden will"
Hamburger Abendecho
1970 „Die Queen verliebte sich mit 14 in Philip – dann sah sie nie mehr einen anderen an"
Express
„Elizabeth ist eifersüchtig auf Philips hübsche Sekretärin"
Neue Post
1971 „Entpuppt sich ihr Großonkel als Jack The Ripper?"
Neue Post
„Königin Elizabeth trennt sich von ihrem Mann"
7 Tage
„Königin Elizabeth will abdanken. Am 14. November 1973, seinem 25. Geburtstag, soll Prinz Charles zum König gekrönt werden"
Neue Welt
„Krebs? Große Sorgen um Königin Elizabeth"
Neues Blatt
1972 „Elizabeth erwartet ihr fünftes Kind!"
frau aktuell
„Dankt die Queen ab? Elizabeth ist beim Volk nicht beliebt. Charles soll nicht erst mit 60 wie Eduard VII. König werden"
Bild am Sonntag
1973 „Die Queen nahm sich einen neuen Leibarzt. Die Briten befürchten: Englands Königin hat eine geheimnisvolle Krankheit"
7 Tage
„Tritt die Queen bald zurück?"
Bild
1974 „Elizabeth II. besucht die Eltern ihrer künftigen Schwiegertochter Lady Jane Wellesly"
Münchner Abendzeitung
„Gerüchte: Königin Elizabeth sei in Manhattan an einem Grundstück beteiligt, auf dem sich ein Pornoladen befindet"
Hamburger Abendblatt
„Königin Elizabeth: Mit 47 Jahren noch einmal Mutter?"
Neue Post
„Das wird Königin Elizabeths letztes Weihnachtsfest im Buckingham Palast"
7 Tage

1975 „Queen Elizabeth läßt sich Billigkleider in Hongkong schneidern – der Hofcouturier ist sauer"
Hamburger Morgenpost
1978 „Queen Elizabeth hat falsche Haare, wenn sie ihre Krone aufsetzt"
Bild
„Auf Brautschau in Deutschland? Da sich die Deutschen nicht auf das Tee-Kochen verstehen, bringt die Queen logischerweise ihr englisches Teewasser mit"
Bild
„Die Königin mußte nicht"
STERN
1980 „Die Königin absolvierte einen Heilpraktiker-Fernkurs und kurierte Philip von seinem Rückenleiden"
7 Tage
1981 „Königin Elizabeth dankt ab! Nun ist endlich Charles an der Reihe. Elizabeth enthüllt ihre Pläne: am 14. Juni soll Diana Königin werden"
Frau mit Herz
1983 „Queen im Bett abgehört. Kellner gab Band dem KGB"
Bild
„Unerkannt, getarnt mit Kopftuch und Sonnenbrille, spaziert sie durch die britische Hauptstadt, mischt sich unter die Leute – und freut sich diebisch, daß sie keiner erkennt"
Bild am Sonntag
„Queen heimlich zur Wunderheilerin. Auf Reisen nimmt sie einen Koffer mit Bienen und Schlangengift . . . mit"
Bild
„Queen sprach mit ihrem toten Vater – Charles fotografierte schreienden Geist"
Bild

Aufgabe 18

Diese Gerüchte erschienen alle in deutschen Zeitungen und Zeitschriften.
Welche haben mit – Gesundheit
– einer eventuellen Scheidung der Königin
– den Kindern der Königin
zu tun?

Aufgabe 19

Wenn man das berichtet, was ein anderer gesagt hat, wird die Indirekte Rede benutzt und dabei auch der Konjunktiv. In der Indirekten Rede verwendet man die gleiche Zeit wie in der direkten Rede (Siehe Grammatik H10).

Konjunktiv 1
Direkte Rede im Präsens: „Königin kocht und Philip spült"
Indirekte Rede: „Die Bild" behauptet, die Königin koche und Philip spüle"
Konjunktiv 2
Direkte Rede in der Vergangenheit: „Die Queen verliebte sich mit 14 in Philip"
Indirekte Rede: „Express" berichtet, die Queen verliebte sich mit 14 in Philip.
Wählen Sie 10 dieser Behauptungen aus – fünf im Präsens und fünf im Imperfekt oder Perfekt – und setzen Sie sie in die Indirekte Rede. Benutzen Sie dabei Verben wie: behaupten, berichten, feststellen, erklären, meinen.

Aufgabe 20

Schreiben Sie Ihren eigenen Bericht über das Bild der königlichen Familie, das in der deutschen Presse vermittelt wird.

Was für eine Zeitung lesen Sie?

Teil 1 – Was ist für dich wichtig an einer Zeitung?

ausführlich	extensive, detailed
Kommentar	comment
regelmäßig	regularly
reißerisch	sensational
sachlich	factual
überzeugen	to convince
verhältnismäßig	relatively
eine Zeitung abonnieren	to subscribe to a paper
zusammenfassen	to summarise

Aufgabe 21

Was halten die drei Sprecher bei einer Zeitung für wichtig? Kreuzen Sie an!

	Jutta	Jens	Markus
Information über Politik			
Kommentare			
Kultur			
lokale Ereignisse			
Reportage			
Bücherkritik			
Information zu Themenbereichen			
Sportberichte			
Information über die Welt insgesamt			
Information über die dritte Welt			
Stellenangebote			

Teil 2 – Und was würdest du nicht lesen?

Aufgabe 22

Die befragten Leute lesen nicht die Bild-Zeitung. Warum nicht? Sie finden hier einige Gründe, warum man eine Zeitung nicht kaufen würde. Welche werden hier erwähnt und von wem?

	Sprecher 1	Sprecher 2	Sprecher 3
a. subjektiv			
b. Stimmungsmache			
c. nicht sachlich			
d. gute Sportberichte			
e. kurze Sätze			
f. nicht informativ genug			
g. Schlagwörter			
h. zusammenfassend			
i. keine Argumentation			
j. nicht ausführlich			
k. reißerisch			
l. viel "Sex und Crime"			
m. keine Auslandsberichte			
n. keine Kreuzworträtsel			
o. Information zu einfach dargestellt			

Unter welchen Umständen würden die drei Sprecher diese Art Zeitung vielleicht kaufen?

Aufgabe 23

Schreiben Sie einen Bericht über das, was Jutta, Jens und Markus lesen. *Oder:* Machen Sie mit Ihren eigenen deutschen Freunden ein Interview und berichten Sie dann, was sie für Zeitungen lesen.

Aufgabe 24 – Zur Diskussion:

Was sagen diese Karikaturen über die Rolle der Presse?
Was ist die wichtigste Rolle der Presse?
Gibt es etwas, was eine Zeitung oder eine Zeitschrift nicht berichten sollte?
Machen Sie eine Liste von allem, was die Presse besser als das Fernsehen oder das Radio machen kann!
Was macht der Rundfunk besser?
Glauben Sie das, was Sie in der Zeitung lesen?

Vor der Glotze sitzen: Radio und Fernsehen

streng vertraulich
Wenn Sie Rat in einer Lebenskrise benötigen, schreiben Sie mir bitte:
Vera Wagner, NEUE POST, Burchardstraße 11, 2000 Hamburg 1

A Zuviel Fernsehen?

„Ich bekomme meinen Verlobten nicht vom Fernseher weg."

Seit einem Jahr lebe ich mit meinem Verlobten (32) zusammen, um vor der Ehe zu prüfen, ob es mit uns gehen wird. Trotz des Altersunterschiedes verstehen wir uns eigentlich gut. Er ist lieb und großzügig zu mir. Nur etwas fällt mir auf die Nerven: Wir sitzen fast ständig daheim. Nur Fußball und Stammtisch locken ihn aus dem Haus. Doch das ist Männerkram und meine Begleitung nicht willkommen. Sonst klebt mein Verlobter in der Freizeit am Fernsehgerät. Kommt er von der Arbeit nach Hause, wird sofort der Fernseher eingeschaltet. Das Essen schaufelt er nebenbei in sich hinein. Ich glaube, er merkt nicht mal, was er ißt. Sobald das Programm läuft, hat er nur dafür Augen und Ohren, liegt auf dem Sofa und behauptet, er wäre müde. Aber erst nach Programmschluß findet er ins Bett. Ich bekomme ihn nicht vom Fernseher weg. Das ist auf Dauer kaum auszuhalten.

Aufgabe 1

Wie könnte man das anders auf Deutsch ausdrücken?

a. Wir sind gute Freunde
b. Das irritiert mich
c. Wir sitzen die ganze Zeit zu Hause
d. Er sitzt immer vor dem Fernseher
e. Das ist nur für Männer
f. Er ißt schnell, ohne darüber zu denken
g. Er konzentriert sich völlig auf die Sendung
h. Das Ende der Sendung
i. Ich kann das nicht ertragen.

Suchen Sie die richtigen Worte und Ausdrücke aus dem Text aus!

Aufgabe 2

Wenn Sie der Mann dieser Frau wären, was würden *Sie* dazu sagen? Warum sitzen Sie so lange „vor der Glotze?"

„In der Freizeit hockt er nur vor der Flimmerkiste."

Unsere Ehe ist auf dem Nullpunkt. Und schuld daran ist das Fernsehen. Mein Mann (34) sitzt in jeder freien Minute vor der Glotze. Er ist nicht davon abzubringen und keinem Argument zugänglich, seine Freizeit auch einmal mit etwas anderem zu verbringen. Ich (32) würde gerne öfter ausgehen oder am Wochenende Wanderungen unternehmen. Vergeblich, denn mein Mann ist nicht aus seinem Fernsehsessel herauszubringen. Nicht mit guten und nicht mit bösen Worten. Inzwischen habe ich resigniert, hocke stundenlang mißmutig neben ihm und starre in die Röhre. Gibt es denn kein Mittel, um ihm seine Flimmerkiste zu verleiden?
Wiebke P., Darmstadt

Aufgabe 3

Sehen Sie sich die zwei Leserbriefe an! Schreiben Sie eine Antwort an eine dieser Frauen. Was würden Sie ihr empfehlen?

Aufgabe 4 –Zur Diskussion

Sehen Sie sich Ihre Meinungsumfrage an, die Sie zum Thema „Mediennutzung" (Kapitel 7, Die Presse) gemacht haben. Sitzen wir alle zu lang vor der „Glotze"? Was meinen Sie?

Aufgabe 5

Stellen Sie sich vor, daß der Fernseher in Wiebkes Haus nicht funktioniert! Was passiert am folgenden Wochenende? Erstellen Sie einen Dialog zwischen den Ehepartnern.

B Was kommt heute im Fernsehen?

1.PROGRAMM

Um 19.57 Heute im Ersten

20.00 ② **Tagesschau**

20.15 Liebe, Jazz und Übermut
Deutscher Spielfilm (1957)
Clothilde Himmelreich . . Grethe Weiser
Peter Hagen . . . . Peter Alexander
Rechtsanwalt Parker . . . . Hans Olden
Britta . . . . Bibi Johns
Professor Haberland . . . . Rudolf Platte
Jane Richards . . . . . . June Richmond
Zenzi, Kellnerin . . . . Ida Krottendorf
Mäckie . . . . Roland Kaiser
Bill Springer . . . . Gerold Wanke
Teddy Fisher, Künstleragent . . Erik Ode
Regie: Erik Ode **(Wh. von 1984)**

21.55 Ziehung der Lottozahlen
HR
[ ][ ][ ][ ][ ][ ] / [ ]
Spiel 77 [ ]

22.00 Tagesschau

22.10 Das Wort zum Sonntag
WDR Monsignore E. W. Nusselein, Aachen

22.15 Duett zu Dritt
NDR Lustspiel von Leo Lenz
Dr. Heinz Ellmann . . . Harald Leipnitz
Eva Ellmann . . . . . . Gerlinde Locker
Fabian von der Lich . Hans von Borsody
Gräfin Doberauer . . . Corinna Genest
Lissi . . . . Eva Kinsky
Gilbert . . . . Siegfried Schmidt
Inszenierung: Harald Leipnitz
Fernsehregie: Hans Sommerfeld
Aus der Kleinen Komödie, München

0.00 Shoot out – Abrechnung in Gun Hill
Amerikanischer Spielfilm (1970)
Clay Lomax . . . . Gregory Peck
Decky . . . . Dawn Lyn
Juliana . . . . Pat Quinn
Sam Foley . . . . James Gregory
Alma . . . . Susan Tyrell
Bobby Jay . . . . Robert F. Lyons
Skeeter . . . . John Chandler
Regie: Henry Hathaway **(Wh. von 1980)**
Nächster Gregory-Peck-Film: „Weites Land" am 17. Mai

1.30 Tagesschau

1.35 Nachtgedanken
Späte Einsichten mit H. J. Kulenkampff

2.PROGRAMM

19.00 heute

19.30 Unternehmen Köpenick
6teilige Fernsehserie von Wolfgang Menge
Letzter Teil: Piratenstück
Philipp Kelch . . . . . . Hansjörg Felmy
Sabine . . . . Ulli Philipp
Butzke . . . . Wolfgang Völz
Gustav Suhrbier . . . Joachim Wichmann
Suhrbiers Schwester . . . . Brigitte Mira
Bettina Kelch . . . . Julia Valet
Sven Kelch . . . . . . Alexander Winter
Anton Galewski . . . . . Alexander May
Fred Neuenfels . . . . Wolfrid Lier
Frau Neuenfels . . . . Ingeborg Lapsien
Kapitän . . . . Peter Lakenmacher
Regie: Hartmut Griesmayr

20.15 Aus Dortmund:
Wetten, daß . . .?
Spielereien von und mit Frank Elstner
Als Kandidaten: Brigitte Mira u. a.
Interpreten:
Falco, John Denver, Chris de Burgh, Rod Stewart
Regie: Alexander Arnz

22.00 heute

22.05 Aktuelles Sport-Studio
mit Doris Papperitz
Anschließend (VPS 23.15):
Gewinnzahlen vom Wochenende

23.20 Die wilden Zwanziger
Amerikanischer Spielfilm (1939)
Eddie Bartlett . . . . James Cagney
Jean Sherman . . . . Priscilla Lane
George Hally . . . . . Humphrey Bogart
Panama Smith . . . . . . Gladys George
Lloyd Hart . . . . Jeffrey Lynn
Danny Green . . . . . . Frank McHugh
Nick Brown . . . . Paul Kelly
Henderson . . . . Ed Keane
Regie: Raoul Walsh **(Wh. von 1977, 1980)**

■ Am 30. März dieses Jahres starb James Cagney im Alter von 86 Jahren. Der amerikanische Filmschauspieler verkörperte in zahlreichen Gangsterfilmen der dreißiger und vierziger Jahre den rauflustigen kleinen Gauner. Sein komödiantisches Können zeigte Cagney nicht zuletzt in Billy Wilders Film „Eins, zwei, drei" aus dem Jahre 1961, der zur Zeit in den Programmkinos ein großer Erfolg ist und im Sommer in der Cagney-Reihe ausgestrahlt werden soll.
Nächster Cagney-Film: Freitag, 23.15 Uhr

1.05 heute

Satellitenfernsehen

SAT 1 (deutsch)

15.00 Niklaas, ein Junge aus Flandern Die allerbeste Medizin
15.30 Krokodil Im Wald die Kuh, ein Einhorn dazu ...
16.00 Die deutsche musicbox
17.00 Simon Templar – Ein Gentleman mit Heiligenschein Die Diplomatentochter Anschließend **Eruptionen**
18.00 Männerwirtschaft Anschließend **Dick Tracy**
18.30 APF blick Nachrichten
18.45 Hardcastle & McCormick Hardcastle, Anverwandte und McCormick. – Anschl. **Es darf gelacht werden**
19.45 Unternehmen Petticoat Amerikan. Filmlustspiel (1959) Mit Cary Grant, Tony Curtis u. a. ■ Zweiter Weltkrieg: Auf das U-Boot „Sea Tiger" wird ein ebenso unerfahrener wie geschniegelter Offizier kommandiert. Dem Kapitän paßt der Neue nicht, bis er dessen ungewöhnliches Organisationstalent entdeckt. (105 Min.)
21.30 APF blick Aktuelles
22.15 Jerry, der total beknackte Cop Französischer Spielfilm (1983) Mit Jerry Lewis (90 Min.)
23.45 APF blick Nachrichten
23.55 Finsterer Stern Amerikanischer Science-fiction-Film (1974) (80 Min.)

Eins Plus (deutsch)

19.00 Ursprünge Europas Das Maurische Spanien Eine Dokumentation von Horst Siebecke
20.00 Tagesschau
20.15 Fußball: Englisches Cup-Finale FC Everton – FC Liverpool
21.45 Anna und Totò Von Thomas Valentin Mit Renate Heilmeyer, Franco Lantieri, Eva Kotthaus, Fritz Hollenbeck, Brigitte Janner. Regie: Wolfgang Petersen (89 Min.)
22.35 Gesucht – gefunden Talkshow heute aus Köln Moderation: Sonja Kurowsky und Rainer Nohn Anschließend **Nachrichten**

musicbox (deutsch)

(Täglich von 8.00 bis 24.00 Uhr)
8.00 Logo Szene-Klatsch
20.00 Gambler Spiele und Quiz
23.00 Clipper Reisen und Musik

3SAT (deutsch)

18.00 Mini-ZiB
18.10 Bilder aus Österreich
19.00 heute
19.20 3SAT-Studio
19.30 Coppelia Ballett nach E. T. A. Hoffmann
21.45 Aspekte
22.30 Apropos Film
22.15 Show Paradox oder Eine Idee setzt sich durch Das Tempodrom in Berlin
23.50 Nachrichten

Sky Channel (engl.)

8.00 Tagesprogramm
19.10 Chopper Squad
20.05 Starsky/Wrestling
21.55 Boney/Sky Trax

Music Box (engl.)

7.00 Sound/Trivia Quiz
9.00 Videopix Big Boys
10.00 One Night Stand
11.00 Chart/Rox Box

TV 5 Satellimages (frz.)

16.00 Nachmittagsprogr.
19.00 Cargo/Autant savoir
19.50 Trésors du Pharaon
20.10 Faut pas plonger
21.00 Arts/Journal Nachr.

HÖRFUNK

WDR 3

12.05 Thelonious Monks Reise ums Klavier. Sendung von Karl Lippegaus
12.59 Wasserstände
13.00 Nachr., Wetter
13.10 Aus der Freigeistigen Landesgemeinschaft: **Zum 200. Todestag von Ludwig Börne** Von Eckart Pilick
13.20 Musik zu Hause **W. Fr. Bach.** Duo F-Dur: Aurèle Nicolet, Flöte; Heinz Holliger, Oboe. – **Bach.** Chromatische Fantasie und Fuge d-Moll für Klavier BWV 903: Alexis Weissenberg. – **Joh. Christian Bach.** Quartett Es-Dur op. 8 Nr. 3: Pierre W. Feit, Oboe; Trio à Cordes Millière de Paris
14.00 Funkkolleg **Politik** (25): Außenpolitik – Verteidigungspolitik. Von E. Forndran
15.00 SPRACHKURSE 15.00 Englisch für Fortgeschrittene (34). – 15.15 Französisch für Anfänger mit Aufbaukenntnissen (6)
15.30 „Sonate, que me veux-tu?"
11. Kammerkonzert Redakteur am Mikrofon: Wilhelm Matejka Frank Peter Zimmermann, Violine; Rudolf Buchbinder, Klavier **Johs. Brahms.** Sonate G-Dur op. 78 / Sonate A-Dur op. 100 / Sonate d-Moll op. 108 (Vom 4. Mai 1986 aus dem Kölner Funkhaus)
17.30 FORUM WEST Neues aus der Kultur
18.00 Nachr., Wetter
18.05 Hindemiths Bratschensonate, gespielt von Hirofumi Fukai
18.30 GEISTL. MUSIK **John Taverner.** „In nomine"; **O. Gibbons.** „In nomine" / Fantasia a 4 / „In nomine": English Consort of Viols; Eric Lynn Kelley, Orgel. – **John Taverner.** Missa Gloria tibi Trinitas: The Clerkes of Oxenford, Ltg. David Wulstan
19.30 Das Feuilleton
20.00 Nachr., Wetter
20.05 Politik / Gesellsch.
20.15 SAMSTAGABEND IN WDR 3 **DIE GRENZE**

Das Teatro Vivo

(Paris / Guatemala – El Salvador) in der Gesamtschule Köln-Chorweiler **Berichte über und aus Mittelamerika** Zusammenstellung: Peter Faecke
22.00 IRAN UND INDIEN (1) Konzerte der klassischen Tradition: **Persischer Dastgah** Mit Hossein Afizadeh auf Tar und Setar (Vom 2. Mai 1986 im Kölner Funkhaus)
23.00 Nachr., Wetter
23.05 SERENADE **Golabek.** Sinfonie C-Dur. – **Chopin.** Klaviervariationen op. 2 über „Reich mir die Hand, mein Leben". Solist: Ludwig Hoffmann. – **Janiewicz.** Divertimento. – **Spisak.** Andante und Allegro: Kaja Danczowska, Violine
24.00 Nachr., Wetter
0.05–4.00 ARD-NACHTKONZERT. Vom NDR **Haydn.** Notturno Nr. 7 C-Dur. – **Tartini.** Violinkonzert g-Moll. – **de Fesch.** Concerto grosso B-Dur. – **Mozart.** Streichquartett D-Dur KV 575. – **Beethoven.** Sinfonie „Pastorale". – **Strawinsky.** Feuerwerk op. 4. – **R. Strauss.** Burleske d-Moll für Klavier und Orchester. – **Reger.** Klarinettenquintett A-Dur op. 146. – **Zemlinsky.** Lyrische Sinfonie op. 18 nach Tagore-Gedichten
2.00 Nachr., Wetter

WDR 1

18.00 Nachr., Wetter
18.05 JAZZPORTRÄT: **The Adderley Brothers (1)** Von Gerd Filtgen
18.30 Echo des Tages
19.00 Nachr., Wetter
19.05 GEDANKEN ZUR ZEIT **Literatur und Öffentlichkeit** Eine überlebte oder eine aktuelle Frage? Von Caroline Neubaur
19.20 Alles ist anders (2) Ein ungarischer Humorist: **FRIGYES KARINTHY** Nachdichtungen: Aniko Szmodits Manuskript: Tivadar Farkashazy und Miklos Kaposy Produktion: Hilmar Bachor

20.15 NDR-Tanzparty

1. Swing und Fox mit dem Tanzorchester des NDR, Ltg. Dieter Glawischnig. – **2. Rhythmen und Melodien aus Südamerika,** gespielt vom Tanzorchester des NDR. – **3. Langsame Walzer, Tango und Musette** mit dem Tanzorchester ohne Namen und dem Tanzorchester des NDR, Ltg. Franz Thon. – **4. Pop und Rock** spielt die NDR-Bigband, Ltg. Dieter Reith. – **5. Dixieland:** Tanzorchester des NDR, Ltg. Dieter Glawischnig und Felix Slovacek
22.00 Nachr., Wetter
22.05 Kritische Chronik Aus Kultur und Politik
22.30 HASTE TÖNE! Musik, Informationen und noch mehr Musik Mit Uli Tobinsky
24.00 Nachr., Wetter
0.05–4.05 NACHTROCK Heute vom SWF Darin: stündlich Nachr.

Aufgabe 6

Sehen Sie sich die Programmseiten an. Welche Sendungen könnten Sie ansehen, wenn Sie sich für:

a) Politik
b) Geschichte
c) Naturwissenschaften
d) Sport
interessieren?

Aufgabe 7

Sehen Sie sich die Programmseiten an. Die Familie Habedank sitzt nach dem Abendbrot im Wohnzimmer und bespricht, was sie alle im Fernsehen sehen wollen. Ihr Lehrer gibt Ihnen die Rolle, die Sie übernehmen müssen!

C Deutsches Fernsehen

Rundfunkanstalten in der BRD Konkurrenz für ARD und ZDF

Das Fernsehen ist in der BRD das am häufigsten genutzte Massenmedium, für das ein großer Teil der Freizeit aufgewandt wird. Der Kampf um den Teil der Freizeit, den die Zuschauer täglich für Fernsehen aufwenden, wird mit einem erweiterten Angebot von Sendungen, längeren Endezeiten und zusätzlichen Diensten (z.B. Videotext) geführt.
Attraktive und fernsehspezifische Programme wie Live-Sendungen, die den Zuschauer am aktuellen Geschehen teilhaben lassen, sowie Shows und unterhaltsame Quizsendungen haben bessere Sendezeiten bekommen. Sendungen, die für kleinere Zielgruppen bestimmt sind (z.B. anspruchsvolle Fernsehspiele und Diskussionen über kulturelle Themen), werden in das Spätprogramm verlegt.
Das erweiterte Programmangebot des Fernsehens hat bisher nicht zu höheren Zuschauerzahlen geführt. ARD und ZDF haben über das ganze Jahr gesehen etwa gleich hohe Einschaltquoten (ARD: 45%, ZDF: 43%). 10% der eingeschalteten Sendungen entfallen auf die Dritten Programme und 2% auf Auslandssender. Am beliebtesten sind Unterhaltungssendungen (44,4%) vor Information (43%) und Bildung (7,4%). Am stärksten konkurrieren ARD und ZDF bei Shows und Serien (z.B. 'Tatort' und 'Traumschiff'. Nach einer Liste der 100 erfolgreichsten Sendungen gemessen an den Einschaltquoten lag das ZDF 1983 mit 66 zu 34 Sendungen weit vor der ARD. Insgesamt sind nach einer Umfrage 55% der Zuschauer mit dem Fernsehen zufrieden.

anspruchsvoll	demanding
aufwenden (wandte auf, aufgewandt)	to use
die Einschaltquoten	viewing figures
erweitern	to extend
teilhaben	to take part in
verlegen	to transfer
zusätzlich	additional

Aufgabe 8

Schreiben Sie alle Wörter auf, die sich aus dem Verb 'senden' herleiten!
z.B. die Sendeminute, die Sendegattung

Aufgabe 9

Machen Sie eine Liste von den verschiedenen Sendegattungen, die im Text erwähnt werden.
Für jede Sendegattung schreiben Sie ein Beispiel einer Sendung auf! (siehe die Programmseiten) z.B.:

Sendegattung	Titel der Sendung
Spielfilm	Liebe, Jazz und Übermut

Aufgabe 10

Mit welchen Substantiven hängen folgende Adjektive zusammen?:

anspruchsvolle ....
unterhaltsame ....
hohe ....
erfolgreiche ....
zusätzliche ....
ein erweitertes ....
fernsehspezifische ....
kleinere ....
kulturelle ....
höhere ....

Fernsehprogramm 1980

Deutsches Fernsehen (ARD)

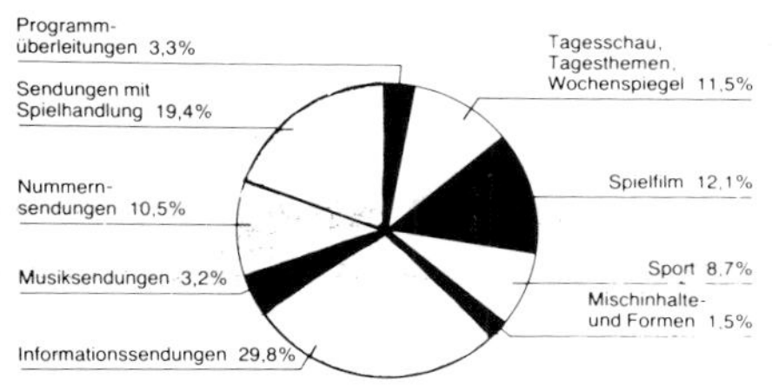

Zweites Deutsches Fernsehen (ZDF)

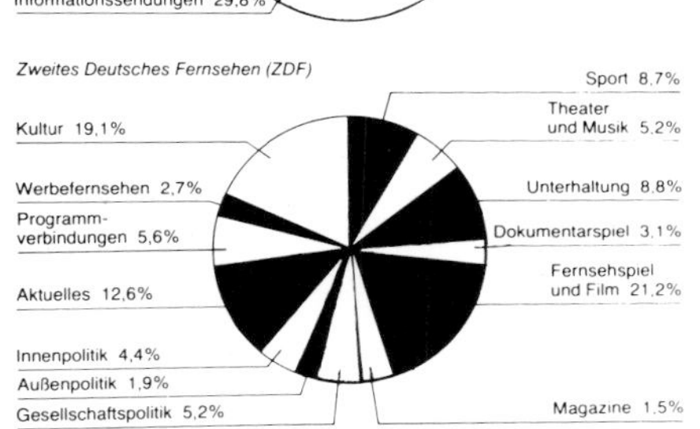

Aufgabe 11

Definieren Sie folgende Wörter: der Zuschauer, das Vormittagsprogramm, eine kleine Zielgruppe, das Hauptabendprogramm.

Aufgabe 12

Vergleichen Sie das Angebot der zwei deutschen Fernsehgesellschaften mit denen Englands! (Sie bekommen von Ihrem Lehrer die Statistik für das britische Fernsehen) Wo gibt es mehr:

a) Sport?
b) Nachrichten/Aktuelles/Dokumentarsendungen?
c) Spielfilme/Nummernsendungen/Theater?
d) Unterhaltung/Musik?

D Die Gefahren vom Fernsehen

Mit Hängen und Würgen

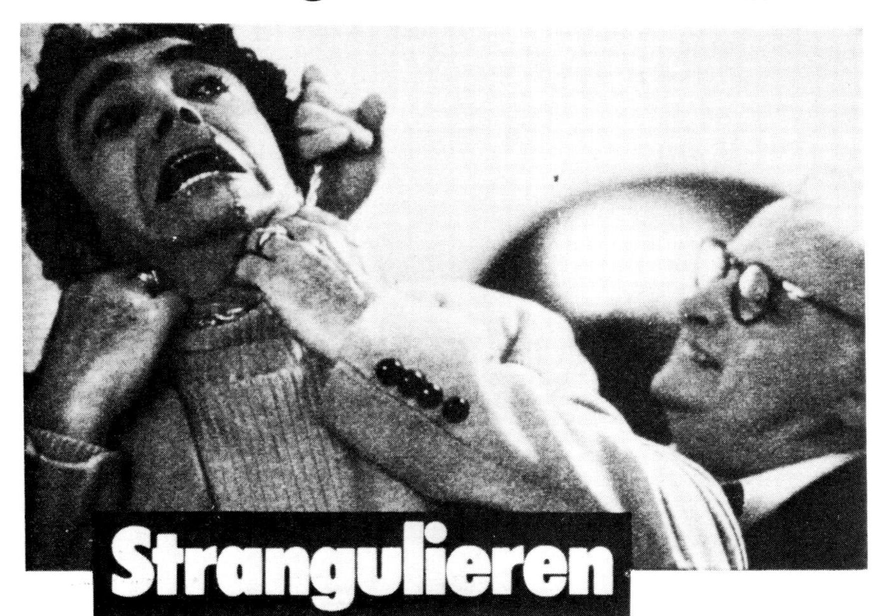

War das ein schöner Fernsehabend. Zur Einstimmung um Viertel nach acht gab's eine Schlägerei, vier Feuergefechte, eine Vergewaltigung, diverse Bedrohungen und Handgreiflichkeiten. Bilanz des ZDF-Westerns „Man nannte ihn Hombre" vom 5. Oktober: zehn Gewaltakte von insgesamt 6.09 Minuten Dauer, fünf Tote, vier Verletzte.
Die privaten Fernsehsender hielten mit. SAT 1 ließ in „Die Spur führt nach Soho" ab 22.15 Uhr gleich 19 Leichen purzeln und schob gegen Mitternacht den „Mörder ohne Maske" (fünf Tote) nach. „RTL plus" aus Luxemburg lieferte an diesem Samstag „Teufelskerl mit Schwert und Degen" und hinterließ sechs Tote und elf Verwundete.
„Das Programm ist darauf angelegt, jede Verharmlosung und Verherrlichung von Gewalt auszuschließen" beschlossen 1978 die ARD-Intendanten.

In Wahrheit wird Gewalt und Terror auf allen Kanälen vorgeführt, mal als komische Prügel-Oper, mal als sadistisches Spektakel.
Wie gewaltsam die ARD und das ZDF sowie die Privatsender „SAT 1" und RTL plus ihre Zuschauer unterhalten, ließ der STERN untersuchen. Das Baden-Badener Institut für Medienanalysen „Media-Control" hat vom 1. bis 31. Oktober 1985 das abendliche Unterhaltungsprogramm – Spielfilme, Serien, TV-Spiele – der vier Sender auf 155 Vidiocassetten mit einer Gesamtspieldauer von 15 653 Minuten aufgezeichnet.
Ergebnis: Während 261 ausgewerteter Stunden „Unterhaltung" ließen die Beobachter 2253 Gewaltakte in einer Länge von 875 Minuten über sich ergehen. Ohrfeigen waren am häufigsten vertreten (428 Minuten), gefolgt von Schießereien (411), Autocrashs (73) und Messerstechereien (54). Einzig bei Sexverbrechen (5) hielten sich alle Sender zurück.
Die vier untersuchten Sender haben jeweils „gewaltarme" und „gewaltsame" Tage. So verlaufen Dienstage und Donnerstage in der ARD relativ friedlich, weil dann politische Magazine und Diskussionen ausgestrahlt werden. Eher zahm ist im ZDF der Donnerstag, bei „SAT 1" der Freitag, bei „RTL plus" der Mittwoch und der Sonntag.
Obgleich die Privaten weitaus mehr

Gewalt zeigen als die öffentlich-rechtlichen, nehmen sie bei der Sendezeit Rücksicht. „RTL plus" geht in der Regel erst ab 19.30 Uhr in die vollen – vorher laufen Hitparaden, Quiz oder Studio-Stammtischpalaver. „SAT 1" bringt zwar schon ab 18 Uhr Uralt-Serien wie „Westlich von Santa Fe",

doch die sind relativ gewaltfrei.
Die Verwilderung der Vorabendprogramme von ARD und ZDF unterläuft die Programmrichtlinien beider Systeme, welche vorschreiben, daß das Programm bis 21 Uhr „grundsätzlich von der ganzen Familie" gesehen werden können muß. Der Hintergrund dafür ist finanzieller Natur: Am frühen Abend strahlen die Sender Werbeblöcke aus. Damit die Spots von möglichst vielen – besonders erwachsenen, kaufkräftigen – Zuschauern beachtet werden, muß das „Werberahmenprogramm" attraktiv sein.
Der STERN hat auch untersuchen lassen, welchen Stellenwert die vier Sender der „nonfiktiven Gewalt" in den Nachrichtensendungen einräumen (d.h. die Bereiche Krieg, Explosion, Katastrophe, Attentat, Schießerei, Mord, Entführung, Brandstiftung, Raub usw.).
Ergebnis: ARD und ZDF machen gern mit Gewaltsamem auf – wie auch Tageszeitungen und Illustrierte. Im Oktober sendete die „Tagesschau" um 20 Uhr an neun Tagen Gewalt an erster, an vier Tagen an zweiter und weiteren vier Tagen an dritter Stelle.
ARD und ZDF wurden aber von RTL plus übertroffen, der Gewalt an nicht weniger als 18 Tagen im Monat als Spitzenmeldung brachte, an zehn Tagen an zweiter und an 11 Tagen an dritter Stelle. Weit zurück bei der nonfiktiven Gewalt lag „SAT 1".

Die Streitfrage nach den Auswirkungen von Bildschirm-Brutalität auf den Zuschauer, beinahe so alt wie das Fernsehen, bleibt indes weiter offen. Für Heinz Ungureit, stellvertretender Programmdirektor beim ZDF, ist die Praxis der Sender „moderat". „Wenn ich zynisch wäre, würde ich fragen: Woher kamen bloß all die Kriege und Morde, als es noch kein Fernsehen gab?"

die Bilanz	result
der Intendant	director, manager
die Leiche	corpse
Rücksicht nehmen	to show consideration
das Studio-Stammtischpalaver	chat show nonsense
vorschreiben	to stipulate

Aufgabe 13

Ordnen Sie die Verben den entsprechenden Substantiven zu. Suchen Sie die Antworten aus dem Text „Mit Hängen und Würgen" aus.

Verb	Substantiv
schlagen	
bedrohen	
vergewaltigen	
ermorden	
verherrlichen	
	die Untersuchung
unterhalten	
	die Aufzeichnung
erschießen	
erstechen	
vorführen	
	das Ergebnis
	die Rücksicht
	die Schießerei
	die Brandstiftung
	der Raub

Aufgabe 14 – Zur Diskussion

Welche Sendegattungen sind laut diesem Text gewaltsam?
Bei welchen Sendern dominiert die Gewalttätigkeit?
Sehen Sie sich die Sendungen auf Seiten 88 und 89 an!
– Welche Sendungen sind Ihrer Meinung nach gewaltsam?
– Welche Sendungen würden Sie als Vater/Mutter Ihrem 10-jährigen Kind verbieten?

Kann Fernsehen auch gefährlich sein?

Video ist seit einiger Zeit nicht nur die Bezeichnung für eine Medientechnik. In der öffentlichen Diskussion ist dieser Begriff zugleich zu einem Symbol für eine neue Jugendgefährdung geworden. Die Ursache dafür ist eine Fülle gewaltdarstellender Video-Filme, die den Video-Markt seit einiger Zeit überflutet. Kinder und Jugendliche sind oft Konsumenten dieser Machwerke, die extreme Gewalt und Menschenverachtung in unkritischer, oft sogar in verherrlichender oder verharmlosender Form darstellen.
Die Landesregierung teilt die Befürchtung, daß solche Video-Filme eine Gefahr für die Entwicklung von Kindern und Jugendlichen bedeuten und zu einer Fehlorientierung über sozial gebotenes menschliches Verhalten führen können. Auch wenn solche negativen Konsequenzen nicht eintreten, so ist der starke Video-Konsum von Kindern und Jugendlichen wegen des Verlustes von Phantasie und Eigenaktivität ein nicht zu unterschätzendes Problem.
Aus diesem Grunde hat die Landesregierung schon vielfältige Maßnahmen gegen die Entwicklung des Gefährdungspotentials in diesem Mediensektor ergriffen.

Aus: *Jugendgefährdung durch gewaltdarstellende Video-filme,* Min für Arbeit, Gesundheit und Soziales des Landes NRW.

der Begriff	concept
darstellen	to depict
eine Maßnahme ergreifen	to take a measure
öffentlich	public
unterschätzen	to undervalue
die Verachtung	contempt
verherrlichen	to glorify

Aufgabe 15

Was ist falsch oder richtig an dieser Zusammenfassung der Meinungen des Landesministers? Verbessern Sie die falschen Sätze.

a) Video bildet eine ganz neue Gefahr für Kinder.
b) Es gibt nicht viele gefährliche Video-Filme auf dem Markt.
c) Diese Video-Filme verherrlichen extreme Gewalt.
d) Wegen solcher Video-Filme verlieren Kinder ihre Phantasie.
e) Die Regierung kann leider nichts dagegen tun; die Eltern und die Schulen müßten die Verantwortung übernehmen.

Aufgabe 16 – Zur Diskussion

Gibt es bei uns zu viel Gewalt im Fernsehen?
Woher kommen die Sendungen mit viel Gewalt?
Stimmen Sie mit Landesminister Heinemann überein, daß die Gewalt „zu einer Fehlorientierung über sozial gebotenes menschliches Verhalten führen" kann? Oder sind Sie der Meinung, daß die Gewalt „keine Auswirkungen auf den Zuschauer" hat?
Wenn Sie mit Herrn Heinemann übereinstimmen, was für Schritte sollte man Ihrer Meinung nach unternehmen, um die Gefahr zu vermindern?

Aufgabe 17

„Das Fernsehen bildet eine riesige Gefahr für unsere Kinder". Debattieren Sie diese These – jeder von der Gruppe muß den Standpunkt einer der folgenden Personen vertreten: Polizist, konservativer Abgeordneter, Mitglied einer Friedensorganisation, Hausfrau, Priester, Lehrer, Geschäftsmann, Besitzer eines Videogeschäftes, Krimi-Regisseur.

Nachrichten in Ost und West

Aufgabe 18

Sie hören die Nachrichten aus der BRD und aus der DDR an dem gleichen Tag. Füllen Sie eine Kopie dieser Tabelle aus: für jede Meldung sollten Sie kurze Notizen machen.

	Wer?	Wo?	Was?	Wann?	Warum?	Wieviel?
Teil 1 Bayern						
1. Todesfall Barschel						
2. Gorbatschow Gipfel-Treffen						
3. C.D.U. Treffen mit Vertretern der DDR-Friedensbewegung						
4. Bus-Unglück						
5. Zug-Unglück						
Teil 2 DDR						
6. Honecker in Belgien						
7. Beisetzung eines ermordeten Kommunisten						
8. Hubschrauber – Abschluß						
9. Das Wetter						

Aufgabe 19

Die zwei Nachrichtensendungen haben keine Meldung gemeinsam. Warum?

Das Fernsehn

Das Fernsehn haben wir.
Die Mutter trinkt ein Bier.
Der Vater trinkt noch eins.
Die Kinder trinken keins.
Wir schweigen alle still.
Das Fernsehn redet viel.
Ein Mann redet herum.
Der Vater schaltet um.
Der Film ist wunderschön.
Die Ferne kann man sehn.
Die Sorgen sind ganz nah.
Drum ist das Fernsehn da.

Peter Maiwald

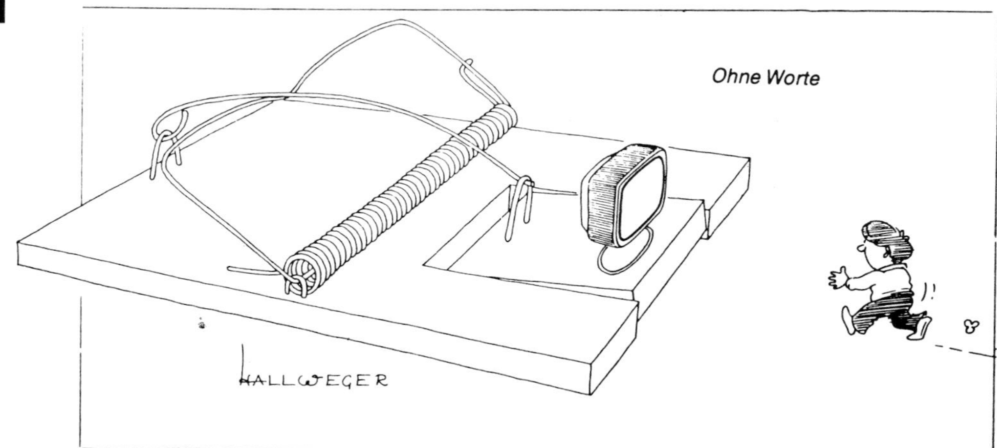

Die Schule: der tägliche Klassenkampf

A Die Schulen in Deutschland

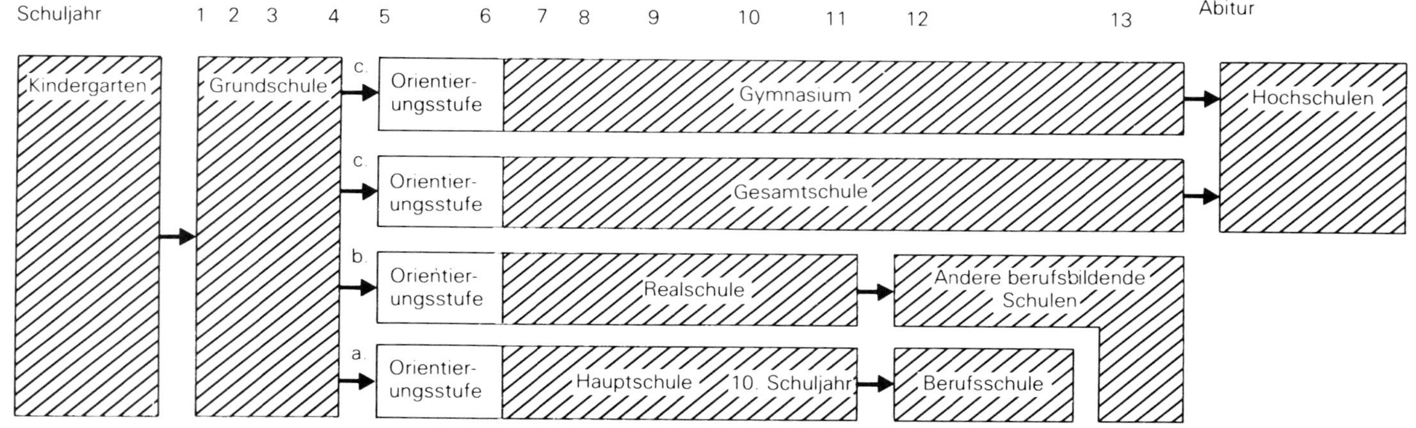

Nach dem Grundgesetz steht das gesamte Schulwesen unter der Aufsicht des Staates; das gilt auch für die privaten Schulen.

Zuständig für Schulangelegenheiten sind die Bundesländer; daher gibt es von Land zu Land Unterschiede.
In der Bundesrepublik Deutschland besteht Schulpflicht vom vollendeten 6. bis zum 18. Lebensjahr, also für zwölf Jahre, wobei neun (in einigen Bundesländern zehn) Jahre lang eine Vollzeitschule und danach die Berufsschule in Teilzeitform besucht werden muß.

Der Kindergarten

Der Kindergarten unterstützt und ergänzt die Erziehung drei-bis sechsjähriger Kinder in der Familie. Er gehört nicht zum staatlichen Schulsystem. Der Besuch ist freiwillig; die Eltern müssen in der Regel einen Kostenbeitrag bezahlen.

Die Grundschule.

Im Alter von sechs Jahren kommen die Kinder in die Grundschule. Sie umfaßt im allgemeinen vier Jahre. Die Grundschule besuchen alle Kinder gemeinsam. Danach trennen sich ihre Wege: sie haben die Wahl zwischen mehreren Möglichkeiten. Viele Schüler besuchen heute aber zunächst eine Orientierungsstufe (Klasse 5 und 6), in der sie ihre Entscheidung für einen bestimmten Schutyp noch überdenken und ändern können.

Die Hauptschule

Die meisten Kinder – knapp die Hälfte dieser Altersstufe – gehen anschließend an die Grundschule auf die Hauptschule. Wer sie mit fünfzehn Jahren verläßt, tritt meist in die Berufsaufbildung ein und besucht daneben bis zum 18. Lebensjahr eine Berufsschule.

Die Realschule

Die Realschule umfaßt sechs Jahre von der 5. bis zur 10. Klasse. Sie führt zu einem „mittleren Bildungsabschluß", sie steht zwischen der Hauptschule und dem Gymnasium.

Das Gymnasium

Das neunjährige Gymnasium (5. bis 13. Klasse) ist die traditionelle „höhere" Schule in Deutschland. Ihr Abschlußzeugnis, das Abitur, berechtigt zum Studium an wissenschaftlichen Hochschulen und Universitäten.
Neben den drei Grundformen der allgemeinbildenden Schule gibt es zahlreiche spezielle Schulen. Beispielsweise können körperlich oder geistig behinderte Kinder eine Sonderschule besuchen, wo man auf ihr Gebrechen Rücksicht nimmt und vorhandene Fähigkeiten fördert.

berechtigen	to entitle
fördern	to encourage, promote
Kostenbeitrag	financial contribution
nachholen	to catch up
Schulangelegenheiten	school affairs
vollenden	to complete

Die Gesamtschule

Die Gesamtschule faßt die drei bisher getrennten Schulformen zusammen und betreut die Schüler in der Regel von der 5. bis zur 10. Klasse; einige Gesamtschulen haben eine eigene Oberstufe, die wie die gymnasiale Oberstufe gestaltet ist. Hier müssen sich die Schüler hauptsächlich mit den Fächern beschäftigen, die sie besonders interessieren; so soll ein möglichst gleitender Übergang zu den Hochschulen geschaffen werden. Es gibt nur wenig Gesamtschulen in der Bundesrepublik Deutschland.

Der „zweite Bildungsweg"

Wer aus irgendeinem Grund Ausbildungschancen versäumt hat, kann sie auf dem ‚Zweiten Bildungsweg' nachholen. Abendgymnasien geben Berufstätigen die Möglichkeit, sich neben ihrer täglichen Arbeit in drei bis sechs Jahren auf die Reifeprüfung vorzubereiten. Dieser Weg ist freilich sehr mühsam und verlangt große Opfer.

Aufgabe 1

Was paßt? Machen Sie Sätze:

1 Das Abendgymnasium
2 Die Hochschule
3 Der Kindergarten
4 Die Grundschule
5 Die Hauptschule
6 Das Gymnasium
7 Die Berufsschule
8 Das Abitur
9 Eine Sonderschule
10 Die Gesamtschule

a). . . . . ist die Prüfung, die man bestehen muß, um auf die Universität zu gehen.
b). . . . . ist eine Schule für behinderte Kinder
c). . . . . ist eine Schule für Erwachsene.
d). . . . . ist eine Schule für sechs- bis neunjährige Kinder.
e). . . . . ist die traditionelle Schulform, die zum Abitur führt.
f). . . . . ist eine Schule, die alle drei traditionellen Schultypen umfaßt.
g). . . . . ist eine Schule, in der man einen Beruf erlernen kann.
h). . . . . ist z.B. eine Universität.
i). . . . . ist eine Schule für weniger intelligente Kinder.
j). . . . . ist die erste Schule, die ein Kind besucht, die jedoch freiwillig ist.

Aufgabe 2

Sehen Sie sich jetzt die Tabelle auf Seite 96 an!
Worin unterscheiden sich die Schulsysteme in Deutschland und in Ihrem Land?
Für die folgenden Stichwörter wählen Sie zwei oder drei wichtige Wörter aus dem Text aus. Dann nimmt ein Partner die Rolle eines Deutschen, der andere die Rolle z.B. eines Engländers an – jeder muß das System seines Landes kurz beschreiben und die zwei Systeme vergleichen.
Stichwörter:
1. Die Zuständigkeit für die Schulen
2. Der Kindergarten.
3. Die Grundschule
4. Die Hauptschule
5. Die Realschule
6. Das Gymnasium
7. Die Gesamtschule
8. Der „zweite Bildungsweg"

Wie findest du die englischen Schulen?

abhaken	to tick off
der Abschluß	leaving certificate
auswendig lernen	to learn by heart
das bringt mit sich, daß	that implies that
diktieren	to dictate
sich entspannen	to relax
die Entwicklungsphase	developmental stage
es fällt in die Zeit 'rein	it comes at the time when
der Haufen	pile, load
die Klassengemeinschaft	class unit
mitkriegen	to gather, understand
der Notendurchschnitt	average mark
oberflächlich	superficial
pädagogisch	pedagogical, educational
was mich stört	what worries me
sich wenden an+acc	to turn to
zurückgreifen	to fall back on
zusammengewürfelt	thrown together

Aufgabe 3

Hören Sie sich das Tonband an. Einige deutsche Schüler besprechen die Unterschiede zwischen englischen und deutschen Schulen. Füllen Sie eine Kopie dieser Tabelle aus: was sagen sie zu den folgenden Punkten?

	Deutsche Schulen	Englische Schulen
1. der Standard		
2. Beziehung zu den Lehrern		
3. Selbstständiges Arbeiten		
4. Schultag und Stunden		
5. Schulwechsel und Versetzung		
6. Beziehung zu anderen Schülern		

Aufgabe 4 – Zur Diskussion

Stimmen Sie mit den Aussagen der deutschen Schüler überein? Sind ihre Vergleiche vielleicht etwas unfair? Machen Sie eine Liste der Meinungen, die Sie für unfair und unwahr halten. Wie könnte man englische Schulen verbessern? Was könnten wir von deutschen Schulen übernehmen?

„Irre viel Englisch"

Aufgabe 5

Kennen Sie das Problem der Konzentration bei den Hausaufgaben wie es in „Irre viel Englisch" dargestellt wird? Man sollte es in einer Stunde schaffen, aber es dauert manchmal viel, viel länger!
Machen Sie eine Liste Ihrer Probleme mit den Hausaufgaben;
– Wann fällt es Ihnen am schwersten?
– Bei was für Aufgaben?
– Was für Vorwände finden Sie, um um die Hausaufgaben, wie in dieser Bildergeschichte, herumzukommen? Oder auch um um die Hausarbeit herumzukommen?

B Wie lernt man am besten?

Das Lernen lernen

Motivation – die Lust am Lernen

1. Wer sehr unregelmäßig und nur auf äußeren Druck lernt, kann regelmäßiger und selbständiger lernen durch ein mehrwöchiges Kontrollprogramm. Man protokolliert jeden Tag stichwortartig, wie lange und was man gelernt hat, z. B. 15.30–16.00 Mathematik. Durch diese gezielte Selbstkontrolle wird eine bessere Selbststeuerung möglich.
2. Der Mißerfolg in einem Fach hängt oft nicht mit mangelnder Begabung, sondern mit einem falschen Selbstbild zusammen: „Ich bin für dieses Fach ja doch nicht begabt; deshalb lohnt sich weitere Anstrengung nicht." Statt zu resignieren, sollte man neuen Mut fassen, im Mißerfolgsfach die Fehlerschwerpunkte durch gezieltes Wiederholungslernen abbauen.

Gedächtnis

3. Wenn zuviel auf einmal gelernt wird, wie es beim Vokabellernen öfters geschieht, können die zuerst gelernten die später gelernten Stoffe blockieren oder umgekehrt. Fremdsprachen sollten nicht hintereinander gelernt werden, da es zu Verwechslungen kommen kann.
Gedächtnishemmungen können auch auftreten, wenn man lernt und gleichzeitig etwas anderes aufnimmt (z.B. eine Radiosendung).
4. Das Gehirn kann einen Lernstoff dann gut verankern, wenn er über möglichst viele Kanäle (Auge, Ohr, Mund, Hand) aufgenommen wird. Das mehrkanalige Lernen sollte vor allem in den Fremdsprachen gepflegt werden. Denn Vokabeln bleiben nur dann im Langzeitgedächtnis, wenn sie laut gesprochen und zwei- bis dreimal schriftlich kontrolliert werden.

Konzentration

5. Optimale Konzentration ist nur eine begrenzte Zeit möglich (20 bis 30 Minuten). Zwischendurch sind immer wieder mehr oder weniger große Pausen notwendig: nach 20 bis 30 Minuten eine „Minipause" von zwei bis fünf Minuten. Nach eineinhalb bis zwei Stunden eine „Teepause" von 15 Minuten. Nach drei Stunden eine „Erholungspause" von ein bis zweieinhalb Stunden. Auch helfen kleine Fitneßübungen am offenen Fenster, Strecken, Recken, Arme kreisen usw.
6. Die Tagesleistung erreicht vormittags ihren Höhepunkt und sinkt zwischen 13.00 und 15.00 Uhr stärker ab und steigt erst am Spätnachmittag wieder an. Damit auch während des Frühnachmittags konzentriertes Lernen möglich ist, sollte man nach dem Mittagessen etwa eine halbe Stunde ausruhen und erst dann mit den Aufgaben beginnen.

Organisation – Gut geplant ist halb gelernt

7. Um darüber im Bilde zu sein, was zeitlich auf einen zukommt, kann man mit einer Art Terminkalender arbeiten. Eingetragen werden sollen kurz-, mittel- und langfristige Termine: Klassenarbeiten; Prüfungstermine; Halbjahresarbeiten; freiwillige Wiederholung alten Lernstoffs; wichtige Freizeittermine. Eine gute Zeitplanung ermöglicht eine rechtzeitige Vorbereitung auf Klassenarbeiten und erspart Aufregung.
8. Auf dem Arbeitstisch sollte nur das Allernötigste liegen: Lernmittel, die man gerade benötigt, sowie Nachschlagewerke und Schreibwerkzeug. Eine zu starke Geräuschkulisse, vor allem Musik, hemmt ganz besonders das problemlösende Denken. Man sollte auch dafür sorgen, daß die Raumtemperatur weder zu hoch noch zu niedrig ist.

Lesen

9. Mit dieser Methode kann man lange Texte systematisch erfassen. Sie beginnt damit, daß man den Text rasch überfliegt (1. Schritt). Danach stellt man sich aufgrund ersten Eindrucks Fragen (2. Schritt). Jetzt geht es darum, auf die Fragen Antworten zu finden, indem die entsprechenden Textabschnitte intensiv gelesen werden (3. Schritt). Daraufhin wird das Wichtigste schriftlich oder mündlich zusammengefaßt (4. Schritt).

Schließlich wird wiederholt und geprüft, ob die an den Text gestellten Fragen beantwortet sind (5. Schritt). Wenn die Methode zu aufwendig erscheint, dann kann man dies auch mit drei Schritten versuchen: überfliegen, intensiv lesen, zusammenfassen (3-Schritt-Lesemethode).

der Druck	pressure
die Geräuschkulisse	background noise
einprägen	to imprint, make an impression
die Hemmung	inhibition
mangeln	to lack (mangelnd – lacking)
protokollieren	to write notes
der Schwerpunkt	main emphasis
stichwortartig	point by point
verallgemeinern	to generalise

Aufgabe 6

Was finden Sie beim Lernen für Prüfungen am *leichtesten?* Ordnen Sie diese fünf Elemente von eins (für Sie ganz leicht) bis fünf (sehr schwierig!):
- Motivation
- Gedächtnis
- Lesen
- Konzentration
- Organisation

Aufgabe 7

Der Artikel „Das Lernen lernen" wurde geschrieben, um Abiturienten beim „Pauken" zu helfen. Jeder Absatz (1–9) behandelt ein anderes Problem. Lesen Sie jeden Absatz, dann suchen Sie den passendsten Titel dafür aus dieser Liste heraus:
- Gedächtnishemmungen abbauen
- Selbstkontrolle
- Die 5- Schritt-Lesemethode
- Arbeitsort
- Arbeitszeit
- Selbstermutigung
- Lernpausen
- Mehrkanaliges Lernen
- Beachtung der Tagesleistungskurve

Aufgabe 8

Jeder Tip hat natürlich ein bestimmtes Ziel. Um einen besseren Überblick zu bekommen, notieren Sie stichwortartig die Tips und die erwünschten Ziele oder Gründe dafür.

	Absatz	*Tip*	*Ziel/Grund*
1.	Selbstkontrolle	Man protokolliert jeden Tag	bessere Selbststeuerung
2.			
3.			

Aufgabe 9

Sie finden in diesem Artikel viele lange Substantive, die eigentlich nicht so schwierig zu verstehen sind, wenn Sie Ihre Bestandteile verstehen.
Von den Bestandteilen (links) bilden Sie die Substantive, die zu diesen Definitionen passen. Sie stehen alle schon im Text.

1. Image von sich selbst
2. die Arbeit, die man innerhalb eines Tages schafft
3. die Liste von festgelegten Zeitpunkten
4. Verabredungen für den Abend

Können Sie aus dieser Liste weitere Substantive bauen und erklären?

Aufgabe 10

Mit einem Partner diskutieren Sie die Punkte, die bis jetzt behandelt worden sind:
- welche der Vorschläge sind gut, welche nicht so praktisch?
- haben Sie andere Probleme bei den Hausaufgaben?
- zusammen mit ihrem Partner schreiben Sie die fünf Schritte auf, die Ihnen bei den Hausaufgaben am meisten helfen könnten.

Woher kommt der Schulstreß?

Aufgabe 11

die Arbeit	(here) test
ausgehen von	to come from
Ausschlag geben	to be the decisive factor
die Durchsetzungskraft	the ability to assert o.s.
durchziehen	to deal with (a topic)
gebündelt	bundled together
vollfies	mean, horrible

Hören Sie sich das Tonband an. Deutsche Schüler diskutieren die Eigenschaften eines guten Lehrers und den Schulstreß. Unten finden Sie einige Aussagen aus der Diskussion: in jeder Aussage ist ein Wort durch ein Synonym ersetzt worden. Schreiben Sie die verbesserten Aussagen auf.

1. Er sollte auch das Fach *unterrichten* können . . .
2. . . . wenn der Lehrer zu fies ist, sehr *unfair* ist gegenüber seinen Schülern . . .
3. Man kann in dem Fach keine gute Leistung *erreichen* . . . .
4. . . . weil *die Beziehung* lockerer ist – nicht so gespannt . . .
5. . . . ich meine, die mündlichen Noten sind *notwendig* . . .
6. . . . dann *hört er nicht zu* im Unterricht . . .
7. Ein gewisser Leistungsdruck muß *da* sein . . .
8. Man lernt, in Zukunft mit *Streß* zu leben im Beruf . . .
9. Ich muß es jetzt machen, um Geld zu verdienen, meine Familie *versorgen* zu können . . .

Aufgabe 12

Der Schulstreß in Deutschland kommt zum Teil von den wöchentlichen Arbeiten. Woher kommt der Schulstreß bei Ihnen? Wie kann man den Schulstreß vermindern?

Lautstark gefragt

Geschichtsstunde in der 8. Klasse der Brüder-Grimm-Schule in Dorheim (Hessen) – Thema: der Merkantilismus. Die Aufmerksamkeit der Schüler schwindet zusehends, nach kaum 20 Minuten ist sie auf den Nullpunkt gesunken.
Wie kann es dennoch gelingen, Hauptschülern Geschichte, Mathematik oder Religion beizubringen? Wie kann der Lehrer mit ihnen fertig werden? Ein Blick auf den Berufsalltag von Rainer Dreut gibt eine Antwort auf diese Fragen. Herr Dreut unterrichtet die 8. und 9. Klasse der Brüder-Grimm-Schule in Dorheim, einer hessischen Gemeinde südöstlich von Bad Nauheim. Mit 40 Jahren ist er der jüngste vollberuflich tätige Lehrer im Kollegium. Eigentlich hat er die Ausbildung eines Realschullehrers, doch tätig ist er seit Januar 1971 in Dorheim als Hauptschullehrer für die Klassen sieben bis neun. Er unterrichtet sie in fast allen Fächern.
„Die Schüler müssen den Stoff mit mir lernen, gegen sie habe ich keine Chance", erklärt Rainer Dreut. Der Unterrichtserfolg wäre gleich Null. Der Lehrer muß daher von seinen Schülern akzeptiert werden. Das sei nur möglich, wenn er sich voll engagiere und es außerdem verstehe, seine Schüler auch im emotionalen Bereich anzusprechen. Herr Dreut versucht deshalb, sich in der Gedankenwelt seiner Schüler auf dem laufenden zu halten. „Ich bin regelmäßig Leser eines weitverbreiteten Jugendmagazins, auch wenn ich diese Zeitschrift manchmal am liebsten in die Ecke werfen würde", erzählt er. Der Slang der Jugendlichen ist ihm ebenso vertraut wie die Musik, die sie hören. Einige Erfahrung, etwas Schauspielerei und auch der eine oder andere pädagogische Kniff gehören zum Repertoire, auf das Rainer Dreut täglich zurückgreift, um seine Schüler bei der Stange zu halten.
„Die Schüler wollen singen, zeichnen, Sport treiben – sie wollen etwas tun! Für Fächer wie Geschichte, Mathematik oder Religion fehlt ihnen dagegen der richtige Draht." Hier geht es Herrn Dreut dann darum, einen Aufhänger zu finden, der die Schüler auch emotional anspricht. Der Unterricht selbst muß abwechslungsreich angelegt sein. Zuhören, Befragen, schriftliche Aufgaben, Gruppenarbeit wechseln einander ab. „Viele Schachzüge und Tricks habe ich hier dem Erfahrungsschatz der Kollegen abgeschaut", berichtet Rainer Dreut. „Er geht zum Beispiel auf einen Wunsch der Schüler ein, verabreicht ihnen ein „Bonbon" – damit sie nicht spüren, daß sie im nächsten Augenblick gefordert werden".

Um Aufmerksamkeit und die Erledigung von Hausaufgaben muß man kämpfen. Etwa ein Drittel der Schüler „vergißt" seine Hausaufgaben, so die leidvolle Erfahrung. Rainer Dreut notiert diese Fälle und versucht den Schülern klar zu machen, daß man seine Arbeiten erledigt. „Ich versuche den Schülern das Gefühl zu geben, daß eine Hausaufgabe keine Strafe ist", erklärt er. Er vermeidet es deshalb, im letzten Augenblick – wenn die Schulglocke bereits ertönt – noch schnell eine „Hausaufgabe um der Hausaufgabe willen" zu geben. Bewährt habe es sich vielmehr, den Schülern bereits zehn Minuten vor Unterrichtsschluß eine Aufgabe zu geben, die sie daheim vollenden sollen.

Die Schuler befassen sich dann bereits mit der Sache und können den Lehrer bei Unklarheiten noch fragen.
Wenn freilich alle Überzeugungsarbeit nichts fruchtet, greift Rainer Dreut zum letzten Mittel: Er gibt einem hartnäckigen Hausaufgabenverweigerer eine miserable Fleiß-Note. Aber auch das kann fruchtlos sein, wenn die Eltern sich nicht um die Schulprobleme ihrer Kinder kümmern. „Wenn das Elternhaus teilnahmslos ist, hat man als Lehrer in solchen Fällen wenig Chancen", meint Rainer Dreut.
Es gibt Tage, an denen alles schiefgeht. Schon der Beginn einer Schulstunde kann auch bei bester Vorbereitung mißglücken. Wenn Herr Dreut nämlich das Klassenzimmer betritt, schlägt ihm der Lärm der Schüler entgegen. Was tun? Ich darf jetzt nicht versuchen, noch lauter als die Schüler zu sein, sonst kann die Situation eskalieren", erläutert er. „Ich stelle mich deshalb zunächst vor die Klasse und warte – in der Hoffnung, daß die Schüler etwas merken. „Meist rufen dann die Gutwilligen ihre Mitschüler auf still zu sein. Erst dann kann ein Schlag auf den Tisch oder ein lautes Wort vollends Ruhe schaffen.
Von den 45 Minuten einer Schulstunde müssen mindestens zehn Minuten abgeschrieben werden, bis die Klasse ruhig ist.
Aber alle Mühe und eine noch so gute Vorbereitung ist manchmal umsonst. „Man kommt in dieser Stunde einfach nicht an", stellt Herr Dreut fest. Am schlimmsten ist es, wenn Schüler ihre Aggressionen im Unterricht abladen. „Das Schwierigste in meinem Beruf ist es, den aufgestauten Ärger loszuwerden, ohne daß die eigene Familie darunter leiden muß", gesteht Rainer Dreut. Seit er autogenes Training betreibt, wird er damit viel besser fertig. Und alles in allen, gefällt ihm seine Arbeit: „Trotz Streß und Frust, es gibt Augenblicke, wo's wirklich Spaß macht!"
Auch glaubt er, daß die ständige Auseinandersetzung mit der Gedankenwelt der Jugendlichen einen besonderen Vorzug hat: Zumindest innerlich bleibe man wesentlich jünger als in anderen Berufen.

abladen	to offload
abschreiben	to write off
die Auseinander-setzung mit	getting to grips with
sich befassen mit	to get to grips with
der Erfahrungsschatz	store of experience
fordern	to challenge, asked to do something
die Gemeinde	community, small town
der Kniff	trick
der Merkan-tilismus	trade
vertraut	familiar

Aufgabe 13

Richtig oder falsch?

a. Herr Dreut unterrichtet seit 40 Jahren.
b. Hauptschülern kann man Geschichte nicht beibringen.
c. Schüler müssen ihren Lehrer akzeptieren.
d. Wenn Herr Dreut eine Jugendzeitschrift findet, wirft er sie in die Ecke.
e. Herr Dreut war früher Schauspieler.
f. Abwechslung ist für Hauptschüler sehr wichtig.
g. Er gibt Hausaufgaben nur als Strafe.
h. Die Eltern von Hauptschülern kümmern sich kaum um die Schulprobleme ihrer Kinder.
i. Es gibt Stunden, in denen man nicht unterrichten kann.
j. Herr Dreut lädt seine Aggressionen zu Hause ab.

Aufgabe 14

Finden Sie die richtigen Definitionen in B für die Wörter und Ausdrücke in A:

A	B
1. gelingen	a. bekannt
2. die Aufmerksamkeit	b. die Diskussion, die Analyse
3. sich auf dem laufenden halten	c. schaffen
4. vertraut	d. das Interesse
5. jemanden bei der Stange halten	e. er versucht
6. es geht ihm darum	f. es bleibt ohne Erfolg
7. es fruchtet nichts	g. sich ständig informieren
8. es geht schief	h. das Interesse behalten
9. die Mühe	i. die Anstrengung
10. alles in allem	j. im großen und ganzen
11. die Auseinandersetzung	k. es läuft schlecht

Aufgabe 15

Das Wort „sagen" wird viel zu oft verwendet. Der Autor von „Lautstark gefragt" hat sich dafür viele Synonyme ausgesucht. Machen Sie eine Liste von den Verben, die der Autor statt „sagen" verwendet.
Suchen Sie jetzt im Wörterbuch den genauen Sinn dieser Verben.

Aufgabe 16

Suchen Sie die Aussagen von Herrn Dreut aus. Was hat er zu folgenden Punkten gesagt?

Geistesarbeit
Schulstunden
Hausaufgaben
Eltern
Ärger

Der tägliche Klassenkampf

Lehrer werden oft beneidet: Sie haben einen sicheren Arbeitsplatz, jede Menge Ferien und sind fast immer schon mittags zu Hause. Doch für viele sind das teuer bezahlte Privilegien – die Angst vor den Schülern macht sie fix und fertig.
Rein randelmäßig läuft wenig an diesem Vormittag. Zwar gehen ein Gesamtschüler und ein Junge der Benachbarten Hauptschule auf dem Hof mit einer Bierflasche aufeinander los – im Unterricht aber bleibt es heute ruhig. In einem Lehrerzimmer treffe ich Frau Meise, Mitte 30, lange, schöne Haare. Zierlich und zerbrechlich sieht sie aus, wenn sie vor den Schülern steht, die fast alle gut einen Kopf größer sind. Aber meist sitzen ihre Schüler ja, genauer: sie lümmeln sich auf ihren Stühlen. „Bitte", sagt Frau Meise, „bitte, seid doch mal ruhig." Keine Reaktion. Klaus liest seinen Comic ungerührt weiter, Gerd kaut teilnahmslos seinen Kaugummi, seine Banknachbarin blättert in der „Bravo". Zwei Mädchen unterhalten sich angeregt. Nach zehn Minuten klopft Frau Meise energisch auf ihr Pult, allmählich läuft der Unterricht an.
„Ich habe oft das Gefühl, ich sitze vor Ölgötzen, die starren einen an, es kommt keine Reaktion auf meine Bemühungen. Ich frage etwas, und die glotzen nur teilnahmslos", klagt die Lehrerin. Einmal hat sie ihren Schülern einen Zettel auf das Pult gelegt. „Ich war Luft für euch, ihr habt mich nicht beachtet und weiter geschrien, geprügelt und gegessen. Ich bin jetzt im Lehrerzimmer und warte, bis ihr mich abholt", stand darauf. Ihre Hilfslosigkeit hat wohl Mitleid erregt. Die Schüler holten sie ab. Nach vierstündiger Unterrichtsbeobachtung bin ich total geschafft.
Die Schüler auch. „Es reicht, wenn wir pennen und den da vorne reden lassen", erklärt ein 16jähriger. „Wir können jeden Lehrer echt auflaufen lassen, wenn wir uns einig sind."

den Lehrer auflaufen lassen	to break the teacher
glotzen	to stare
sich lümmeln	to sprawl
Mitleid erregen	to arouse sympathy
der Ölgötze	stuffed dummy
pennen	to sleep
zerbrechlich	fragile

Aufgabe 17

Der Artikel „Lautstark gefragt" schildert das Leben eines Lehrers alles in allem ganz positiv. „Der tägliche Klassenkampf" schildert es dagegen sehr negativ. Vergleichen Sie die zwei Artikel unter folgenden Stichwörtern: Stundenanfang; Aufmerksamkeit; Einstellung der Schüler; Aggressionen.

Warum wirkt der zweite Artikel so negativ und der erste so positiv? Was für einen Stil, welche Bilder und Vokabeln verwenden die Autoren, um Ihre Einstellung zu unterstreichen?

Klassenzeugnis für Lehrer

BRAVO BRAVO BRAVO BRAVO BRAVO BRAVO BRAVO BRAVO BRAVO BRAVO BRAVO BRAVO BRAVO

Schule/Gymnasium .... Schuljahr ....

KLASSENZEUGNIS

für Lehrer/in

Unterrichtet seit __________ die Klasse __________ im Fach __________

und hat seine/ihre Lehrer/innen-Pflicht erfüllt/nicht erfüllt.

Begründung: __________

Die Leistungen sind wie folgt beurteilt worden:

Unterricht ....
- ☐ geht stur nach Lehrplan vor
- ☐ manchmal langweilig
- ☐ flott und lebendig

Gerechtigkeit ....
- ☐ hat Lieblingsschüler, die er/sie sichtbar bevorzugt
- ☐ manchmal ist er/sie ungerecht
- ☐ bemüht sich, jeden gleich zu behandeln

Notengebung ....
- ☐ ist hart, aber gerecht
- ☐ feilscht um jede Zehntelnote
- ☐ urteilt im Zweifelsfalle zugunsten des Schülers

Fachwissen ....
- ☐ ist für jede Stunde gut vorbereitet
- ☐ liest nur aus den Büchern vor
- ☐ schwafelt oft belangloses Zeug und wirkt nicht sattelfest

Ausstrahlung ....
- ☐ wirkt immer fröhlich und hebt die Stimmung in der Klasse
- ☐ wirkt an manchen Tagen muffig und übelgelaunt, und läßt eigene Probleme an den Schülern aus
- ☐ sehr launisch, man kann ihn/sie nie vorher einschätzen

Menschlichkeit ....
- ☐ persönliche Probleme der Schüler interessieren ihn/sie nicht
- ☐ nimmt nur in Krisenfällen jemanden beiseite und spricht mit ihm
- ☐ man kann mit allen Problemen zu ihm/ihr kommen

Hausaufgaben ....
- ☐ findet immer das richtige Maß
- ☐ gibt viel zuviel auf
- ☐ manchmal erträglich, manchmal zu viel

Bestrafungen ....
- ☐ versucht mangelndes Rückgrat durch Strafarbeiten, Nachsitzen und Verweise zu verbergen
- ☐ ist großzügig und sieht über manches hinweg
- ☐ ist viel zu lasch und sollte besser durchgreifen

Klassenführung ....
- ☐ strahlt schon durch seine/ihre Persönlichkeit Respekt aus
- ☐ läßt sich zu leicht auf der Nase rumtanzen
- ☐ versucht sich durch Drohungen durchzusetzen, aber hinterm Rücken wird er/sie ausgelacht

Humor ....
- ☐ kann über nichts lachen
- ☐ ist für jeden Scherz zu haben
- ☐ hängt ganz von seiner/ihrer Laune ab, unberechenbar

Einfühlungsvermögen ....
- ☐ modern in seinen/ihren Ansichten, kann sich in die Situation des Schülers versetzen
- ☐ eher spießig, autoritär
- ☐ total altmodisch, ein verknöcherter Pauker

Kontaktfreudigkeit ....
- ☐ guter Kumpel, geht auf die Schüler zu
- ☐ unternimmt auch mal privat was mit den Schülern
- ☐ spielt den Unnahbaren

Aussehen ....
- ☐ attraktive Erscheinung
- ☐ kleidet sich altmodisch
- ☐ macht übertrieben auf jung

BRAVO AKTION Lehrer-Test

Datum .... Die Klasse: ....

Notenstufen: 1 = sehr gut, 2 = gut, 3 = befriedigend, 4 = ausreichend, 5 = mangelhaft, 6 = ungenügend

BRAVO BRAVO BRAVO BRAVO BRAVO BRAVO BRAVO BRAVO BRAVO BRAVO BRAVO BRAVO BRAVO

bevorzugen	to prefer
um etwas feilschen	to haggle over
der Kumpel	mate, chum, bloke
die Strafarbeit	imposition
der Verweis	rebuke

Aufgabe 18

Was ist für Sie das Wichtigste an einem Lehrer? Suchen Sie die fünf wichtigsten Gebiete aus dem „Klassenzeugnis" aus, wo ein Lehrer erfolgreich sein muß?

Aufgabe 19

Für jedes Gebiet suchen Sie die beste Bemerkung aus, die ein Lehrer sich erhoffen könnte. Definieren Sie dann Bemerkungen, die Sie ausgesucht haben.

Aufgabe 20

Positiv oder negativ? Bewerten Sie auf einer Kopie dieser Tabelle diese Wörter – welches Wort in jedem Paar ist positiv, welches negativ?

	Positiv	Negativ
ist flott, schwafelt		
belanglos, großzügig		
spießig, ein Kumpel		
übelgelaunt, muffig		
unberechenbar, gerecht		
übertrieben, gut vorbereitet		

Einige Wörter haben ungefähr die gleiche Bedeutung, dafür aber positive oder negative Werte. Es hängt vom persönlichen Standpunkt des Autors ab, *welches* eingesetzt wird.
Können Sie auch hier entscheiden, welche Wörter positiv wirken und welche Wörter negativ wirken?

1. gründlich/stur
2. lebendig/oberflächlich
3. lasch/locker
4. solid/spießig
5. autoritär/streng
6. nachlässig/großzügig
7. nachgiebig/mangelndes Rückgrat
8. unberechenbar/anpassungsfähig

Aufgabe 21

Schreiben Sie ein Klassenzeugnis für Herrn Dreut. Beziehen Sie sich dabei auf den Text „Lautstark gefragt".

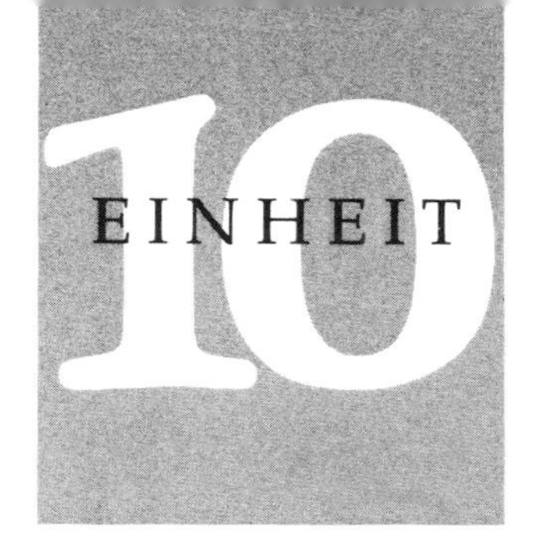

EINHEIT 10

Die Schule ist aus! – Ausbildung und Beruf

A Nach dem Abi

Es gibt wichtigere Dinge als Lernen

„Es gibt wichtigere Dinge, als für die Schule zu lernen" stellt Klaus Meien klar. Der 18jährige aus Wetzlar hat gut reden: An der Goetheschule hat er mit der Traumnote 1,0 das beste Abi seines Jahrgangs gebaut. Er erzielt 863 von 900 möglichen Punkten.

Hat der Goetheschüler so ein Super-Ergebnis erwartet? „Eigentlich nicht, aber in der Abi-Prüfung lief es bei mir sehr gut" erinnert sich Klaus. In Biologie und Chemie (seinen beiden Leistungskursen), Deutsch und Geschichte hat er sich prüfen lassen. Büffeln ohne Ende? Der frischgebackene Abiturient schüttelt den Kopf: „Ich kenne Leute, die wesentlich mehr fürs Abi getan haben". Klaus sieht die Dinge realistisch: „Ein Schnitt von Eins-Null ist für den NC interessant, hinterher wird das Abi-Zeugnis höchstens einmal angeschaut, und dann kann man es sich an die Wand hängen".

Jetzt ist zuerst einmal der Zivildienst dran. Klaus hat aus Glaubensgründen verweigert. „Ich bin bewußter Christ, das spielt eine wichtige Rolle in meinem Leben" stellt er klar.

Seinen Studienplatz hat Klaus auch schon sicher: Medizin, das hat ihn schon immer interessiert. An welche Uni will er gehen? „Gießen wahrscheinlich, weil die Fakultät ganz gut ist. Ich habe aber noch 20 Monate Zeit zum Überlegen". Als Beruf könnte er sich etwas in der Humanmedizin vorstellen, aber auch hier will sich Klaus nicht festlegen. „Im Studium gibt es genug Praktika, um alles einmal auszuprobieren".

Fotografieren, Fahrradfahren und Volleyballspielen sind die Hobbies des 18jährigen, der sich auch ein bißchen für Kunst interessiert. Wie gesagt: Es gibt wichtigere Dinge, als für die Schule zu lernen! **Björn Paeschke**

der NC	Numerus Clausus – grade required for university entrance
das Praktikum (Praktika)	practical

Aufgabe 1

Lesen Sie die Geschichte von Klaus Meien und füllen Sie dann die Lücken in dieser Zusammenfassung aus:

a. Klaus' . . . . . waren Biologie und Chemie.
b. Er weiß noch nicht genau, welchen medizinischen . . . . . er nach dem . . . . . wählen wird.
c. Im . . . . . schaffte Klaus die beste . . . . . : 1,0
d. Jetzt kommen 20 Monate . . . . . Klaus hat den Militärdienst aus Glaubensgründen . . . . .
e. Danach will er an die . . . . . gehen, um . . . . . zu studieren. Sein . . . . . steht schon fest.

Setzen Sie die Sätze auch in die richtige Reihenfolge.
Finden Sie genaue Definitionen im Wörterbuch für die Wörter oben, die Sie noch nicht kennen.

Aufgabe 2

Das „Stern"-Magazin machte vor kurzem eine Umfrage über Berufe, mit der Frage: „Wenn Sie an die Leute denken, die Sie besonders beeindrucken: Was haben die für Berufe?"
Die Berufe, die am meisten erwähnt wurden, waren (in alphabetischer Ordnung):

Arzt
Journalist
Manager
Politiker
Schriftsteller
Wissenschaftler
Hausfrau
Künstler
Pfarrer
Schauspieler
Sportler

Was meinen *Sie* – in welcher Reihenfolge würden Sie diese Berufe einordnen?
Fragen Sie Ihre Bekannten (jung und alt), wie sie die Berufe einordnen würden.
Machen Sie mit der Klasse eine gemeinsame Liste.
Welche Berufe fehlen hier? Warum wurden diese zehn in der Umfrage ausgewählt?
Sie bekommen von Ihrem Lehrer die Ergebnisse der „Stern"-Umfrage. Wie unterscheiden sich diese Ergebnisse von Ihrer Liste?

Aufgabe 3

Schauen Sie sich die Ergebnisse der „Stern"–Umfrage an. Könnte man folgende Behauptungen begründen? Warum (nicht)?

a. Frauen haben mehr Respekt vor ‚Intellektuellen'.
b. Berufe, die einen hohen Ausbildungsgrad verlangen, sind am beeindruckendsten.
c. Ältere Leute gehen öfter in die Kirche als junge Leute.
d. Frauen interessieren sich nicht für ‚Männerberufe'.

Aufgabe 4

Können Sie sonst noch welche Schlüsse aus dieser Tabelle ziehen?
Warum gibt es „Mädchenberufe" und „Jungenberufe"?

Was wollt ihr werden?

Aufgabe 5

Hören Sie sich das Tonband an. Im *ersten* Teil hören Sie drei Schüler, die ihre Pläne diskutieren; im *zweiten* Teil gibt es nur zwei. In welchem Teil hören Sie die folgenden Ausdrücke?

a. Bei der Bundeswehr krieg' ich auch einen Lohn dafür.
b. Mir stehen meine Eltern auf keinem Fall im Wege.

c. Da streb' ich zumindest auch hin.
d. Ich hab' drei Möglichkeiten.
e. Ich bewerbe mich beim Betrieb.
f. Ich sehe gute Chancen, daß das klappt.
g. Mein Vater unterstützt mich dann voll damit.
h. Wahrscheinlich im Computerbereich . . .
i. Ich werde diese Tradition auf keinen Fall fortsetzen.
j. In der Richtung würd' ich auch mal studieren und den Beruf ergreifen.
k. Ich will mir das Studium zahlen lassen.
l. Wenn ich ein gutes Abi mache, dann sind die Chancen auf jeden Fall da.
m. Bis dann ändert sich wahrscheinlich relativ viel.

Aufgabe 6

Stellen Sie sich mal vor, Sie sind einer der befragten Schüler. Wie beantworten Sie diese Fragen?

a. Haben Sie ein festes Berufsziel?
b. Wollen Sie auf die Uni gehen, weiterstudieren?
c. Was wollen Sie vielleicht studieren?
d. Wie lange werden Sie dann studieren müssen?
e. Gibt es bei Ihnen so eine Familientradition?

Aufgabe 7

Hören Sie den zweiten Teil der Aufnahme an. Dieter hat drei Möglichkeiten – zu studieren, in den Betrieb einzutreten und zur Bundeswehr zu gehen. Was sagt er über jede Möglichkeit? Machen Sie Notizen auf einer Kopie dieser Tabelle.

	Studium	*Betrieb*	*Bundeswehr*
Lohn?			
Wie lang verpflichtet?			
Studium bezahlt?			
Ferien?			

Zur Diskussion

Wie würden Sie die Fragen in Aufgabe 6 beantworten? Haben Sie auch feste Pläne? Was für Möglichkeiten haben Sie? Was sind die Vor- und Nachteile davon? (Lohn? Ferien? usw.) Werden Ihre Eltern Sie unterstützen?

Aufgabe 8

Welcher Beruf ist für die Gesellschaft am wichtigsten? Spielen Sie jetzt die „Luftballondebatte" – jeder übernimmt einen Beruf und muß die Rolle dieses Berufes am günstigsten schildern!

B Die Berufswahl

Berufsreport: der Bankkaufmann

Aufgaben: Seine Berufswelt dreht sich ums Geld. Darin ist der Bankkaufmann Experte. Dabei hat er es weniger mit Bargeld zu tun als mit Konten und Wertpapieren, Krediten und Devisen. Er bedient die Kunden am Bankschalter; er muß sich in der Kontenführung auskennen und bei Geld- und Kapital-Anlage beraten können.

Ausbildung: Sie dauert je nach Schulabschluß zwei bis drei Jahre. Gute Chancen haben Schüler mit mittlerem Bildungs-Abschluß und Abitur. Gefragt sind neben guten Schulnoten Interesse an Wirtschafts-Themen, Zahlen-Verständnis, gute Umgangsformen und Engagement für den Beruf. Die Ausbildung findet in der Sparkasse oder Bank statt und in der Berufsschule in Bankfachklassen. Am Ende der Lehre legt man vor der Industrie– und Handelskammer seine Abschlußprüfung zum Bankkaufmann oder zur Bankkauffrau ab.

Weiterbildung: Hier gibt es fast unbegrenzte Möglichkeiten. Man kann sich spezialisieren und dafür das Angebot von Seminaren und Lehrgängen in Anspruch nehmen, zum Beispiel bei den Sparkassen bis zum Abschluß „diplomierter Sparkassenbetriebswirt".

Verdienst: Die Ausbildung wird tariflich bezahlt. Im ersten Jahr sind das rund 800 Mark, im zweiten zirka 900 Mark, im dritten fast 1000 Mark.

Berufsaussichten: Das Kreditwesen bildet derzeit über 50 000 Lehrlinge aus. Nach der Lehrzeit findet man leicht eine Stelle. Nähere Informationen über den Beruf des Bankkaufmanns bieten: der Sparkassen-Informations-Service, die Berufsbroschüren der Banken sowie die „Blätter zur Berufskunde", herausgegeben von der Bundesanstalt für Arbeit in Nürnberg.

Berufe zum Kennenlernen – diesmal: Stewardeß

Was macht eine Stewardeß?
Ihre wichtigste Aufgabe ist die Betreuung und Versorgung der Passagiere während des Fluges. Der Dienst der Flugbegleiterin (so die offizielle Bezeichnung für die Stewardeß) beginnt schon gut eine Stunde vor dem Start: Der Pilot bespricht mit der gesamten Mannschaft den genauen Ablauf des Fluges. In der Kabine überprüft die Stewardeß anschließend die Ausrüstung für Notfälle (Verbandszeug, Schwimmwesten), und sie ubernimmt vom Bodendienst die Verpflegung und Getränke.

Wenn die Fluggäste die Maschine betreten, beginnt der eigentliche Borddienst. Die Stewardeß begrüßt die Passagiere, führt sie zu den Plätzen und verteilt Zeitungen. Nach dem Start erklärt sie über Lautsprecher alle Sicherheitsvorschriften (zum Beispiel, wie man mit den Sauerstoffmasken umgeht), dann serviert sie Mahlzeiten und Getränke.

Welche Schulbildung ist nötig?
Mindestens mittlere Reife, dazu sehr gute Englischkenntnisse und außerdem Grundkenntnisse in einer zweiten Sprache (vorzugsweise Französisch oder Spanisch).

Was wird sonst noch an Voraussetzungen verlangt?
Grundsätzlich muß jede Stewardeß gesund und flugtauglich sein. Außerdem muß sie geschickt mit fremden Menschen umgehen können, hilfsbereit sein und sich gut in ein Team einfügen. Bevorzugt werden deshalb Bewerberinnen, die Erfahrung in anderen Kontaktberufen, wie Krankenschwester oder Kellnerin, haben. Das Einstellungsalter liegt je nach Fluggesellschaft zwischen 19 und 28 Jahren. Außerdem muß eine Stewardeß zwischen 1,60 und 1,80 Meter groß, schlank und sehr gepflegt sein. Und sie darf keinen starken Sehfehler haben. Vor der Einstellung werden immer Sehtests gemacht, und zwar ohne Brille oder Kontaktlinsen.

Wo macht sie die Ausbildung?
Jeweils bei der Fluggesellschaft, bei der sie später arbeiten wird. (Für die Lufthansa zum Beispiel in Frankfurt.)
Was lernt sie?
In einem etwa sechswöchigen Kurs wird die gesamte Fluggastbetreuung trainiert. Wichtig sind auch Erste-Hilfe-Kurse.
Was verdient man während der Ausbildung?
Ungefähr 800 Mark im Monat, je nach Gesellschaft etwas mehr oder weniger.
Was verdient man später?
Zum Beispiel bei der Lufthansa: gestaffelt nach Berufsjahren zwischen 2238 und 3545 Mark im Monat. Allerdings bekommen alle Stewardessen Schichtzulagen und für die Flugtage Tagesspesen. Bei internationalen Flügen können sie auch am Verkauf von zollfreien Waren mitverdienen.
Wie lange kann man als Stewardeß arbeiten?
In der Regel bis zum 55. Lebensjahr, man kann aber oft schon früher aufhören, dann erhält man eine Abfindung.
Wie sind die Aussichten in diesem Beruf?
Stewardessen werden immer wieder gesucht.
Eine Stewardeß kann sich später in Lehrgängen zur „Purserette", also zur Vorgesetzten der gesamten Kabinenbesatzung, weiterbilden.

Aufgabe 9

Welcher Beruf? Um die richtige Entscheidung zu treffen, braucht man kurze, sachliche Informationen, damit man verschiedene Möglichkeiten vergleichen kann.
Lesen Sie diese zwei Artikel und machen Sie kurze Notizen unter folgenden Stichwörtern:

	Stewardeß	Bankkaufmann
Aufgaben		
Nötige Schulbildung		
Andere Voraussetzungen		
Dauer der Ausbildung		
Aussichten		

Aufgabe 10

Wählen Sie einen Beruf aus. Ohne den Beruf zu nennen, beschreiben Sie ihn fur die Gruppe. Beginnen Sie mit der nötigen Schulbildung und den anderen Voraussetzungen, und am Schluß beschreiben Sie die Aufgaben, die dieser Beruf mit sich bringt.
Derjenige gewinnt, der am längsten über seinen gewählten Beruf sprechen kann, ohne daß seine Klassenkameraden den Beruf erraten.

Renommierte, moderne Galerie in der Stadtmitte sucht
einsatzfreudige, Junge
Allroundmitarbeiterin
Maschinenschreiben, engl. u. franz. Sprachkenntnisse sind erforderlich
Bewerbungen bitte an AE90638S RP Dusseldorf

Aufgabe 11

Sehen Sie sich die Stellenanzeige („einsatzfreudige Mitarbeiterin") an. Ein Bewerber hat das folgende Bewerbungsschreiben geschrieben. Sie müssen mit einem Partner arbeiten: einer spielt die Rolle des Arbeitgebers, einer die Rolle des Bewerbers, der den Brief geschickt hat. Der Bewerber hat seinen Lebenslauf zum Vorstellungsgespräch mitgebracht, zeigt ihn dem Arbeitgeber jedoch NICHT!
Arbeitgeber: **Sie haben das Bewerbungsschreiben auf Seite 112 von Fräulein Britta Mittermaier bekommen und haben sie zum Vorstellungsgespräch eingeladen. Sie müssen Fragen stellen, um alle Details ihres Lebens zu überprüfen. Wie alt ist sie? Hat sie genügend Zeit im Ausland verbracht, um diese Stelle zu bekommen? Was hat sie gemacht, seitdem sie die Schule verlassen hat? Ist sie für diese Stelle geeignet?**
Bewerber: **Sie haben das Bewerbungsschreiben auf Seite 112 an die Firma geschickt, und sind jetzt zum Vorstellungsgespräch eingeladen. Sehen Sie sich zuerst die Stellenanzeige an, und dann auch Ihren Lebenslauf (den Sie von Ihrem Lehrer bekommen). Sie brauchen diese Stelle und müssen sich bemühen, einen guten Eindruck zu machen!**

Europa-Ring 38
4000 Düsseldorf

7. April

Sehr geehrte Herren,

ich beziehe mich auf Ihre Stellenanzeige in der heutigen Ausgabe der Düsseldorfer Stadtpost, und ich möchte mich dafür bewerben.

Ich bin am 9. April 1965 in Darmstadt geboren und besuchte in Darmstadt die Grundschule und das Gymnasium, bis meine Familie nach Düsseldorf umzog. Das Neusprachliche Gymnasium besuchte ich bis Juli 1984, als ich meine Schulzeit mit dem Abitur abschloß (Leistungskurse: Englisch, Französisch). Ich suche jetzt eine verantwortungsvolle Stelle, wo ich in Kontakt mit anderen Leuten kommen kann und wo ich meine Sprachkenntnisse ausnutzen kann. Da ich längere Zeit im Ausland studiert habe, wäre ich als Mitarbeiterin in Ihrer Firma sehr nützlich. Maschinenschreiben kann ich auch, ich habe EDV-Kenntnisse und bin selbstverständlich bereit, in Ihrem Unternehmen wertvolle Dienste zu leisten.

Ich würde mich sehr freuen, wenn Sie mich zu einem Vorstellungsgespräch einladen. Ich danke Ihnen für Ihre Aufmerksamkeit.

Mit freundlichen Grüßen,

Britta Mittermaier

Britta Mittermaier

Anlagen: Lichtbild, Zeugnis

ZEUGNIS

Klasse: 12 Schuljahr 19__ 2. Jahres Halbjahr

für Britta Mittermaier

Verhalten in der Schule: gut

Beteiligung am Unterricht: wechselnd

Versäumte Stunden: 12, davon entschuldigt 12 Stunden / Verspätungen /

LEISTUNGEN: (Prädikate: 1 = sehr gut, 2 = gut, 3 = befriedigend, 4 = ausreichend, 5 = mangelhaft, 6 = ungenügend)

1. Religion: gut	11. Chemie: /
2. Deutsch: befriedigend	12. Biologie: befriedigend +
3. Geschichte: /	13. Musik: gut
4. Gemeinschaftskunde: gut	14. Kunstunterricht: /
5. Erdkunde: /	15. Werken: /
6. Englisch: befriedigend	16. Nadelarbeit: /
7. Französisch: ausreichend	17. Sport: sehr gut
8. Latein:* ausreichend	18. Arbeitsgemeinschaften:
9. Mathematik: befriedigend	Physik
10. Physik:	

*) wahlfrei

Bemerkungen: Auf Beschluß der Klassenkonferenz vom 20.6. versetzt nach Klasse 13

Aufgabe 12

Mit einem Partner machen Sie eine Liste von allen Details, die man in einem Lebenslauf erwähnen muß.
z.B.: – sein Geburtsdatum
– seine Erfahrung
Was darf man auf keinen Fall weglassen?

Aufgabe 13

Sehen Sie sich das Stellenangebot („gepflegte, zielstrebige Damen und Herren") an. Einer spielt die Rolle eines Arbeitgebers, der andere die Rolle eines Bewerbers, der den Arbeitgeber anruft. Die Details Ihrer Rolle bekommen Sie von Ihrem Lehrer.

Wir stellen noch gepflegte, zielstrebige

Damen und Herren

für die Verkaufsgebiete Düsseldorf, Duisburg, Oberhausen, Essen und Mönchengladbach ein.
Wir bieten einen sicheren, krisenfesten Arbeitsplatz. Firmen-PKW sowie gutes Betriebsklima. Wenn Sie kontaktfreudig sind und nicht unter DM 2600 – monatl.
verdienen wollen, rufen Sie uns bitte ab Montag unter 02/21/31 10 19 an.
AE90653

Aufgabe 14 – Schriftliches

Sehen Sie sich das Stellenangebot „gepflegte, zielstrebige Damen und Herren" an. Schreiben Sie ein Bewerbungsschreiben an den Arbeitgeber. Sie müssen alle Details aufschreiben, die Sie für wichtig halten.

Nützliche Ausdrücke:
Ich bewerbe mich bei Ihnen um die Position eines . . . . .
Meine Stärken sind . . . . .
Wann könnten wir uns über meine Mitarbeit unterhalten?
Auf Grund meiner Ausbildung (meiner Kenntnisse/Fähigkeiten) glaube ich, Ihren Vorstellungen zu entsprechen.
Ich möchte meine Kenntnisse einsetzen.

Schreiben Sie auch Ihren Lebenslauf, wie er in fünf Jahren hoffentlich aussehen wird.

C Die Hochschulen

Die deutschen Hochschulen haben eine lange Geschichte. Die älteste Hochschule der Bundesrepublik Deutschland, die Universität Heidelberg, wurde 1386 gegründet. Mehrere andere Universitäten haben bereits ihre Fünfhundertjahrfeier hinter sich.
1950 begannen nur 6% eines Altersjahrgangs ein Studium, heute bewirbt sich jeder sechste um einen Studienplatz. Die Zahl der Studenten hat sich von 528 000 (1970) auf über 1 200 000 (1982) erhöht. Der Staat suchte diesem Andrang Rechnung zu tragen – durch Aus– und Neubau von Hochschulen, durch Verdoppelung des Lehrpersonals binnen zehn Jahren. Tradition und Moderne stehen also im Hochschulwesen der Bundesrepublik dicht nebeneinander.

Studium und Studenten

An den Hochschulen der Bundesrepublik (Universitäten, Technischen Universitäten und Technischen Hochschulen) sind rund 1 200 000 Studenten immatrikuliert. In der Gestaltung ihres Studiums sind die Studenten traditionell sehr frei. Für viele Fächer werden Lehrpläne empfohlen und Zwischenprüfungen verlangt, aber die Studenten können aus einem großen Angebot von Lehrveranstaltungen selbst einen Plan zusammenstellen. Das Studium an einer wissenschaftlichen Hochschule wird mit der Magister oder Doktorprüfung oder mit dem Staatsexamen abgeschlossen.

Probleme des Massenstudiums.

Die jetzt sehr hohe Zahl der Studenten an den Hochschulen hat dazu geführt, daß für einige Fächer eine Zulassungsbeschränkung, der Numerus clausus, eingeführt werden mußte. Viele Studienbewerber müssen eine andere Fachrichtung einschlagen oder können ihr Studium nicht an dem Hochschulort ihrer Wahl oder zum vorgesehenen Zeitpunkt aufnehmen. Wichtig sind vor allem die Durchschnittsnote des Abiturzeugnisses, und die Wartezeit. Es wird auch eine Studienreform verlangt, die eine Verkürzung der Studienzeit bewirkt. Heute sind 31% der Studierenden älter als 25 Jahre. Jeder Student verbringt durchschnittlich 12 Semester, also sechs Jahre, an der Hochschule; das ist entschieden zu lang.

Aufgabe 15

Füllen Sie die Lücken aus!

a. Heute . . . . . sich jeder sechste um einen Studienplatz.
b. Die Zahl der Studenten hat sich in den letzten Jahren deutlich . . . . .
c. . . . . . werden empfohlen und die Studenten müssen oft eine . . . . . bestehen, aber sie haben ein großes Angebot und sie können selbst einen Plan . . . . .
d. Am Ende des Studiums muß der Student ein . . . . . oder eine . . . . . ablegen – das ist dann sein Abschluß.
e. Weil es so viele Studenten gibt, hat man jetzt die Zahl der Studenten beschränken müssen – das nennt sich der . . . . . / . . . . . Das bedeutet, daß man nicht immer sofort nach der Schule sein Studium . . . . . kann, oder sogar eine andere Fachrichtung . . . . . muß.
f. Das Wichtigste für den Studienbewerber ist die . . . . . des Abiturzeugnisses.
g. Man meint, das Studium in Deutschland dauere zu lang. Im Schnitt bleibt jeder Student 12 . . . . . (das sind sechs Jahre) an der Uni. Viele verlangen eine . . . . . der Studienzeit.

Aufgabe 16

Wieviele Wörter haben Sie gefunden, die ‚Studium' oder ‚Schule' als Bestandteil haben?

LACHEN MIT HÖRZU

Spätestens ab 40 fragt man sich, ob man im Leben alles richtig gemacht hat...

Als kleines Kind träumte ich davon, später mal allen Menschen zu helfen.

Ich wollte Arzt werden oder ein ganz berühmter Wissenschaftler!

In der Schule war ich fleißig, danach habe ich erfolgreich studiert und sogar promoviert.

Und irgendwie ist mein Berufswunsch tatsächlich in Erfüllung gegangen.

Seit nunmehr über 10 Jahren kommen Menschen zu mir und lassen sich von mir helfen.

Sogar stockfremde Leute sprechen mich an und bitten mich um Rat.

Eigentlich müßte ich zufrieden sein...
AUSKUNFT
i

Von Rauschenbach

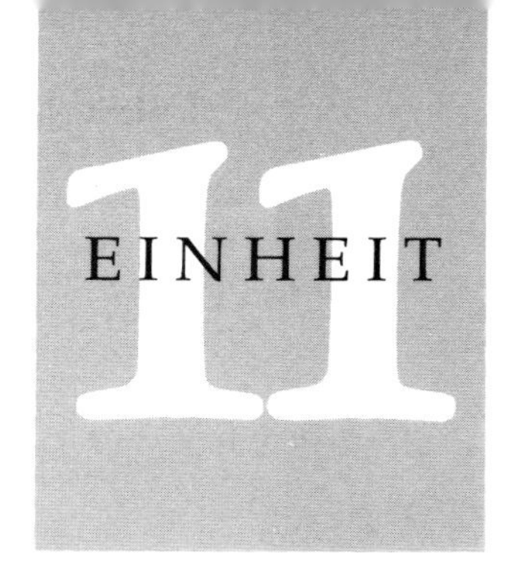

Die Werbung – nicht nur sauber sondern rein!

A Inserieren bringt Gewinn – Inserate aus einer Ortszeitung

525i, 8/81, 94 500 km, 1. Hd. silbermet., Klima, Stereo, Servo, neu ber., TRX m. 200/60, ZV, 12 500,–. ☎ 02 11 / 62 27 91

ABS. DM 13 900,– . **BMW 735i A,** Zul.
6/84. Radio CR Stereo, Schiebedach, 2
Spiegel, Sonderlack, elektr. Fensterheber
v. ABS, Zentralverr., 225/50 VR 16 Bereif.,
auf REMOTEC LM-Felgen, tiefergelegt,
Frontspoiler DM 39 000,– • • incl. 1 Jahr
BMW – Händlergarantie Finanzierung
3,9% eff. Jahreszins Anzahlung 25%,
Laufzeit 24, 36, 42, 47 Monate. Besichtigung jederzeit auf dem Betriebsgelände
möglich. Motor Jüngerkes, BMW-Vertragshändler, Viersen 1, Freiheitsstr. 176,
☎ 0 21 62 / 3 00 72.

Ihr Erfolg braucht eine Ambiente. Ihr neues Büro mit Niveau in der KÖ-Galerie!

Mit der kostensparenden Büro-Konzeption

Eine exclusive Geschäftsadresse nützt wenig, wenn Ihnen die Unterhaltskosten für Ihr Büro davonlaufen: für Hohe Investitionskosten für moderne Bürotechnik, starre Lohn- und Nebenkosten usw.

Unser Büro-Full-Service bietet Ihnen nicht nur ein Büro in der attraktiven KÖ-GALERIE, sondern auch das wirtschaftliche Konzept für Ihren individuell abgestimmten Arbeitsplatz. Und das zu einem kostengünstigen Festpreis! Rufen Sie uns unverbindlich an oder besuchen Sie uns. Wir machen Ihnen gern ein Angebot.

Und dem perfekten Büro-Full-Service

Das heißt: Vollmöblierte Büros mit modernsten Bürotechniken, ständig besetztes Sekretariat, das entsprechend Ihrem Bedarf Ihre Aufträge erledigt und die Anrufe für Sie entgegennimmt, Postabfertigung, Konferenzräume etc. Und das alles zu einem Preis, der in der Regel 50 – 60% unter den üblichen Bürokosten liegt.

Ihre exclusive Geschäftsadresse in Düsseldorf

Die Königsallee ist weltweit ein bevorzugter Firmensitz.

Im Herzen dieser weltberühmten Geschäftsstraße liegt die KÖ-GALERIE, ein Geschäfts- und Bürohaus mit dem unvergleichbaren internationalen Flair.

Die Top-Adresse für Ihr neues Büro!

BÜROFULL SERVICE

Königsallee 60 F
4000 Düsseldorf 1
Telefon: 02 11/89 03-0
Telex: 8 587 942 pdus
Telefax: 0211/8903-999

AP3681

316, 4türig, Jahreswagen von WA, ca. 10 000 km, unfallfrei, viele Extras, 18 900,–. Bauer + Poschlod GmbH, ☎ 0 22 73 / 5 54 07, 5 11 11.

Statt Karten

Markus
3240 g, 51 cm

Seit dem 11. April 1986, 3.38 Uhr, sind wir eine Familie.

Ingrid Reschkowski
geb. Bracken
Robert Reschkowski

4000 Düsseldorf 11,
Düsseldorfer Straße 17

AF139337

733 i, 78, Frontschaden, kompl. od. i. Teilen abzugeben. ☎ 0 21 62 / 2 43 88 od. 3 03 30

528i A, 11/80, Tüv 5/87, 106 000 km, silbermet., el. Schiebedach, Klima, Recaro, Nebell., Kopfst. v. + h. Diebst.-Warnanl., DM 14 900,–, ☎ 02 11 / 40 77 75.

BMW 528i, Mod. 81, graumet., Velour, SSD, ZV, supergepfl. Langstreckenfahrzeug aus Erstbesitz, 6950,–, ☎ 0 21 66 / 2 28 15

Plötzlich und unerwartet verstarb unser ehemaliger
Mitarbeiter

Heinz Fingerhut

Er war ein pflichtbewußter Mitarbeiter, der von allen, die ihn kannten, geschätzt und geachtet wurde.
Wir werden ihn nicht vergessen.

Geschäftsleitung
Mitarbeiter und Personalrat
der
Kaufmännischen Krankenkasse–KKH

Die Trauerfeier mit anschließender Beisetzung findet am Montag, dem 5. Mai 1986, um 10.20 Uhr in der Friedhofskapelle des Südfriedhofes Düsseldorf statt.

AE91370

Heute entschlief plötzlich, für uns alle unfaßbar, in den frühen Morgenstunden mein lieber Mann, unser guter Bruder, Schwager, Onkel, Großonkel und Vetter

Heinz Fingerhut

* 3. 7. 1922 † 29. 4. 1986

In stiller Trauer:
Otti Fingerhut geb. Kampmann

4000 Düsseldorf 1, Lindenstraße 2
Sottrum und Bremen

Die Beerdigung findet am Montag, dem 5. Mai 1986, um 10.20 Uhr von der Kapelle des Südfriedhofes aus statt.

AB105902

Wir heiraten

Sabine Niesse
Dr. Heribert Roos

Brühler Weg 9
4005 Meerbusch 1

Beate Niesse
Uwe Nahr

Merkurstraße 4
4000 Düsseldorf 1

3. Mai 1986

Trauung: St. Bonifatius, Düsseldorf-Bilk, 14 Uhr

Tagesanschrift: Restaurant Haus Landsknecht, Poststraße 7, 4005 Meerbusch 1

AN65181

Aufgabe 1

Welche Inserate haben den Zweck, etwas zu verkaufen?
Welche Inserate vermitteln irgendwelche Informationen?

Aufgabe 2

Sie rufen Ihren Partner an und wollen mehr über einen Artikel erfahren, den Sie in der Zeitung gesehen haben! Sie müssen ihm Fragen stellen, um genau zu prüfen, ob alles in seinem Inserat stimmt! Ihr Partner muß den Artikel genau beschreiben. (Sie können natürlich nur die Anzeigen erwähnen, die etwas zu verkaufen versuchen.)

Aufgabe 3

Wählen Sie drei oder vier dieser Inserate aus, und stellen Sie sich mal vor, daß sie alle von Leuten aus Ihrer Gegend stammen. Schreiben Sie dann einen Brief an einen Freund, in dem Sie ihm erklären, was bei Ihnen in der Nachbarschaft passiert ist.

B Warum nicht auch Sie?

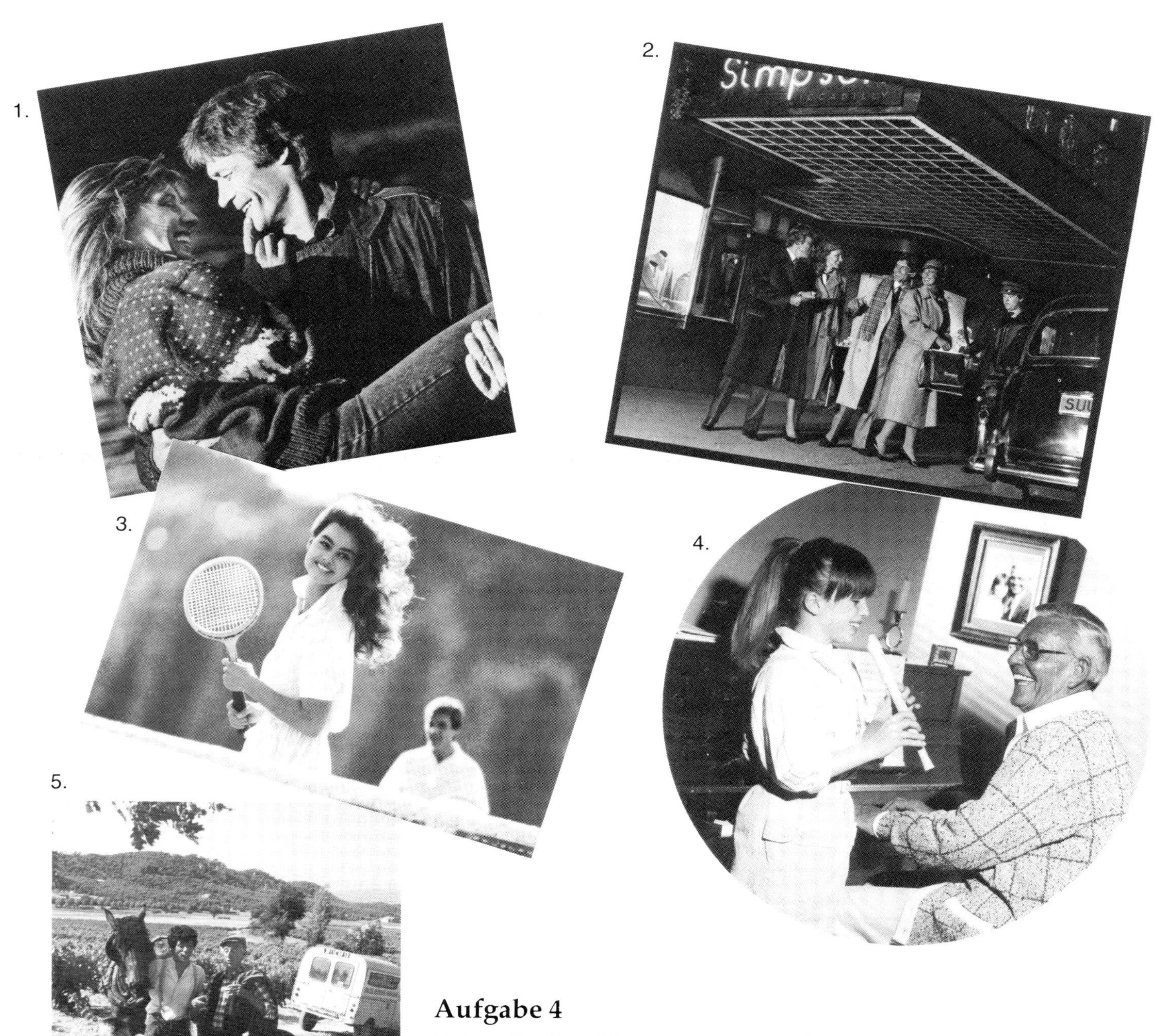

Aufgabe 4

Sehen Sie diese Photos an. An was für Leute sind diese Reklamen gerichtet?
– nach Geschlecht (Mann oder Frau)
– nach Alter (wie alt sind sie?)
– nach Einkommensschicht (wieviel verdienen sie?)

Wie versucht die Reklame, den Leser anzusprechen? Womit wird das Produkt verbunden –
– mit dem glücklichen Familienleben?
– mit einem gewissen Lebensstil?
– mit der Liebe?
– mit dem Sachverstand?

– mit beruflichem Erfolg?
– mit Kunst/Kultur?
– mit Natur/Gesundheit?
– mit schönen Körpern/mit Sex-Appeal?
– mit Kindern?
– mit der Eigenliebe?
– mit Humor?

Wählen Sie für jede Reklame einen Grund oder mehrere Gründe heraus.

Aufgabe 5

Suchen Sie den passenden Werbespruch für jedes Produkt aus! Begründen Sie Ihre Wahl.

Aufgabe 6

Die zehn Wirtschaftsbereiche in der Bundesrepublik Deutschland, die 1983 am meisten für die Werbung ausgaben, waren:

1. Körperpflege und Pharmazie
2. Ernährungswirtschaft
3. Verkehrsmittel-Industrie
4. Getränke-Industrie
5. Finanzen und Geldwesen
6. Ausbildung und Medien
7. Haus-und Gartenausstattung
8. Tabak-Industrie
9. Öffentliche und private Dienstleistungen
10. Sonstige Industriegüter

Nennen Sie für die Bereiche 1–7 mindestens ein Produkt, das Sie in den letzten 24 Stunden verwendet haben. Warum haben Sie genau diese Produckte verwendet, und nicht die von anderen Firmen? Warum wird zum Beispiel im Bereich „Körperpflege und Pharmazie" mehr Geld als im Bereich „Ausbildung und Medien" ausgegeben?

Aufgabe 7

Was für eine Sprache wird hier eingesetzt? Hier eine Liste verschiedener Wörter und Ausdrücke, die in diesen Bereichen (siehe Aufgabe 6) benutzt wurden. Welche Ausdrücke passen in welchen Bereich und zu welchen Produkten?

einmalig
lecker
hochprozentig
ein volles Aroma
nach Großmutters Art
schnell zubereitet
frisch

brandneu/nagelneu
leicht verständlich
für jeden das Richtige
alles über
vielseitig
neue Serien
spricht jeden an
erweitert den Horizont
der letzte Schrei

lässig und cool
bequem
schick
das fällt
pflegeleicht
Was richtiges für . . . .

Wollen Sie anders sein?
Probieren Sie . . . . .
Entdecken Sie . . . . .
Lassen Sie sich verführen
Kosten Sie . . . . .
Wer . . . . will, der kauft . . . . .

Kaufen Sie . . . . .
Erfahren auch Sie . . . . .
Versuchen Sie . . . . .
Lesen Sie . . . . .
Für alle, die . . . . .

Sehen Sie die Werbesprüche (Aufgabe 5) nochmal an. Können Sie weitere Beispiele dieser „Werbesprache" finden?

Fernsehanzeigen

Aufgabe 8

Hören Sie sich diese Fernsehanzeigen an und füllen Sie die Lücken auf einer Kopie des folgenden Texts aus.

1. „Sie ist . . . . , sie kommt von der Blendamed- . . . . . . , die neue Blendamed Formel Z ist da!" „Dies ist die erste Blendamed, die die neue Bildung von Zahnstein reduziert. Hier, sehen Sie: zuerst kratzt der Zahnarzt harten, ... Zahnstein weg, dann reduziert Blendamed Formel Z die Neubildung. So können Sie . . . . die Zahnsteinbildung vermindern. Blendamed Formel Z reduziert die Neubildung von Zahnstein."

2. Deutsche Hähnchen sind so . . . . Deutsche Hähnchen sind . . . . . und . . . . leichtes Fleisch mit Geschmack. Die guten deutschen Markenhähnchen!

3. „Wir Fitzmanns sind eine sportliche Familie: meine Frau . . . . . , meine Söhne spielen Fußball und ich, ich halte mich mehr . . . . . mit Edlen Tropfen." Edle Tropfen – Geistreicher Genuß im Nuß.

4. Viele Dinge, die wir essen, sind etwas . . . . . Gervais Obstgarten ist eine . . . . . – er ist . . . . . und schmeckt. Gervais Obstgarten.

5. Hier sehen Sie wie Sie eins, zwei, drei, eine ganze Mahlzeit auf den Tisch . . . . . können. McCain ganze Mahlzeiten. . . . . . Pommes frites sind immer dabei. Das sind Tiefkühlmenus, die nicht nur von Kindern – „Hey, das ist meine ganze Mahlzeit" – . . . . . geliebt werden! Sechsmal ganze Mahlzeit – . . . . mit McCain!

6. Baileys unnachahmlicher Geschmack von . . . . . irischer Sahne und original irischem Whiskey. Baileys. Zeit für . . . . .

7. Frische Milch aus dem Perigord . . . . . Zutaten. . . . . . Kräuter machen Le Tartare . . . . frisch im Geschmack. Le Tartare. Der frische Franzose. Natürlich!

8. Viele wollen zum Frühstück eine . . . . . Margarine und vertrauen Deli-Reform, weil sie von Rau ist.
Andere . . . . . mehr . . . . . Kalorien und vertrauen Halbarine, weil sie von Rau ist. Und manche brauchen ein bekömmliches Fritier-Fett. Sie vertrauen Cremana-Fett, weil sie von Rau ist. Rau ist . . . . . Familien-Unternehmen, wir verwenden nur beste Pflanzenfette, nicht chemisch gehärtet. Rau – Qualität, die . . . . . und die Ihnen gut . . . . .

9. Der Pritt-Stift von Henkel. Klebt jetzt noch . . . ., noch . . . . noch . . . . Der Pritt-Stift. Im Kleben kaum zu schlagen. Pritt – von Henkel.

10. WHISKAS – alle Sorten jetzt neu im . . . .
WHISKAS, der neue Geschmack.
Katzen würden WHISKAS kaufen.

11. Knoppers sind . . . . . Waffeln
Vollkorn, Milch und Haselnuß
Knoppers, das sind leichte Waffeln
Kleines Frühstück, viel . . . . .
Mit Knoppers hat man . . . .
Sein kleines Frühstück griffbereit

Knoppers: das Frühstückchen

Das sind lauter Fernsehanzeigen, aber was für Bilder werden wahrscheinlich hier eingesetzt? Was würden Sie wahrscheinlich *sehen?*

C Die Wirkung der Werbung

Die Gestaltung der Werbung

Voraussetzung einer erfolgreichen Werbung sind Verständlichkeit, leichte Wiedererkennbarkeit und die Möglichkeit der Identifikation des Konsumenten mit der Werbeaussage. Als Blickfang werden Bilder so eingesetzt, daß sie einen positiven emotionalen Eindruck erwecken. Produkte oder ihre Anwendung werden häufig in einer unrealistischen, angenehmen Umgebung gezeigt (z.B. Autos in grüner Landschaft, nicht jedoch im Straßenverkehr; Margarine vor dem Hintergrund einer Frühlingswiese). Werden Menschen bei der Arbeit gezeigt, machen sie einen entspannten Eindruck.

die Anwendung	use
die Umgebung	surroundings
die Voraussetzung	condition
die Wiese	meadow

Aufgabe 9

Definieren Sie folgende Begriffe:
a. Verständlichkeit
b. leichte Wiedererkennbarkeit
c. Identifikation des Konsumenten mit der Werbeaussage

Aufgabe 10

Wählen Sie ein Produkt aus und schreiben Sie dann Ihre eigene Reklame! – entweder für eine Zeitung oder für das Fernsehen. Vergessen Sie nicht, daß die Reklame „verständlich" und „leicht wiedererkennbar" sein muß, auch daß „der Konsument sich mit der Werbeaussage identifizieren muß".

Frauen und Männer in der Werbung

Eine Selbstverständlichkeit unseres Alltagslebens, die wir ohne viel darüber nachzudenken hinnehmen, ist die Werbung: die Werbeanzeigen in Zeitschriften, Illustrierten und auch Tageszeitungen, die Werbeplakate auf der Straße und die Werbespots in Fernsehen und Radio. Und diese Werbung vermittelt uns implizite Aussagen über Männer und Frauen, das heißt es wird uns ständig suggeriert, wie Frauen und Männer von Natur aus „sind" oder zu sein haben.

Liste von Inhalten und Aussagen der Fernsehwerbung an einem einzigen Abend (August 1977):

Frau

1 kriegt schlechtes Gewissen, weil sie nicht „das" Mittel verwendet hat

2 ist restlos selig über Weichheit der Wäsche, Bodensauberkeit, Glanz im Bad

3 ist uninformiert, fragend, unaufgeklärt, oder ein bissel dumm, – redet wie ein Buch

4 hilft bei den Hausaufgaben der Kinder, richtet das Frühstück, schenkt Kaffee ein, winkt den „Lieben" nach

5 ist verführerisch, strahlend, kokett, bewundernswert

6 läßt sich Kleider und Schmuck und überhaupt Schönes schenken

implizite Aussage

a jetzt hat sie's endlich geschafft, sie kann auf Anerkennung und höchstes Lob rechnen

b Frauen sind von Natur aus unwissend, sie brauchen jemanden, der ihnen das Richtige beibringt

c das eben ist es, wonach es Frauen begehrt

d weil sie keine richtige „Frau", d.h. Hausfrau ist

e Frauen sind, indem sie im Hause wirken und für die anderen da sind, erst richtig „Frau"

f Frauen legen alles darauf an, einem Mann zu gefallen, ihn herumzukriegen

Mann

7 macht Vorwürfe, weil die Frau nicht richtig geputzt, gewaschen, gespült hat

8 löst technische Probleme

9 überlegt und plant, erteilt souveränen Rat

10 kommt im dunklen Anzug, feiert mit Cognac seine Verdienste . . . stapft als einsamer Cowboy durch die Lande

11 Männer gestatten dies großmütig

12 schenken Schmuck etc., gewähren ersehnte Freude

implizite Aussage

g Männer nehmen in milder Nachsicht entgegen was ihnen „zusteht"

h sein eigentliches Leben findet „draußen" statt, wo's um Bewährung geht

i Männer verfügen über die Finanzen, sie sind die „huldvoll" Gebenden

j ohne ihn klappt nichts richtig, er muß sich um alles kümmern, er hat ein Recht auf gute Versorgung

k er kann halt systematisch denken

l Dominanz und Macht in Männerhänden . . . nur Männer wissen, wo's lang geht

Aufgabe 11

Verbinden Sie den Inhalt mit der „impliziten Aussage". Können Sie auch an englische Reklamen denken, worin Frauen und Männer so dargestellt werden? Beschreiben Sie die Reklamen!

Aufgabe 12

Suchen Sie drei oder vier Illustrierte aus und schauen Sie sich die Werbung genau an. Wie werden Männer und Frauen dargestellt? Benutzen Sie eine Kopie dieses Arbeitsblatts, um jede Reklame zu analysieren:

	Männer	Frauen
Die abgebildeten Personen befinden sich		
– am Arbeitsplatz		
– bei der Hausarbeit		
– in der Freizeit		
Sie haben wahrscheinlich folgende Stellung:		
– Hausfrau/-mann		
– untergeordnete Hilfskräfte		
– Angestellte		
– höhere Positionen		
Die abgebildeten Männer und Frauen		
– gehen partnerschaftlich miteinander um		
– Frauen sind von den Männern abhängig		
– Männer sind von den Frauen abhängig		

Fassen Sie dann das Ergebnis kurz zusammen. Finden Sie ein Beispiel, das für Ihr Ergebnis typisch ist, und analysieren Sie es, auch mit Hilfe der Fragen in Aufgabe 4.

Aufgabe 13 – Zur Diskussion

Brauchen wir die Werbung?
Werden wir überhaupt von der Werbung beeinflußt?
Gibt es einen Unterschied zwischen Werbespots im Fernsehen und Inserate in der Zeitung?
Sind Sie für oder gegen die Werbung im öffentlichen Fernsehen?

Aufgabe 14

Suchen Sie sich heute abend mindestens fünf Werbespots aus einer Werbesendung aus. Stellen Sie sich einen ganzen Tag vor, wo alles wie in diesen Fernsehwerbungen vor sich geht, und wo die Leute genau wie in der Werbung sind: die Sonne scheint, die Margarine ist natürlich perfekt und Muttis Hände sind so weich . . .

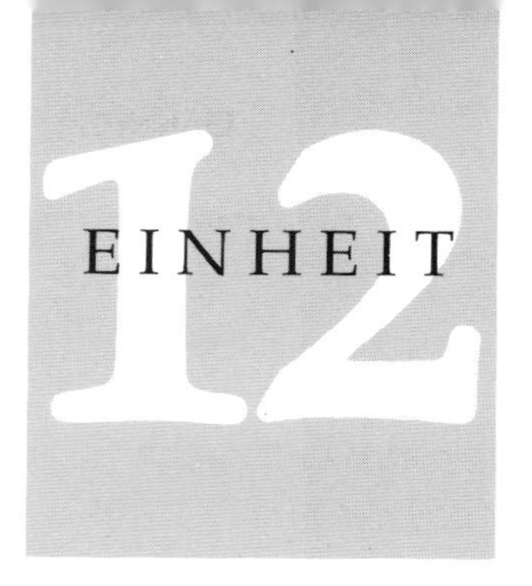

Trimm dich fit!

In einer Emnid-Umfrage für BUNTE nach den in der Bundesrepublik am häufigsten betriebenen Sportarten wurde folgende Zehn-Besten-Liste ermittelt:

1. Schwimmen	36,61%
2. Radfahren	19,02%
3. Dauerlauf	15,42%
4. Fußball	12,59%
5. Tennis	10,50%
6. Wandern	10,44%
7. Gymnastik	10,41%
8. Kegeln	7,91%
9. Skilaufen	6,50%
10. Tischtennis	4,72%

Genannt wurden 26 Möglichkeiten sportlicher Freizeitgestaltung. Am Ende dieser Umfrage standen das Schlittschuh- und Rollschuhlaufen mit 1,29 Prozent, der Ski-Langlauf mit 1,20 Prozent und das Bodybuilding mit 1,01 Prozent.

A Fitneß-Zufriedenheit

Wie zufrieden sind Sie zur Zeit mit Ihrer körperlichen Fitneß?
Trauen Sie sich zu, mit dem Fahrrad 10 km in einer halben Stunde zu schaffen?
Trauen Sie sich zu, 3 km in 20 Minuten zu joggen, ohne völlig erschöpft zu sein?
Haben Sie sich vorgenommen, etwas mehr für Ihre körperliche Fitneß zu tun?
Was machen Sie?
Wie oft sind Sie sportlich aktiv?

- täglich
- mehrmals pro Woche
- etwa einmal pro Woche
- mehrmals im Monat
- mehrmals im Jahr
- seltener
- weiß nicht

Hipp, Hipp, Hurra – die Deutschen sind gut drauf. 1986 präsentieren sich die Deutschen als ein emsiges Volk von Trimmern, Schwimmern, Joggern, Radlern. 67 Prozent der Bundesbürger treiben Sport oder halten sich körperlich fit, nur jeder dritte ist ein Sportmuffel. Aber wie ist es bei Ihnen? Sind Sie auch so fit wie die Deutschen?

Welcher Sport-Typ sind Sie?

Sport-Typ 1: Der Herausforderer

Er liebt das Risiko und hat sich den erlebnisreichsten sportlichen Gegner überhaupt ausgesucht: die Natur. Im Extremfall schrecken ihn Windstärken und schwindelerregende Höhen und Tiefen nicht. Er sucht die Herausforderung.

Sport-Typ 2: Der Gesunde

Er hat mit Unfallgefahren kaum zu rechnen. Ganz im Gegenteil, er will bewußt etwas für seine Gesundheit tun. Die Ruhe und die gleichmäßige körperliche Aktivität sind seine Herausforderung. Kondition und Fitness sind bei ihm großgeschrieben.

Sport-Typ 3: Der Gesellige

Er kann am einsamen Wald nun wieder überhaupt nichts finden. Er sucht Geselligkeit. Sport bedeutet für ihn immer auch gemeinsam aktiv zu sein mit Freunden, der Familie, Kollegen oder Nachbarn.

Sport-Typ 4: Der Figurbetonte

Er erhofft sich etwas ganz Persönliches vom Sport. Er findet sich ein wenig aus der Form geraten und möchte entweder sein Gewicht reduzieren oder vielleicht nur gewisse Fettpolster durch Muskeln ersetzen.

Sport-Typ 5: Der Wettkämpfer

Seine Devise lautet: Ich will mich mit anderen messen, ich brauche eine Herausforderung, einen Gegner im Sport.

Sport-Typ 6: Der Ruhige

Er sucht in der Freizeit die Entspannung und Ruhe. Wer beispielsweise eine halbe Stunde laufend den Wald durchstreift, fühlt sich mit Sicherheit anschließend ruhiger und ausgeglichener. Schon nach kurzer Zeit spürt man, wie der Kopf frei wird und Spannungen sich lösen.

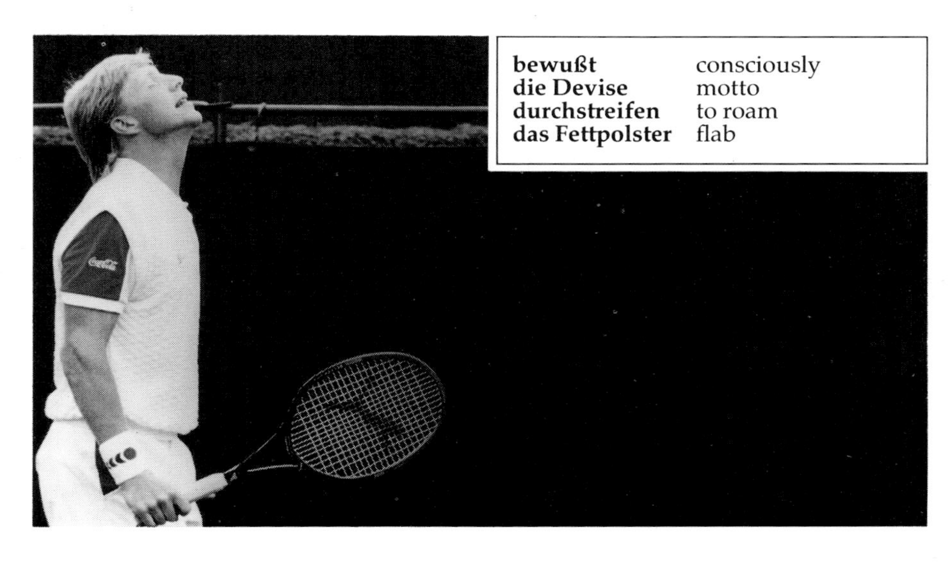

bewußt	consciously
die Devise	motto
durchstreifen	to roam
das Fettpolster	flab

Aufgabe 1

Schauen Sie sich diese Sportarten an! Mit welchem Sporttyp passen sie zusammen?

Aerobikgymnastik
Basketball
Bergsteigen
Bodybuilding
Drachenfliegen
Fallschirmspringen
Fechten
Fußball
Golf
Yoga
Jogging
Kegeln
Leichtathletik
Radfahren
Reiten
Schwimmen
Segeln
Skigymnastik
Skilanglauf
Skilaufen
Squash
Surfen
Tanzen
Tauchen
Tennis
Tischtennis
Triathlon
Turnen
Volleyball
Wandern
Wildwasserfahren

Aufgabe 2

Einige der beliebtesten Sportarten sind in Aufgabe 1 kursivgedruckt worden. Was sind die Vor- und Nachteile dieser Sportarten?
– baut Muskeln auf
– zu anstrengend
– Herausforderung
– Abenteuer
– Gefahr
– teuer
– Geselligkeit
– kein/großes Verletzungsrisiko
– leicht erlernbare Technik
– Entspannung
– erholsam
– erfordert hohe Konzentration, eine gründliche Ausbildung
– auch für ältere Leute geeignet
– fördert die Ausdauer
– andere Vorteile
Welche sind wahrscheinlich die beliebtesten? Schreiben Sie sie in der richtigen Reihenfolge (einmal für Männer, einmal für Frauen) auf! Begründen Sie Ihre Wahl!

Aufgabe 3

Welche Sportarten und anderen täglichen Tätigkeiten (z.B. Fernsehen, Staubsaugen, Wäsche aufhängen) sind für Ihre Fitneß am besten? Bei welchen verbraucht man, Ihrer Meinung nach, wahrscheinlich die meisten Kalorien?

Aufgabe 4

Wählen Sie einen Sport aus und halten Sie ein Referat vor der Klasse. Was sind die Vor– und Nachteile dieser Sportart, braucht man eine teure Ausrüstung oder eine lange Ausbildung, wie kann man sie betreiben usw?

30 tips – so bleiben Sie länger gesund

1. Halten Sie Ihr Normalgewicht – auch wenn's schwerfällt.
2. Vermeiden Sie zuviel Zucker und andere schnell umsetzbare Kohlehydrate.
3. Essen Sie so wenig Fett wie möglich.
4. Drosseln Sie Ihren Fleischverbrauch.
5. Essen Sie abwechslungsreich, viel Gemüse und Getreideprodukte.
6. Meiden Sie Speisen mit kunstlichen Geschmacksstoffen und chemischen Zusätzen.
7. Essen Sie pflanzenfaserreiche Kost wie Obst, Gemüse und grobes Brot.
8. Essen Sie so wenig Salz wie möglich, am besten nicht mehr als 4 bis 5 Gramm täglich.
9. In Ihrer Nahrung sollten viele Vitamine, Mineralien sein.
10. Wenig Alkohol trinken.
11. Hören Sie auf zu rauchen. Wenn Sie Nichtraucher sind: gar nicht erst damit anfangen.
12. Gönnen Sie sich viel Bewegung in frischer Luft.
13. Nehmen Sie nicht unnötig Medikamente.
14. Lernen Sie, richtig und regelmäßig auszuspannen.
15. Recken und strecken Sie sich mehrfach täglich.
16. Atmen Sie häufiger am Tag ganz tief ein, und lassen Sie das Zwerchfell mitarbeiten. Wenn Sie dabei seufzen müssen, schadet das gar nichts.
17. Hören Sie auf, sich unnötig zu ärgern. Was geschehen ist, kann niemand mehr aus der Welt schaffen.
18. Zwingen Sie sich, das Grübeln aufzugeben.
19. Denken Sie positiv.
20. Leben Sie so abwechslungsreich wie möglich.
21. Lachen Sie oft.
22. Werden Sie nie wütend.
23. Seien Sie nicht verbissen.
24. Setzen Sie sich nicht jeden Abend vor den Fernseher.
25. Lassen Sie beim Arzt Ihren Blutdruck kontrollieren.
26. Schlafen Sie immer genug.
27. Achten Sie auf Ihr Sexualleben, sonst gerät ihr ganzes Dasein in Unordnung.
28. Hüten Sie sich vor Schmutz jeglicher Art.
29. Gehen Sie regelmäßig zum Arzt.
30. Machen Sie das Beste aus Ihrem Dasein. Bitte gleich ab heute. Denn heute ist nun mal der erste Tag vom Rest Ihres Lebens.

drosseln	to reduce
grübeln	to brood, sulk
künstlich	artificial
umsetzbar	convertible
verbissen	grim, bitter
der Zusatz	additive
das Zwerchfell	diaphragm

Aufgabe 5

Setzen Sie das richtige Verb ein.

a. So wenig Salz wie möglich . . . . .
b. Zu rauchen . . . . .
c. Speisen mit künstlichen Geschmacksstoffen . . . . .
d. Häufiger tief . . . . .
e. Sich den Blutdruck . . . .
f. Zuviel Zucker . . . . .
g. Den Fleischverbrauch . . . . .
h. Sich viel Bewegung . . . . .
i. Positiv . . . . .
j. Medikamente . . . . .

Aufgabe 6

Welche fünf Tips würden Sie für sich selbst auswählen?

Die Puzzle-Diät

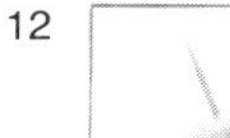

12

1 1 Joghurt ohne Früchte
1 große Banane
5 Pommes-frites
3 Täfelchen After Eight

3 4 Scheiben Knäckebrot dünn mit Halbfettmargarine + 2 kleine Scheiben Lachsschinken + 1 TL Marmelade + 1 TL Honig

500
MITTAG- ODER ABENDESSEN

13 1 gekochtes Ei + 1 Scheibe Knäckebrot + 1 Scheibe Vollkornbrot, beide dünn mit Margarine + 1 TL Marmelade + 1 großes (0,2 l) Glas Orangensaft

400
MITTAG- ODER ABENDESSEN

14 **7 Hirtentopf**

100 g Rindfleisch-Stückchen (mageres Gulasch) in 1 EL Öl anbraten. 1 kleingeschnittene Zwiebel, 1 in Streifen geschnittene Paprikaschote, 2 Tomaten, 50 g frische Champignons zugeben und kurz mitdünsten. Mit Jodsalz, Pfeffer, Paprikapulver würzen und 45 Minuten bei schwacher Hitze schmoren. Evtl. etwas Wasser nachgießen. 10 Minuten vor Ende der Garzeit 1 Scheibe Schmelzkäse Holländer in Streifen schneiden und schmelzen lassen. Beilage: 3 EL gekochte Nudeln. Bei diesem Gericht lohnt es sich, die doppelte Menge zuzubereiten und eine Hälfte für die nächste Diätwoche einzufrieren!

5 2 Riegel Schokolade
20 Kartoffel-Chips

2 100 g Tatar mit Salz und Pfeffer würzen, in 1 TL Du darfst-Margarine braten, mit Ringen ½ Zwiebel + 1 EL Ketchup anrichten

FRÜHSTÜCKS-TIPS

100
ZWISCHENMAHLZEITEN

6 **Überbackener Blumenkohl**

½ Blumenkohl in Salzwasser 20 Minuten kochen, herausnehmen, abtropfen lassen. Mit 2 Scheiben gekochtem Schinken belegen. 1 Ecke Schmelzkäse mit 2 EL saurer Sahne, 2-3 EL Blumenkohlwasser verrühren. Mit dem Schneebesen in 1 TL zerlassener Margarine verquirlen. Über den Schinken-Blumenkohl gießen und unter dem Grill noch 3–5 Minuten überbacken

10 **Käse-Spieße**

60 g Edamer-Käse (30%) in Würfel schneiden. 1 Kiwi (oder 1 Birne) und 1 Clementine schälen und in Stücke schneiden. 1 roten Apfel ungeschält in Schnitze schneiden, zusammen mit etwa 10 blauen Weintrauben und den anderen Zutaten auf Holzspieße stecken. In einem Glas mit Salatblatt hübsch anrichten. Dazu: 1 Scheibe gerösteter Toast dünn mit Butter oder Margarine.

4 **Rindfleisch-Eintopf**

100 g Rindfleischwürfel in 1 EL Margarine anbraten. 1 Zwiebel, 1 Möhre (Karotte) ½ Stange Lauch, ¼ Sellerie-Knolle in kleine Würfel schneiden. Zum Fleisch geben, kurz mitbraten, mit 2 Tassen Bratensoße (Fertigprodukt) zugeben. 1 kleine Dose Pfifferlinge mit Flüssigkeit zugeben, ½ Stunde auf kleiner Flamme köcheln lassen.

7

11 **Strammer Max**

1 Scheibe Bauernbrot mit 2 Scheiben gewürfeltem, rohem Schinken belegen. 1 Spiegelei in 1 TL Butter oder Margarine braten, darübergeben. 1 kleine Gewürzgurke in Scheiben schneiden, den strammen Max damit garnieren.

9 **Käse-Schinken-Toast**

2 Scheiben Toastbrot leicht toasten, dünn mit Halbfettmargarine bestreichen, mit je ½ Scheibe gekochtem Schinken belegen. 1 TL Marmelade mit ½ TL Senf verrühren und mit je 1 Birnenhälfte aus der Dose (oder frisch) und je 1 Scheibe Holländer Schmelzkäse bedecken. Unter dem Grill etwa 3 Minuten, im Backofen etwa 6 Minuten überbacken.

8 Müsli aus 3 EL kernige Haferflocken, ⅛ l Milch + 1 EL Rosinen + 1 grob geriebener Apfel + 1 Spritzer Zitronensaft

ZWISCHENMAHLZEITEN

B Diät – ich will bleiben wie ich bin

Aufgabe 7

Die Rezepte auf Seite 130 enthalten je entweder 100, 200, 300, 400 oder 500 Kalorien. Schreiben Sie diese Tabelle ab und raten Sie, welche Gerichte in welchen Spalten gehören.

Kalorien	100	200	300	400	500

Aufgabe 8

Sie arbeiten für eine Zeitschrift und beantworten in Ihrem Beruf Briefe von Lesern. Was würden Sie diesen Lesern von der Liste empfehlen? Vergessen Sie nicht, daß der normale Kalorienverbrauch bei Menschen 1600 Kalorien am Tag beträgt. Sportler dürfen 2000 Kalorien einnehmen, wer aber abnehmen will sollte vielleicht nicht mehr als 1200 einnehmen.

1. „Ich arbeite als Sekretärin und treibe nur selten Sport. Mein Arzt hat mir gesagt, ich sollte ein bißchen abnehmen, und so wenig Fett wie möglich essen und meinen Fleischverbrauch auch drosseln. Ich bin es eigentlich gar nicht gewöhnt, ohne Fleisch zu leben. Und nicht mehr als 1600 Kalorien, hat er gesagt. Was sollte ich tun?"
2. „Ich esse unheimlich gern bei McDonald's, bin aber etwas zu korpulent. Ich treibe nie Sport. Was für eine Tagesdiät brauche ich?"
3. „Mein Arzt hat mir empfohlen, mehr Vitamine und Mineralien zu essen. Abnehmen muß ich aber nicht unbedingt."
4. „Mein Arzt sagt mir, ich sollte mein Normalgewicht halten – nicht mehr als 1500 Kalorien. Ich habe keine Ahnung, was ich machen sollte. Helfen Sie mir bitte."

Ernährung

In den westlichen Industrieländern gehört die übermäßige oder falsche Ernährung zu den Hauptursachen für das zunehmende Auftreten bestimmter Krankheiten wie Bluthochdruck, Kreislaufbeschwerden, Zuckerkrankheit oder Gicht. Neue Trends in der Ernährung sprechen für das Bemühen vieler Verbraucher, sich gesünder zu ernähren.
Gemessen an der erforderlichen Energiezufuhr durch Nahrungsmittel von durchschnittlich 2 400 kcal pro Tag nahmen die Bundesbürger 1981 mit knapp 3 000 kcal pro Tag zu viel Nahrung zu sich. Die Zusammensetzung der Nahrung ist darüber hinaus mit zuviel Fett und zu wenig Kohlenhydraten unausgewogen. Ein Vergleich der Ernährungsgewohnheiten in der BRD 1953 und 1983 verdeutlicht den Wandel (Graphik). Eier und Fleisch werden mehr als doppelt so oft verzehrt wie vor 30 Jahren, der Verbrauch von Brot und Kartoffeln ging dagegen stark zurück.
Zu den am weitesten verbreiteten Folgen übermäßiger bzw. unausgewogener Ernährung zählen:
– Übergewicht (daran leiden ca. 60% aller Bundesbürger
– Verstopfung (ca. 30%)
– Bluthochdruck (ca. 10–20%)
– Erhöhter Blutfett-(Cholesterin-)Spiegel (ca. 30%)
– Karies (95%)
– Diabetes mellitus (Zuckerkrankheit, ca. 6%)
– Rheuma (ca. 15–20%)

sich bemühen	to attempt
erforderlich	necessary
die Gicht	gout
Rheuma	rheumatism
übermäßig	excessive
unausgewogen	unbalanced
der Verzehr	consumption
die Zufuhr	supply

Aufgabe 9 – Zur Diskussion

Vergleichen Sie die Verbrauchsdaten für die Jahre 1953 und 1983. Warum sind diese Änderungen so groß? Glauben Sie, daß in Großbritannien jetzt gesünder gegessen wird als früher oder nicht?

Aufgabe 10

Arbeiten Sie mit einem Partner zusammen – einer spielt die Rolle eines englischen Geschäftsmannes, der einen deutschen Kunden in ein englisches Restaurant zum Essen einlädt. Natürlich ist die Speisekarte auf Englisch, und er muß sie seinem Kunden erklären und etwas zu essen empfehlen. Der andere spielt die Rolle des deutschen Kunden – er bekommt seine Rolle vom Lehrer. Die Speisekarte bekommen Sie auch. Am Ende des Spieles müssen Sie eine Wahl getroffen haben.

C Rauchen verboten

Warum rauchen deutsche Teenager so viel?

sich etwas abgewöhnen	to give up something
eine Zigarette drehen	to roll a cigarette
aus Geck	because it looks good
schlicht und einfach	quite simply
das Vorbild	a role model, example

Aufgabe 11

Hören Sie sich das Tonband an! Sie finden unten verschiedene Gründe, warum geraucht bzw. nicht geraucht wird. Welche werden von den Teenagern auf dem Tonband erwähnt?

Ich rauche . . .

1. . . . . , weil meine Freunde es machen.
2. . . . . , wegen der Werbung im Fernsehen und in den Zeitungen.
3. . . . . , weil es mir schmeckt.
4. . . . . , weil es einen lässigen Eindruck macht.
5. . . . . , weil es mir Spaß macht.
6. . . . . , weil ein Vorbild von mir geraucht hat.
7. . . . . , weil ich sonst so nervös bin.
8. . . . . , weil meine Freundin raucht.

Ich rauche nicht . . .

a. . . . . , weil es stinkt.
b. . . . . , weil meine Kleider stinken würden.
c. . . . . , weil es so viel kostet.
d. . . . . , weil meine Eltern es verbieten.
e. . . . . , weil es asozial ist.
f. . . . . , weil ich viel Sport treibe und das Rauchen ungesund ist.
g. . . . . wegen der Krebsgefahr.
h. . . . . , weil es den Geschmackssinn verdirbt.

Aufgabe 12

Sind Sie Raucher? Wenn ja, wann und warum haben Sie begonnen, zu rauchen? Falls nicht, warum rauchen Sie nicht?

Streit ums Rauchen

Sie sind eine Minderheit. Sie stinken. Verpesten die Umwelt. Verstümmeln sich selbst, um später der Mehrheit auf der Tasche zu liegen. Verdienen solche Frevler – fragen ihre Gegner gar – überhaupt ein christliches Begräbnis? Rauchen ist out, ist altmodisch. Es wurde vor kurzem ein „Weltnichtrauchertag" gefeiert und im Fernsehen heftig über „Freier Rauch für freie Bürger?" diskutiert. Nichtraucher haben aber mobil gemacht und das altdeutsche Hobby des Denunzierens vereint die militanten Non-Smokies von Nord bis Süd. Flugblätter und Vereinsbroschüren rufen dazu auf, Raucher bei jeder passenden Gelegenheit zu verpetzen – zum Beispiel rauchende Lehrer, Schalterbeamte oder Kollegen.

Die notorische Selbstgerechtigkeit der Nichtraucher speist sich seit einigen Jahren auch aus ökologischen Quellen. „Nichtraucher sind Umweltschützer, Raucher dagegen Umweltverschmutzer", befindet der Freiburger „Aktionskreis Nichtrauchen" kategorisch. Und setzt noch einen drauf: „Unbestritten ist für Jugendliche die Zigarette Einstiegsdroge zu Hasch, Heroin und anderen Rauschgiften."
Heute aber beklagen sich viele Nichtraucher nicht bloß über Geruchsbelästigungen und müffelnde Klamotten, sondern auch über das „Passivrauchen". Alle Experten sind einig, daß Rauchen generell gesundheitsschädlich und für zahlreiche Krebs- und Kreislauferkrankungen verantwortlich ist. Beim „Passivrauchen" scheiden sich aber die Geister. Während etwa der Mannheimer Krebsexperte Prof. Dr. Ferdinand Schmidt – wegen seines unermüdlichen Einsatzes für eine qualmfreie Welt auch „Anti-Raucher-Papst" genannt – unfreiwilliges Mitrauchen zur Krankheitsursache erklärte, hielten andere Forscher dies für keineswegs ausgemacht.

Es gibt aber eine andere Seite. Denn die Einnahmen aus der Tabaksteuer betragen 14,5 Milliarden Mark, auch hängen Hunderttausende von Arbeitsplätzen direkt oder indirekt von der Raucherei ab. Erfrischend offen brachte es der irische Wirtschaftswissenschaftler James S. McCormick im April 1985 auf den Punkt: „Rauchen mag zwar gesundheitsschädlich sein, aber wirtschaftlich ist es zu begrußen. Es ist gut für die Wirtschaft, weil es einerseits Arbeitsplätze schafft und andererseits zu frühzeitigem Tod führen kann."

die Belästigung	annoyance
der Einsatz	action, commitment
die Einstiegsdroge	a drug which leads to further drug abuse
das Flugblatt	leaflet
der Forscher	researcher
die Klamotten	clothes
sich scheiden	to differ
unbestritten	unarguably
sich verstümmeln	to mutilate oneself

Aufgabe 13

Machen Sie eine Liste von den erwähnten Nachteilen des Rauchens! Welche Vorteile könnte es auch haben?

Aufgabe 14

Welche „raucherfeindlichen Bestrebungen" begrüßen Sie?
- Rauchverbot am Arbeitsplatz
- Rauchverbot in öffentlichen Verkehrsmitteln
- Rauchverbot in Kinos, Theatern usw.
- Rauchverbot in Gaststätten
- Rauchverbot in der Schule (für Schüler und für Lehrer)
- die jährliche Steigerung der Tabaksteuer
- andere

Warum?

Aufgabe 15 – Zur Diskussion

Glauben Sie, daß die Nichtraucher jetzt zu weit gekommen sind?
Glauben Sie, daß es einen „Psychoterror gegen Raucher" für ältere Schüler gibt? Gibt es so was auch bei Ihnen? Glauben Sie, daß die (in deutschen Schulen übliche) „Raucherecke" eine gute Idee ist?
Sind Sie auch der Meinung, daß Rauchen auch zu Rauschgiftkonsum führt?
Kosten Zigaretten zu viel oder zu wenig?
Sind Ihre Antworten auf die Fragen in Aufgabe 11 anders als die Antworten Ihrer (nicht) rauchenden Kommilitonen?

Aufgabe 16

Arbeiten Sie mit einem Parner zusammen. Sie sitzen beide in einem Restaurant an gegenüberstehenden Tischen. Einer von Ihnen ist Nichtraucher und der andere ist Raucher, der plötzlich Lust auf eine Zigarette bekommt.
Er zündet sie an, aber der Nichtraucher ist empört. Was sagen Sie zueinander? Wie endet der Streit?
Oder: Arbeiten Sie zu viert – an jedem Tisch sitzen zwei Leute.
Oder: Arbeiten Sie zu dritt. Der dritte spielt die Rolle des Kellners, der diesen Streit irgendwie zu einem friedlichen Ende bringen will. (Das Restaurant hat übrigens keine Vorschriften, die das Rauchen verbieten.)

Aufgabe 17 – Schriftliches

Sollte man das Rauchen in der Öffentlichkeit verbieten?
„Die wirtschaftlichen Vorteile des Rauchens bringen es mit sich, daß man das Rauchen nie abschaffen wird." Was meinen Sie dazu?
„Meine Gesundheit ist meine Sache!" Was meinen Sie dazu?
Oder: Schreiben Sie einen Brief an den Herausgeber des „Stern"-Magazins – entweder als Raucher, der gegen den Artikel „Streit ums Rauchen" Stellung nimmt, oder als Nichtraucher, der mit den im Artikel ausgedrückten Meinungen einverstanden ist.

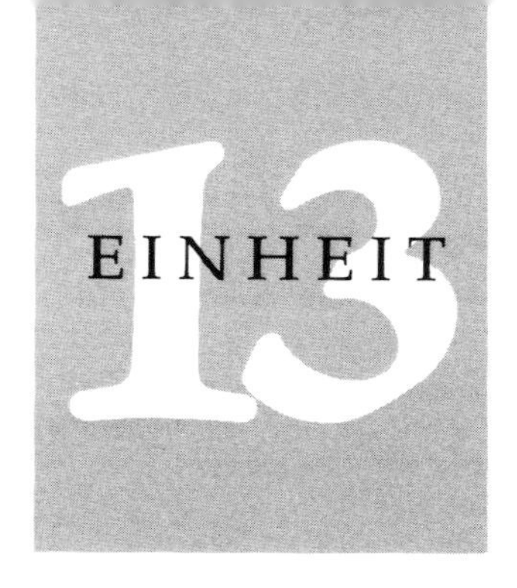

Die Umwelt: Schutz oder Schmutz

A Die Probleme

Rettet die Luft

Es liegt was in der Luft! Energie ist das Lebenselixier unserer Zivilisation. Ohne Strom, Wärme, Benzin oder Öl geht nichts mehr, weder bei uns noch bei unseren Nachbarn. Aber die Umwandlung und Nutzung von Energie bringt nicht nur Nutzen, sondern auch Probleme: Unsere Luft ist voll von Schadstoffen. Abgase aus Industriegebieten und Kraftwerken, aus den Auspuffröhren unserer Autos und den Kaminen unserer Heizungsanlagen verbreiten sich über das ganze Land.

Dazu gehört zum Beispiel das Schwefeldioxid: Es entsteht in großen Mengen bei der Kohle- und Heizölverbrennung. Im Jahr werden allein bis zu 2, 6 Millionen Tonnen in der Bundesrepublik Deutschland in die Atmosphäre geblasen.
Und die Stickoxide: Ebenfalls ein bekannter Schadstoff. Im Jahr sind es 3,0 Millionen Tonnen, die aus den Schornsteinen unserer Kraftwerke, unserer Industrie und unserer Haushalte quillen.

nutzen	to use
quellen	to stream, pour
das Schwefeldioxid	sulphur dioxide
das Stickoxid	nitrogen oxide
die Umwandlung	transformation

Wörter zum Definieren:
das Abgas
der Auspuff
das Benzin
das Kraftwerk
der Schadstoff
der Strom

Ohne Wasser läuft nichts

Wasser ist unser wichtigstes „Überlebens-Mittel". Ohne Nahrung können wir längere Zeit existieren – ohne Wasser nur ein paar Tage. Etwa drei Liter Wasser konsumieren wir täglich – als Nahrung oder beim Atmen. Fünfzig- bis sechzigtausend Liter sind das im Laufe unseres Lebens . . .
Die Bundesrepublik Deutschland ist ein wasserreiches Land. Fünf große Flüsse strömen durch unser Land. Hunderte von künstlichen und natürlichen Seen lassen den Gedanken an Wassermangel erst gar nicht aufkommen.
Allerdings käme niemand von uns auf die Idee, das Wasser aus dem Rhein oder der Elbe unmittelbar zu trinken. Da greifen wir schon lieber auf unsere Grundwasservorräte zurück. Denn Grundwasser gilt allgemein als klar, appetitlich und frei von Schadstoffen. Diese Annahme ist aber nur noch teilweise richtig. Aktuelle Beispiele für die Gefährdung unserer Wasserversorgung sind zum Beispiel die Rheinverschmutzung durch Unfälle oder hohe Nitratgehalte in Gebieten mit intensiver Landwirtschaft.

die Annahme	assumption
die Grundwasservorräte	reserves of underground water
künstlich	artificial
der Mangel	lack
die Nahrung	food
der Nitratgehalt	nitrate content
die Wasserversorgung	water supply

Wörter zum Definieren:
frei von
die Verschmutzung

Müll kommt uns teuer zu stehen

Wir kaufen, was gefällt. Manchmal auch was nicht gefällt. Wir kaufen ESSEN. Wir kaufen TRINKEN. Wir kaufen FREIZEIT. Wir kaufen HOBBY. Wir kaufen GESUNDHEIT. Wir kaufen BEWEGUNG. Wir kaufen NATUR. Wir kaufen PFLEGE. Wir kaufen MODE. Wir kaufen und verbrauchen, und was übrigbleibt wird weggeschmissen. Ohne auch nur einen Gedanken darauf zu verwenden, wieviel Geld wir dabei verschwenden.
Und wie stark wir durch diese Gedankenlosigkeit unsere Unwelt belasten.
Tag für Tag, Woche für Woche, Monat für Monat, Jahr für Jahr, treten die Reste der „unverzichtbaren" Dinge des Lebens ihre EINWEGBAHNSTRASSE auf den bedrohlich wachsenden Müllberg an.
– Aus gebrauchten Kunststoffbehältern wird bergeweise Kunststoffmüll.
– Aus leeren Einwegflaschen und -gläsern wird bergeweise Altglas.
– Aus weggeworfenen Kartonagen und Papier wird bergeweise Alt-Papier.
– Aus leeren Dosen und kaputten Geräten wird bergeweise Schrott.
– Aus alten Einrichtungsgegenständen wird bergeweise Sperrmüll.
– Aus übriggebliebenen Nahrungsmitteln wird bergeweise Essensabfall.
– Aus ausgedienten Autos wird bergeweise Autoschrott.
– Aus abgefahrenen Autoreifen wird bergeweise Altreifenmüll.

der Kunststoff	plastic
der Müll	rubbish
unverzichtbar	indispensable

Wörter zum Definieren:
das Alt-Papier
bergeweise
die Einwegflasche
der Schrott
übriggeblieben

Boden: Probleme im Griff

Das Belastungsprofil beim Boden ist besonders vielschichtig. Boden wird vom Menschen genutzt als:
– landwirtschaftliche Nutzfläche. Über die Hälfte der Fläche in der Bundesrepublik dient der Landwirtschaft.
– Standort für Siedlung, Produktion, Handel und Verkehr. 3,1 Millionen Hektar, das sind 12,6 Prozent der Gesamtfläche, sind Siedlungsfläche.
– Raum für Erholung. Etwa 30 Prozent der Gesamtfläche sind von Wald bedeckt.
Durch diese Nutzungsansprüche wird der Boden stark belastet. Zu den Belastungen gehören:
– Der Eintrag problematischer Schadstoffe aus Wirtschaft, Landwirtschaft, Haushalten und Verkehr:
– Veränderungen des Stoff- und Naturkreisehaushalts durch Unterbrechung bestehender Kreisläufe, Bodenverdichtung, Entwässerung, Rohstoffabbau.
– Landverbrauch für Siedlungs- und Verkehrszwecke.
Die Umweltbelastungen des Bodens ist auch in mancher Hinsicht ein Spiegelbild von Luftverunreinigungen. Denn der Boden ist letztlich die Endstation der Schadstoffe in der Luft.

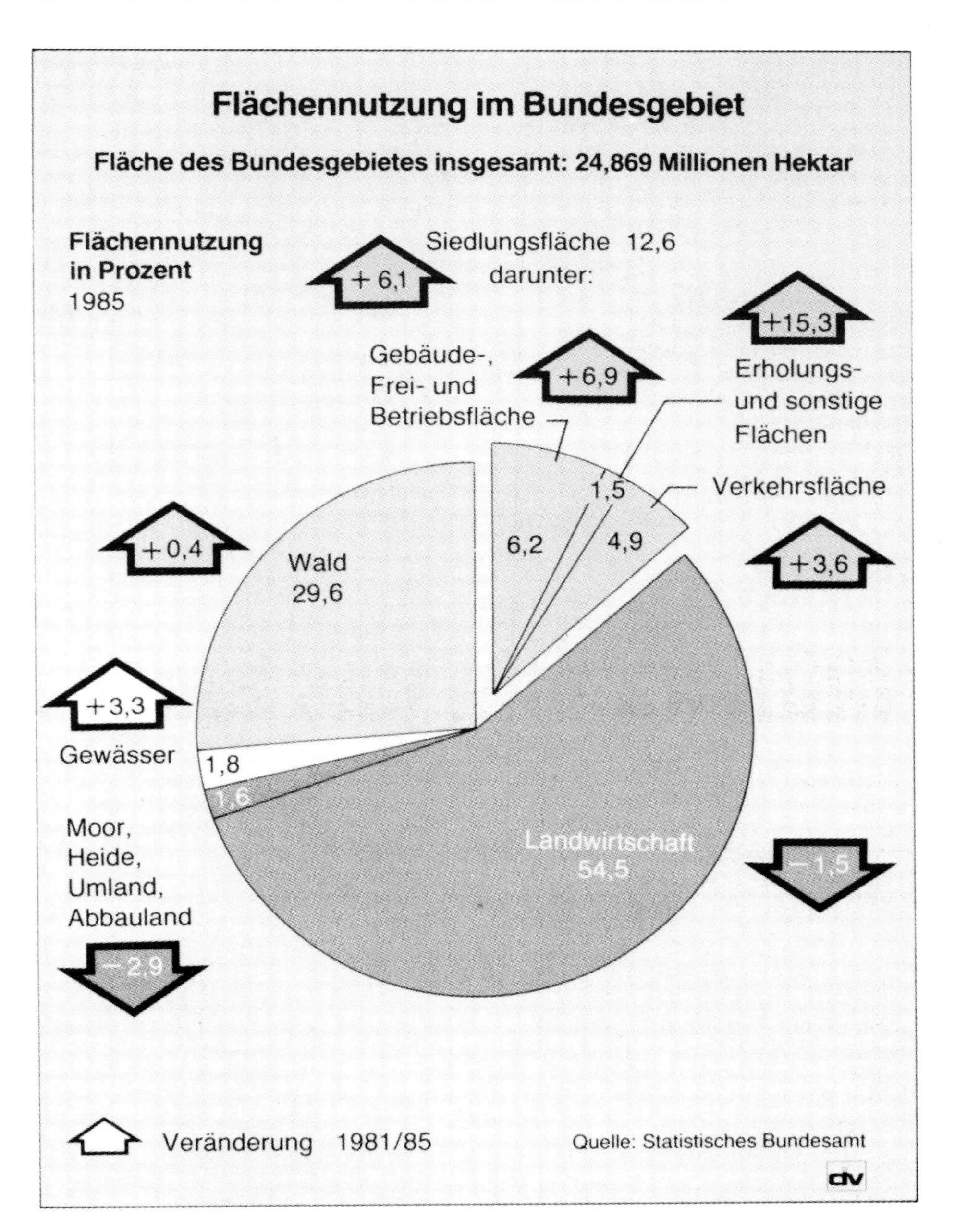

der Anspruch	claim
die Belastung	load
die Fläche	surface
die Siedlung	settlement
vielschichtig	many-layered
der Zweck	purpose

Aufgabe 1

Für den ersten Text ist hier ein Flußdiagramm angegeben. Finden Sie weitere Stichwörter aus dem Text und setzen Sie sie in die Felder ein.

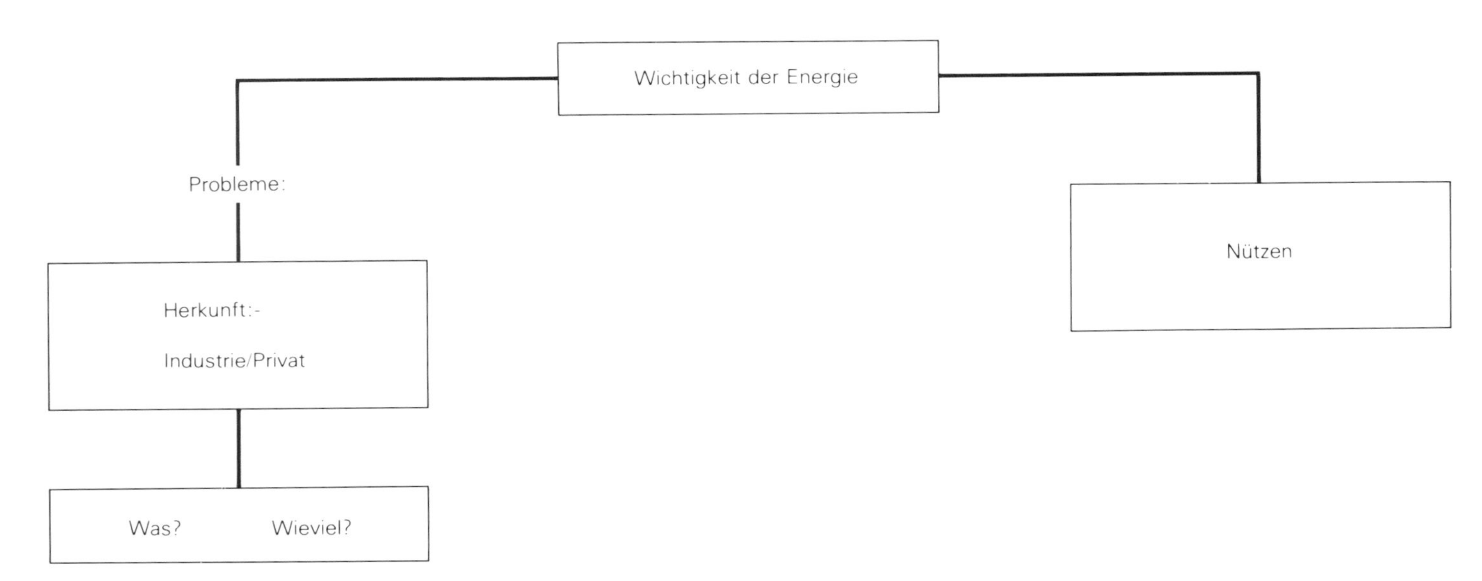

Schreiben Sie jetzt Ihr eigenes Flußdiagramm für die anderen drei Texte.

Aufgabe 2

In den ersten drei Texten werden für Sie einige wichtige Wörter angegeben. Definieren Sie sie. Definieren Sie auch die Schlüsselwörter, die Sie für Aufgabe 1 gefunden haben.

Aufgabe 3

Machen Sie für jeden Text eine Liste von Ursachen und Folgen der Umweltverschmutzung. Schreiben Sie einen kurzen Zeitungsbericht darüber, mit dem Ziel, Ihren Lesern zu zeigen, wie die Probleme der Umwelt zusammenhängen.

Aufgabe 4

Was sind Ihrer Meinung nach die dringendsten Umweltprobleme unserer Zeit? Warum?

Aufgabe 5

Wählen Sie ein Umweltthema aus, das Sie interessiert, und schreiben Sie dann einen Brief an eine der Umweltorganisationen, deren Adressen Sie von Ihrem Lehrer bekommen. Sie müssen:
– um Materialien bitten;
– erklären, wer Sie sind und wofür Sie sich interessieren.
Nützliche Ausdrücke:
Sehr geehrte Herren und Damen,
Ich wäre dankbar, wenn . . .
Mit freundlichen Grüßen
Sie werden diese Materialen später brauchen, um Ihre eigene Aktion zu organisieren.

sich befassen mit	to look into
bitten um	to request
zusenden	to send

Bravo-Diskussion: Atomkraftwerke abschalten?

Tschernobyl müßte wohl dem Letzten die Augen geöffnet haben, daß diese Technik nie hundertprozent sicher ist.

Auch an deutschen Atomkraftwerken sind schon genug Störfälle gemeldet worden (und das sind sicher nicht alle gewesen). Ich kann dieses Risiko nicht verstehen. Also müßten wir die größere Umweltbelastung durch Kohlekraftwerke – vorerst – in Kauf nehmen.

Wasserkraftwerke verschmutzen die Umwelt nicht. In sonnigen Gegenden könnte Solar-Energie gewonnen werden. Die Menschen sollten allerdings aber auch ihren enormen Stromverbrauch auf das Nötigste einschränken.

Birgit Streich, 15

Ich bin der Meinung, daß viele Atomkraftwerke geschlossen werden sollten. Eine sofortige Schließung aller Atomkraftwerke ist zwar unmöglich, aber irgendwann muß mal der Anfang gemacht werden. Man sollte auch verhindern, daß neue gebaut werden.

Atomkraftwerke sind zwar sauberer als Kohlekraftwerke, jedoch viel gefährlicher. Meiner Meinung nach sollte man sich mehr auf die Sonnenenergie konzentrieren, die noch unerforscht ist. Dafür sollte uns keine Mark zu teuer sein.

Birthe Fink, 17

Atomkraftwerke sollen weiterhin geplant, entwickelt und gebaut werden!

Kohlekraftwerke können nur 30% der investierten Energie (Kohle) verwenden. Die restlichen 70% verschwinden ungenutzt. Die Belastung der Umwelt mit Schwefeldioxid u.ä. ist schon seit einigen Jahren viel zu hoch, da die Entwicklung von Kohlekraftwerken seit 20 Jahren fast Null war. Atomkraftwerke sind hingegen vollkommen „sauber". Also muß der Bau von Kohlekraftwerken eingestellt und die vorhandenen verbessert werden. Deutsche Atomkraftwerke gelten heute schon als die sichersten der Welt. Obwohl: Atomkraftwerke sind nur so gut wie ihre Erbauer, und die sind niemals perfekt.

Aber! Ein Risiko existiert bei jeder Sache. Nachbarländer wie Frankreich zum Beispiel entnehmen bis zu 40% des Stroms den Atomkraftwerken. Atomkraft ist unbedingt notwendig, da irgendwann einmal auch die Kohlevorräte erschöpft sind. Andere Techniken zur Stromgewinnung sind entweder noch nicht gefunden oder können noch nicht realisiert werden. Selbst das Problem der abgebrannten Brennstäbe ist soweit gelöst, als daß diese in Wiederaufbereitungsanlagen bis zu 97% wieder aufbereitet werden können. Da diese Möglichkeit der Beschaffung neuer Brennstäbe aber 8mal teurer ist als neues Natururan, wird sie bislang kaum genutzt. Subventionen von staatlicher Seite sind also notwendig. Aus diesen Gründen ist eine Zukunft ohne Atomkraftwerke undenkbar!

Dirk Kaffsack, 18, Mettmann

Aufgabe 6

Lesen Sie die Briefe auf Seite 139 und machen Sie eine Liste (in Ihren eigenen Worten!) von allen in den Briefen erwähnten Argumenten für und gegen die Kernenergie.
Welcher Brief macht den besten Eindruck? Warum?

Aufgabe 7

Sehen Sie Ihre Liste der mit Kernenergie verbundenen Probleme an (Aufgabe 4). Welche wichtigen Argumente gibt es noch im folgenden Text gegen die Kernenergie?

Strom ohne Atom

Tschernobyl – der bisher weithin unbekannte Name eines Ortes in der Ukraine – wurde mit den Ereignissen in der Nacht vom 26. auf den 27. April 1986 zum Symbol – zum Symbol für eine Energiepolitik, deren Gefahrenpotential untragbar ist. Durch das Atomkraftwerk in Tschernobyl kam es zu einer Verseuchung einer ganzen Region, radioaktive Substanzen wurden freigesetzt, die über Jahrzehnte und Jahrtausende Menschen und Umwelt weltweit gefährden.

Die These ist eindeutig: Heute und in Zukunft können und müssen wir auf die Atomenergie verzichten. Denn die Auswirkungen dieser Katastrophe sind nicht zu verantworten:

– bis jetzt über 30 Strahlentote;
– hunderttausend Menschen, die langfristig von Krebs und genetischen Schäden betroffen sein werden;
– über hunderttausend, die evakuiert werden mußten;
– wirtschaftliche Schäden in Höhe von bisher über 7 Mrd. DM
– eine erhöhte radioaktive Strahlenbelastung in Nahrungsmitteln und Umwelt in Europa;
– die Ruine des Unglücksreaktors, die bis jetzt noch nicht ganz unter Kontrolle gebracht wurde.

Das sogenannte zivilisatorische „Restrisiko" eines Kernschmelzunfalls, das wir für unseren Lebensstandard in Kauf nehmen sollen, kann moralisch und politisch nicht verantwortet werden.

Einige Fragen müssen gestellt und beantwortet werden:

– Wollen wir mit dem Restrisko leben?
– Wollen wir mit einer steigenden Strahlenbelastung durch den Normalbetrieb von AKW leben?
– Wollen wir uns auf den Katastrophenschutz verlassen?
– Wollen wir uns auf die steigenden Kosten für den Ausbau der Atomkraftwerke einlassen?
– Wollen wir, daß mit der friedlichen Nutzung auch die militärische Nutzung der Atomenergie in der Bundesrepublik ermöglicht wird?
– Wollen wir mit dem „Atomstaat" unsere Grundrechte gefährden?
– Wollen wir, daß das Energiesystem in Zukunft immer weniger offen bleibt?
– Wollen wir, daß unsere Nachwelt mit den Folgen von immer mehr Atommüll leben muß?

die Auswirkung	effect
langfristig	long term
gefährden	to endanger
die Verseuchung	contamination

Kernenergie im Dialog

Wie sicher sind die deutschen Kernkraftwerke?

Bei uns sind alle wichtigen Sicherheitssysteme wie Notstromversorgung, Ventile, Rohrleitungen und Pumpen immer mehrfach, meist vierfach und alle unabhängig voneinander vorhanden. Zusätzlich ist das Kontrollzentrum, von dem aus die ganze Anlage überwacht und gesteuert wird, in seinen wichtigen Sicherheitsfunktionen doppelt vorhanden. Selbst eine schwere Störung könnte in einem deutschen Kernkraftwerk nicht zu einer kritischen Situation außerhalb des Sicherheitsbehälters führen.

Wie vertragen sich Kernenergie und unsere Umwelt?

Die Stromerzeugung ist wie jede Art der Energieumwandlung mit Umweltbelastungen verbunden. Bei der Stromerzeugung aus Kernenergie steht der geringfügigen Ableitung radioaktiver Stoffe bei einem Vergleich mit der Stromerzeugung aus fossilen Brennstoffen eine erhebliche Entlastung der Umwelt durch vermiedene Abgaben gegenüber. Durch Gesetze und Verordnungen, eine ausgefeilte Technik und eine ständige Überwachung der Kernkraftwerke ist sichergestellt, daß die Ableitung radioaktiver Stoffe in so geringer Menge erfolgt, daß sie nicht zu einer Gefährdung von Mensch und Umwelt führt.

Wie steht es um die Entsorgung der Kernkraftwerke? Wie funktioniert die Endlagerung?

Fachleute halten die Endlagerung hochaktiver Abfälle in den stabilen geologischen Schichten des tiefen Untergrunds für das sicherste Verfahren. Überlegungen und Untersuchungen haben gezeigt, daß Salzgestein besonders günstige Eigenschaften aufweist, da es über sehr gute Wärmeeigenschaften verfügt und die Salzstöcke der Nordeutschen Tiefebene über Millionen von Jahren von Wassereinwirkung nicht beeinflußt wurden. Sie blieben stabil.

die Ableitung	removal
der Behälter	container
die Erzeugung	production
die Überlegung	reflection
die Überwachung	supervision
das Ventil (-e)	valve
das Verfahren	procedure

Aufgabe 8

Sehen Sie sich die Probleme der Kernenergie an, die in Aufgaben 6 und 7 erwähnt wurden. Inwiefern werden die in diesen Aufgaben gestellten Fragen im Text „Kernenergie im Dialog" beantwortet?

Aufgabe 9 – Zur Diskussion

Wie stehen Sie zur Frage „Kernenergie"? Sind Sie dafür oder dagegen? Sollten wir unsere Kernkraftwerke stillegen? Ist es Ihrer Meinung nach sinnvoll, Atommüll unter der Erde über Millionen von Jahren zu lagern? Oder ist die Atomenergie die beste Energiequelle, die wir zur Zeit haben?

B Was ist aber zu tun?

Blauer Engel

umweltfreundlich
aus 100 % Altpapier
Briefhüllen und
Versandtaschen
aus 100% Altpapier.
WIR MACHEN
BRIEF-
UMSCHLÄGE
UND MEHR...
Reinhart Schmidt GmbH, Postfach 110564
D-5600 Wuppertal 11, Telefon: 0202/7497-0
Telex: 8591841 rsws d
Servus Natur
Qualität aus
100% Altpapier.
Servus – Deutschlands große Hygienepapiermarke – bietet mit „Natur" ein besonders umweltfreundliches, sicheres und sparsames Toilettenpapier an. Denn Servus Natur wird ohne Bleichmittel und chemische Zusätze zu 100% aus Altpapier gefertigt. Das ist weit mehr, als vom blauen Umweltengel gefordert wird, der ja nur einen Mindestanteil von 51% Altpapier vorschreibt. Darum: Entscheiden Sie sich für Servus Natur – Ihrer Umwelt zuliebe.

– umweltfreundlich aus 100% Altpapier

umweltfreundliche Kraftfahrzeuge,
schadstoffarm durch Katalysator
Mitsubishi erleichtert
die Entscheidung, umweltbewußt
Auto zu fahren.
schadstoffarm
durch Katalysator
GG·EU 955
Mitsubishi
Lancer 1500 GLX
mit Katalysator
Sonderausstattung: Radblenden
● Bleifrei-Garantie für alle Benzin-Motoren.
● Umweltfreundliche Diesel-Versionen mit vollen Steuervorteilen in fast allen Modellreihen.
● Katalysatoren, die weit weniger kosten, als sie an Steuerersparnis bringen.
● Alle Mitsubishi Katalysator-Modelle wurden von der „Jury Umweltzeichen" mit dem blauen „Umweltengel" ausgezeichnet.
MMC Auto Deutschland GmbH, Hessenauer Straße 2, 6097 Trebur 2

– umweltfreundlich weil Schadstoffarm durch Katalysator

umweltfreundlich
weil Mehrwegflasche
Bleib schön gesund, trink Alma Hoppe
ALMA HOPPE
IHR GESCHMACK ENTSCHEIDET.
APFELSAFT APFELSINENSAFT
APFEL-DIÄT-NEKTAR
APFELSINEN-DIÄT-NEKTAR
10 FRUCHT
ALMA HOPPE
Die Flasche mit dem Umweltengel

– umweltfreundlich weil Mehrwegflasche

umweltfreundlich
weil salzfrei
IGLU
Inhalt 10 Liter
Winter-Streu
HOCH WIRKSAM
UND UMWELTSCHONEND
Vertrieb: Joachim Balke
Raiffeisenstraße 9 · 6360 Friedberg 1
Telefon: 06031/61167-8 · Telex: 4102297 bal d

– umweltfreundlich weil salzfrei

Aufgabe 10

Welche dieser Produkte haben Sie in letzter Zeit benutzt/ im Geschäft gesehen? Gibt es irgendwelche Produkte, die Sie kaufen (bzw. *nicht* kaufen), weil Sie bewußt der Umwelt nicht schaden wollen?

Selbst-Test

Die Heizanlage:	Punkte
1. Unser/e Haus/Wohnung wird erwärmt durch eine umweltfreundliche Anlage (Gas, Strom, Fernwärme; Öl, falls nach dem 1.1.79 eingebaut oder Brenner erneuert)	20
durch eine Kohleheizung/Holzheizung	0
durch eine Ölheizung, die vor dem 1.1.79 eingebaut wurde	
2. Ein Wartungsdienstvertrag sorgt dafür, daß die Anlage mindestens einmal jährlich überprüft und neu eingestellt wird (nicht nötig bei Strom und Fernwärme)	
ja	5
nein	0
3. Eine moderne Regelanlage sorgt dafür, daß nur soviel Wärme erzeugt wird, wie wirklich gebraucht wird (z.B. Außentemperaturfühler und Thermostate an den Heizkörpern)	
ja	10
nein	0
Unsere Heizgewohnheiten:	
1. Wir wollen zu Hause auch im Winter eher luftig gekleidet sein und sorgen lieber für mollige Wärme	0
Wir sorgen dafür, daß die Wohnraumtemperatur nicht über 20°C, die Schlafzimmertemperatur nicht über 18°C ansteigt; notfalls ziehen wir Pullover an	10
2. Wir lüften, indem wir mehrmals täglich die Fenster für wenige Minuten weit öffnen	5
Wir brauchen viel Luft – bei uns sind immer Fenster gekippt	0
3. Wir schließen nachts Jalousien und Vorhänge (soweit sie die Heizkörper nicht verdecken), lassen aber tagsüber die Sonne herein	5
Die geringen Energiegewinne solcher Mühen lohnen den Aufwand nicht	0
Unser Auto:	
1. Ich benutze kein Auto (außer wenn mich gelegentlich jemand mitnimmt, der nicht zur Familie gehört)	30
Ich habe zwar ein Auto zur Verfügung, benutze es aber nur, wenn andere Fortbewegungsmittel einen Zeitverlust von mindestens einer halben Stunde bedeuten	10
Ich benutze das Auto zwangsläufig, weil ich mit meiner Zeit haushalten muß	5
Das Auto lohnt sich nur, wenn ich es regelmäßig benutze; darum fahre ich damit, sobald ich nicht nur „um die Ecke" muß	0
2. Wir müssen mit dem Auto auch repräsentieren, deshalb können wir nicht mit einem Typ fahren, der dafür nicht geeignet ist	5
Wir fahren gern komfortabel bzw. sportlich – danach wählen wir das Fahrzeug aus	0
Ein Kompromiß zwischen Fahrkomfort oder sportlichem Image und günstigem Spritverbrauch scheint uns das Richtige	5
So fahren wir:	
1. Wir planen nach Möglichkeit Autofahrten von vornherein so, daß wir verhältnismäßig ruhige Zeiten – ohne allzu lange Staus – erwischen	5
Wir fahren, wann sich's eben ergibt	0
2. Autofahren soll auch Spaß machen, darum fahre ich forsch und sportlich	0
Ich fahre zwar zügig, vermeide aber „Kavalierstarts" und unnötige Bremsmanöver	5
Ich achte bei jeder Fahrt auf möglichst geringen Benzin-/Dieselverbrauch	10
3. Ich fahre im Auto keine Gegenstände herum (auch keinen Dachständer), die ich dort nicht ständig brauche	5
Das verhältnismäßig geringe Gewicht solcher Gegenstände spielt keine Rolle	0
Rund um den Müll:	
1. Wir sammeln unser Altpapier getrennt	5
Wir geben auch Zeitungen in den Müll, weil es ohnehin zuviel Altpapier gibt	0

Das gibt Punkte: Pullover und Bewegung sparen Heizenergie.

Wir bringen Flaschen mit dem Auto zu den Sammelbehältern, sobald unsere Kisten voll sind 5
Wir tun das, aber achten darauf, daß dafür keine zusätzlichen Autofahrten anfallen 10
Bei uns kommen Flaschen in den Mülleimer 0
Problem-Müll (Batterien, Arzneimittel) bringen wir zum Verkäufer oder zur Sammelstelle 5
Diese kleinen Mengen rutschen bei uns in den allgemeinen Müll 0

2. Ich vermeide Einweg-Verpackungen wo immer es geht 5
Oft sind Einweg-Verpackungen wirtschaftlicher und hygienischer; warum also dagegen angehen 0
Beim Einkaufen lasse ich mir gern eine Tüte geben – das ist am praktischsten 0
Ich habe immer genügend Taschen dabei 5

3. Unsere Abfälle, die sich dafür eignen, kommen auf einen Komposthaufen 5
Das können/möchten wir nicht machen 0
Was sich verbrennen läßt, verbrennen wir 0
Ich werfe nie Abfälle auf die Straße oder in die Landschaft 5
Ganz so „pingelig" bin ich damit nicht 0

Kleine Alltags-Sünden?
1. Wenn ich nicht rauchen kann, fühle ich mich nicht wohl; das müssen meine Mitmenschen akzeptieren 0
Ich bin Raucher, aber ich halte mich zurück, wenn ich mit anderen Menschen zusammen bin 5
Ich bin Nichtraucher 10

2. Bei meinen Einkäufen versuche ich, Produkte mit dem Umweltzeichen „Blauer Engel" zu finden – auch wenn sie ggf. etwas teurer sind 10
„Blauer-Engel"-Produkte dürfen nicht teurer sein – dann ziehe ich sie vor 5
Das ist doch nur wieder so ein Werbe-Gag – darauf gehe ich nicht ein 0

Wasser in Gefahr:
1. Ich werfe keine Abfälle in Seen, Flüsse oder Bäche 5
Das kommt bei mir schon vor 0
Ich wasche kein Auto, mache auch keinen Ölwechsel in der „freien Natur" (z.B. weil ich kein Auto habe) 5
Ich schon – was soll dabei passieren? 0
Altes Öl gebe ich bei der Tankstelle/Altölsammelstelle ab 5
Das macht mir zuviel Mühe 0
Farbreste, Verdünnungs-, Lösungsmittel bringe ich zum Verkäufer/Problemmüllsammelstelle 5
Das kann man nicht verlangen 0
Ich verwende liebe zuwenig als zuviel Spül- und Waschmittel 5
Wichtig ist vor allem, daß Geschirr/Wäsche so sauber-weiß wie möglich werden 0

Hält fit und spart Energie: lauf mal wieder rauf! (Runter kommen Sie immer.)

2. „Künstliche" Pflanzenschutzmittel und Dünger verwenden wir im Garten überhaupt nicht 10
Damit gehen wir äußerst sparsam und vorsichtig um 5
Wichtig ist hier vor allem, daß die Pflanzen gut gedeihen 0
Streusalz gibt es vor unserem Haus überhaupt nicht 5
Ohne Streusalz lassen sich Unfälle auf dem Gehsteig nicht verhüten 0
Wir lassen regelmäßig kontrollieren, ob unser Öltank noch den Vorschriften entspricht 5
Warum – bisher ist ja auch nichts passiert? 0
Für unser Haus existiert kein Öltank 10

Selbst-Test: Bin ich ein Umwelt-Sünder?
Hier sehen Sie, wie Sie zur Umwelt stehen:
165–200 Punkte:
Sie sind ein Umweltschützer, wie er im Buche steht. Ihnen braucht man keine Ratschläge mehr zu geben – aber vielleicht können Sie andere auf Versäumnisse aufmerksam machen, eine örtliche Umweltschutz-Vereinigung gründen oder dergleichen?
115–160 Punkte:
Tapfer, tapfer – Kollegen und Nachbarn werden ihre Freude an Ihnen haben. Im einen oder anderen Punkt zeichnen sich aber noch Entwicklungsmöglichkeiten ab.

Vielleicht prüfen Sie unseren Test noch einmal, um zu sehen, wo Sie noch Punkte machen können?
65–110 Punkte:
Etwas schwach auf der Brust, Ihr Umweltbewußtsein. Sicher werden Sie selbst merken, daß Sie Ihren Mitmenschen gelegentlich bildlich auf die Zehen treten – von der Natur ganz zu schweigen. Meinen Sie nicht, daß die sanfte Tour Sie besser mit Natur und Umwelt versöhnen könnte? Versuchen Sie's. Wenn Sie unseren Test noch einmal durchgehen, sehen Sie gleich, worauf's ankommt.
20–60 Punkte:
Es sieht so aus als sei bei Ihnen Hopfen und Malz verloren – aber man soll ja nie aufgeben: Vielleicht besteht doch noch Hoffnung? Lesen Sie unseren Testbogen noch einmal und prüfen Sie bei jeder Sparte, ob Sie nicht doch ein Einsehen mit Ihrer Umwelt haben und mehr Punkte sammeln wollen.
0–20 Punkte:
Lassen Sie sich nicht erwischen! Wenn die Gesetzeshüter noch nicht hinter Ihnen her sind, können Sie sich froh und glücklich schätzen – ganz im Gegensatz zu Pflanze und Tier, Mensch und Natur. Sie sind ein Umwelt-Schädling! Wollen Sie das wirklich bleiben? Nehmen Sie sich vor, jeden Monat bei mindestens einer Sparte unseres Testbogens eine Stufe höher zu rücken – bei einigem Bemühen sind Sie ja noch zu retten . . .

Aufgabe 11

Machen Sie eine Umfrage zum Thema "Umwelt". Sind Ihre Freunde/ Verwandte Umwelt-Freunde oder-Sünder? Stellen Sie ihnen die gleichen Fragen wie im Selbst-Test!

Aufgabe 12

Welche Maßnahmen sind eigentlich zu rechtfertigen, wenn es darum geht, die Umwelt zu schützen? (Sehen Sie wieder die politischen Maßnahmen auf Seite 60 an.) Was würden Sie unternehmen, um selbst etwas für die Umwelt zu tun?

Greenpeace-Aktionen gegen Wiederaufbereitungsanlagen

1978 blockiert die „Rainbow Warrior" erstmalig den Atomfrachter „PacificFisher" vor Cherbourg. Die „PacificFisher" hatte abgebrannte Brennelemente aus Japan an Bord.

1981 besetzen zwei Greenpeacer einen Kran in Cherbourg. Fünf Tage lang harren sie aus. Französische Dockarbeiter weigern sich, die Ladung der „Pacific Fisher" zu löschen.

1983 wird die Mannschaft der „Sirius", die friedlich gegen das Atommüllschiff protestieren will, mit Tränengas beschossen. Die Ankerkette wird durchgesägt und das Schiff aus dem Hafen geschleppt. Unter Polizeischutz wird die „Pacific Crane" entladen.
Im gleichen Jahr nimmt Greenpeace Schlammproben vor der britischen WAA Windscale, heute Sellafield. Ein Schlauchboot wird radioaktiv verseucht, Greenpeacer müssen ins Krankenhaus zur Dekontamination (Entseuchung). Später versucht Greenpeace, das Abflußrohr der Anlage zu verstopfen.
Im September blockieren Greenpeace-Schlauchboote in Frankreich den japanischen Plutoniumfrachter „Kamakura Maru". Die „Sirius" versperrt die Hafenzufahrt von Le Havre.

das Brennelement	fuel rod
die Probe	test
das Rohr	pipe
der Schlamm	mud
das Schlauchboot	rubber dinghy
die Wiederaufbereitungsanlage (WAA)	reprocessing plant

Hast du je an einer Bürgerinitiative teilgenommen?

Teil 1

die Gemeinde	community
genieren	make ashamed of
rasen	to race, speed
die Schwelle	"sleeping policeman"
die Sitzung	meeting

Teil 2

die Beschlußfassung	decision making
die Deponie	dump
die Ebene	level
einen Einspruch erheben	to make an objection
entstehen	to arise
das Flugblatt (-"er)	leaflet
die Folge	consequence
der Gemeinderat	local council
der Lärm	noise
Pershing	type of rocket with atomic warhead
sinnvoll	sensible
die Tagesordnung	agenda
die Umgebung	surrounding area
jemandem etwas vorwerfen	to reproach somebody with something

Aufgabe 13

Hören Sie sich das Tonband „Hast du je an einer Bürgerinitiative teilgenommen?" an und ergänzen Sie jeden der folgenden Ausdrücke durch das passende Verb.

Teil 1

a. eine Sitzung . . . . .
b. Filme . . . . .
c. ein Endziel . . . . .
d. kleinere Erfolge . . . . .
e. eine Ampelanlage . . . . .

Teil 2

f. eine Versammlung . . . . .
g. Leserbriefe in die Presse . . . . .
h. Flugblätter . . . . .
i. politische Vertreter des Gemeinderats für seine Meinung zu . . . . . und zu . . . . .
j. das Projekt . . . . .

Verben zur Auswahl: gehen, finden, drucken, austragen, einsetzen, sich einsetzen, sitzen, tragen, erreichen, errichten, bringen, gewinnen, setzen, erringen, machen, organisieren, vorzeigen, interessieren, geben, reichen, ausmachen, zeigen, erfinden

Aufgabe 14

Hören Sie sich das Tonband noch mal an. *Wogegen* haben diese Leute protestiert und *wie* haben sie protestiert? Machen Sie Notizen!

Aufgabe 15

Organisieren Sie selbst eine Aktion! Arbeiten Sie in einer kleinen Gruppe – zuerst finden Sie ein geeignetes Problem. Das könnte entweder eine örtliche Angelegenheit (eine Atommülldeponie wird in der Nähe Ihrer Stadt gebaut; neue Siedlungen werden in einem Naturschutzgebiet geplant) oder auch ein nationales Problem (Luftverschmutzung, Nitrat im Grundwasser, usw.) sein. Dann müssen Sie:
- Flugblätter, Poster, Inserate usw. entwerfen
- Slogans erfinden
- Fernsehanzeigen schreiben

In Ihren Flugblättern usw. müssen Sie klarmachen:
- wogegen Sie protestieren
- warum Sie protestieren
- welche Maßnahmen geplant worden sind
- wie andere Leute mitwirken können

Wenn Sie gegen ein Atomkraftwerk oder eine Mülldeponie protestieren wollen, können Sie sich in zwei Gruppen teilen – eine, die gegen das geplante Kraftwerk bzw. die geplante Deponie protestiert, eine, die für die Atomindustrie arbeitet und die die Planung befürworten will.

Aufgabe 16

Stellen Sie sich vor, Sie leben in einer Welt, wo es nur noch sehr wenig Öl und Strom gibt. Die Energie ist sehr teuer und sehr knapp geworden. Wie ist das tägliche Leben in so einem Zeitalter?

Die Zerstörung der Wälder bringt erst Gewinn und langfristig Elend

Die Vernichtung des tropischen Regenwaldes ist die größte Umweltkatastrophe unserer Zeit.

● 1978 kamen 12 000 Siedler in den brasilianischen Urwald-Staat Rondonia. Dann wurde mit West-Krediten die „Br-364" gebaut, eine fast 2000 Kilometer lange Straße quer durch den Wald. Nun kommen in einem Monat so viele Siedler wie früher in einem ganzen Jahr. Vom tropischen Regenwald ist in Rondonia wenig geblieben.

● Der brasilianische Holzhändler Grecco sagte 1986: „Ich habe schon 30 Millionen Bäume umgebracht und werde in 40 Jahren über die Amazonas-Wüste ziehen als der General eines Heeres der Zerstörung."

● Das brasilianische Umwelt-Ministerium sagt voraus: Im Jahr 2050 werde am Amazonas kein Baum mehr stehen.

● In Malaysia, noch zu Beginn diese Jahrhunderts von Regenwald bedeckt, wird der Wald innerhalb der nächsten fünf Jahren vernichtet sein.

Der Regenwald ist 100 Millionen Jahre alt. Er ist das empfindlichste Öko-System der Erde. Auf 40 Hektar fanden Forscher 1500 Arten Pflanzen, 750 Baum-, 400 Vogel-, 150 Schmetterlings-, 100 Reptilien- und 60 Amphibien-Arten. Der Arten-Reichtum ist so groß, daß vermutlich mehrere Millionen Arten noch gar nicht entdeckt sind – und unentdeckt aussterben werden.

Tropische Wälder bedecken 2,97 Milliarden Hektar Boden – nur noch halb so viel wie vor 100 Jahren. 11,3 Millionen Hektar werden jedes Jahr gerodet. Nur 1,1 Millionen Hektar werden jedes Jahr aufgeforstet.

Mit Brandrodung wird Land geschaffen für die Bauern. Auf manchen Satellit-Fotos sind deutlich und groß die Rauchwolken zu sehen. Jüngst durften einige brasilianische Gebiete nicht überflogen werden – der Himmel war voller Rauch und Ruß.

Die Zerstörung der Wälder wird die Verhältnisse auf der Erde dramatisch verändern. Die gewaltige Pflanzen-Masse der Regenwälder bindet 500 Milliarden Tonnen Kohlenstoff. Kein Forscher mag sich ausmalen was es hieße, wenn diese Menge durch den Forttall der Wälder als Kohlendioxid freigesetzt würde.

● Die Zerstörung der Wälder bringt rasches Geld. Drei Staaten sind die Heimat von 48,7 Prozent aller geschlossenen Tropenwald-Gebiete der Erde: Brasilien, Indonesien, Zaire. Dieselben Länder sind unter den Staaten mit tropischen Wäldern die größten Schuldner. Sie haben insgesamt 68,7 Milliarden Dollar Staatsschulden und 71 Milliarden Dollar Privatschulden. In diesen drei Ländern wird der Wald mit atemberaubender Geschwindigkeit zerstört.

● Die Zerstörung der Wälder bringt langfristig jedoch Verlust. Die Welternährungs-Behörde (FAO) hat vor Versteppung, sinkender Agrargüter-Erzeugung, Landflucht und schwersten ökonomischen Schäden gewarnt. Mit jedem geholzten Hektar Wald geraten die Schuldner-Länder tiefer in die Krise.

Doch Mostafa Tolba von der UNO sagt: „Wenn man den Ländern auferlegt, den Bereich der Regenwälder zu schützen, beraubt man sie einer Finanzquelle, die es ihnen erlaubt, für ihre Menschen einen besseren Lebens-Standard zu erreichen."

Zu sehr sind die Menschen vom Holz abhängig. In Indien leben 2,5 Millionen Menschen in und von der Holz-Wirtschaft. Ungezählte Millionen sind auf das Sammeln von Brennholz angewiesen. Wer den Wald schützt um kommender Generationen willen, stürzt heute Menschen in das Elend.

Und doch wächst der Druck: Wo früher Bäume standen, weiden heute in Brasilien Rinder auf gerodetem Land. Von dort bezog die US-Imbiß-Kette „Burger King" ihr Fleisch – bis Umweltschützer protestierten. Heute kauft „Burger King" in anderen Gebieten. „Coca-Cola" stellte ein Plantagen-Projekt vorsorglich zurück.

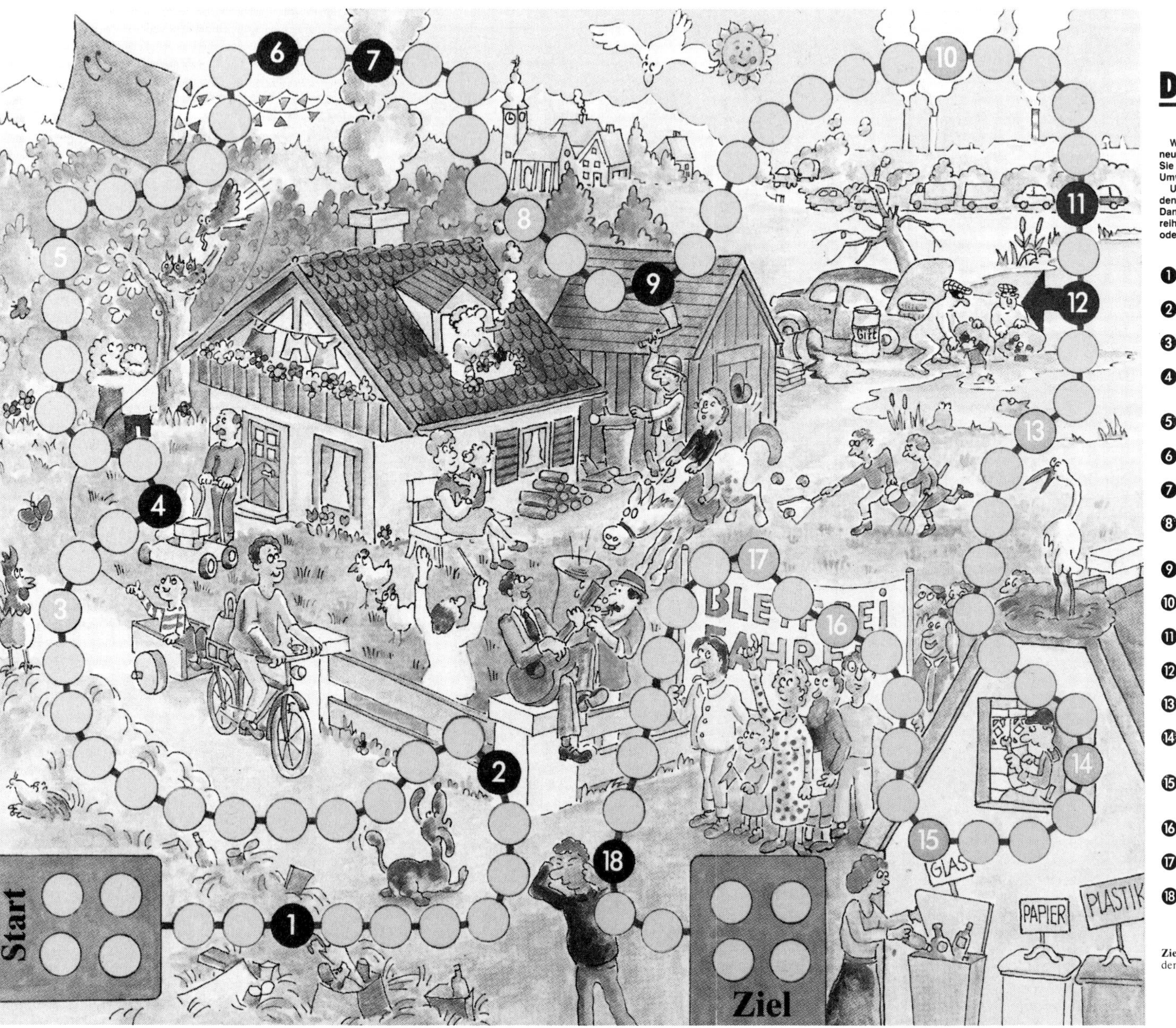

Das Umwelt-Spiel

Wer dieses Spiel gewinnt, gewinnt die Zukunft: Der neue Würfel-Spaß (vier Figuren und einen Würfel haben Sie sicher noch irgendwo) heißt „Mensch, schütze die Umwelt". Nur dann kommt der Mensch voran.

Und so geht's los: Jeder Mitspieler stellt eine Figur an den Start. Zuerst wird darum gewürfelt, wer anfängt. Dann rücken die Figuren je nach gewürfelter Zahl reihum vor. Felder mit Nummern bedeuten etwas Gutes oder Schlechtes, nämlich:

1. Sie haben zugelassen, daß Abfall einfach in die Gegend gekippt wird – einmal aussetzen!
2. Musik wird oft als Lärm empfunden – 4 Felder zurück!
3. Radfahren macht keine Abgase – Sie dürfen 7 Felder vorrücken.
4. Ein englischer Rasen, mit dem Knatter-Mäher „gepflegt", mag manchem schön erscheinen – für Tier und Pflanze ist er ein Greuel; 2 Felder zurück!
5. Vögeln zu Nist-, Ruhe- und Futterplätzen zu verhelfen, ist guter Umweltschutz: Würfeln Sie nochmal!
6. Die Atmosphäre wird durch Aerosole aus Spray-Flaschen geschädigt – schnell 2 Felder zurück!
7. Da verpestet ein alter Heizkessel die Luft – einmal aussetzen!
8. Raucher schaden nicht nur ihrer eigenen Lunge – im Freien schadet's allerdings den Mitmenschen nicht: 1 Feld vor!
9. Holz ist zwar Natur, doch verbrennt es mit viel giftigen Abgasen – 2 Felder zurück!
10. Hier arbeitet Industrie mit sauberer Energie, erkennbar am weißen Dampf: Rücken Sie 6 Felder vor!
11. Ein Autofahrer am anderen – wie viele davon könnten sich umweltfreundlicher fortbewegen! 6 Felder zurück!
12. Das ist ein Verbrechen an der Umwelt: Gift wird in Gewässer abgelassen – zurück zum Start!
13. Ein Platz für Tiere, hier für einen Storch, bringt Sie 5 Felder voran.
14. Hier wird die Heizung regelmäßig überprüft: verbraucht sie wenig Energie? Gibt sie wenig schädliche Abgase ab? 3 Felder vor!
15. Viele Abfälle können zu neuen Produkten verarbeitet werden, wenn man sie getrennt sammelt: 4 Felder dürfen Sie vorrücken!
16. Auch andere überzeugen, daß umweltbewußtes Verhalten sich lohnt, bringt Sie hier 1 Feld weiter.
17. Biologische Dünger haben viele Vorzüge und helfen Energie sparen – 3 Felder vor!
18. Manche wollen von Umweltschutz einfach nichts hören, weil's oft Mühe, manchmal Geld kostet und nicht sofort Erfolg bringt. – 5 Felder zurück!

Ziel: Sie haben's geschafft – eine bessere Umwelt ist der Lohn!

Grammar Index

A The Article

German usually uses the article very much as in English; the following important differences should be noted.

A1 Article used in German but not in English

1	with masculine and feminine place names	in **der** Schweiz; in **der** Bahnhofstraße (NB Er wohnt Bahnhofstraße 15)
2	dates, seasons, months, parts of the day	a**m** 6. April: i**m** Herbst; i**m** Juni; a**m** Morgen; **in** der Nacht
3	with names preceded by an adjective	**das** heutige Frankreich *modern France* **die** arme Anna!
4	colloquially with names	Kennst du **den** Frank?
5	with meist–	**die** meisten Leute – *most people*
6	in a number of set phrases	bei**m** Frühstück; zu**m** Mittagessen; mit **dem** Bus; mit **der** Bahn; nach **der** Schule; in **die** Stadt; bei**m** Wein – *over a glass of wine*

A2 Article used in English, but not in German

1	Nationality, profession, rank where no adjective is used	Er ist Ausländer. Sie ist Engländerin. Sie ist Mitglied des Bundestages – *member of parliament* Er arbeitet als Vertreter – . . . *as a sales rep*
2	In a number of set phrases e.g.	Ich habe Fieber – . . . *a temperature* Er bekommt viel Besuch – *He has a lot of visitors* mit lauter Stimme – *in a loud voice* Es ist alles Geschmackssache – *It's all a matter of taste*

A3 Other variations

1	Frequently in German with parts of the body and clothing	Er schüttelte mir **die** Hand – *He shook my hand* Sie steckte **die** Hand in die Tasche – *She puts her hand in her pocket* Ich zog **den** Pullover aus – *I took off my pullover*
2	Measures, amounts	3 Mark **die** Flasche – *3DM a bottle* einmal **im** Monat – *once a month*
3	Both German and English omit the article with groups of nouns related in context	Es geht u**m** Leben und Tod – *It's a matter of life and death* Krieg und Frieden – *war and peace*

A4 Some, any (partitive article)

sing. ein bißchen ein wenig etwas	plural. einige ein paar

These are not used (as equivalents of *some, any*) unless the restricted amount is to be emphasised.

Hast du Geld dabei? – *Have you got any money with you?*

Mit etwas Salz und Pfeffer aus der Mühle würzen – *Flavour with salt and ground pepper (Instruction from recipe)*

B Nouns

Some irregular types of noun

B1 Adjectival Nouns

As their name implies, these are nouns derived from adjectives, or from past or present participles used as adjectives. Although nouns, they still take adjective endings. (see C3)

Nom – der Deutsche, ein Deutscher – *a German (man)*
Acc – den Deutschen, einen Deutschen
eine Deutsche – *a German (woman)*
die Anwesenden – *those present (derived from present participle)*
der Kriegsgefangene – *prisoner of war (from past participle)*

Masculine and feminine adjectival nouns refer to people; *neuter* ones to ideas.

der Alte – *old man*
die Alte – *old woman*
das Alte (no plural) – *the old (things)*
Er bleibt beim **Alten** – *He sticks to the old ways.*
Ich habe **etwas Schönes** für sie zum Geburtstag – *I've got something nice for her birthday.*
Er hat fürs Wochenende **nichts Besonderes** vor. – *He's got nothing special planned for the weekend.*

B2 Weak masculine nouns

These almost always refer to people, and add –**(e)n** in all cases. Singular and plural, except nominative singular.

singular		*plural*	
Nom	der Franzose	Nom	die Franzosen
Acc	den Franzosen	Acc	die Franzosen
Gen	des Franzosen	Gen	der Franzosen
Dat	dem Franzosen	Dat	den Franzosen

They may be divided into the following groups:

1 Masculine nouns ending in –**e**: der Jung**e**, der Kund**e** (*customer*), and including several nationalities: ein Schott**e**, ein Russ**e**

2 Many foreign nouns; note that the endings are stressed: der Photograph (*photographer*), der Demokrat, der Soldat, der Polizist, der Sozialist, der Psychologe, der Präsident, der Student

3 A number of other nouns, most important of which are: der Bauer (*farmer*), der Bayer (*Bavarian*), der Christ (*Christian*)
der Herr (*gentleman*), der Mensch (*human being*), der Nachbar (*neighbour*)

NB1 A very few weak masculine nouns refer to objects: der Automat (*vending/slot machine*), der Paragraph, der Planet
NB2 A few weak masculine nouns add –**s** in the Genitive singular: e.g. der Gedanke (*thought*), der Glaube (*belief*), der Name.

B3 Nouns: different meanings according to gender

Some important ones which may cause confusion:

der Flur (–e) – *hallway*	die Flur – *agricultural land of a community*
der Gehalt (–e) – *content*	das Gehalt (¨–er) – *salary*
der Junge (–en) – *boy*	das Junge (adj. noun) – *young animal*
der Leiter (–) – *leader*	die Leiter (–n) – *ladder*
der Messer (–) – *meter*	das Messer (–) – *knife*
der See (–n) – *lake*	die See (no pl) – *sea*
das Steuer (–) – *steering wheel*	die Steuer (–n) – *tax*
der Taube (adj. noun) – *deaf man*	die Taube (–n) – *dove, pigeon*
der Weise (adj. noun) – *wise man*	die Weise (no pl) – *way, manner*

C The Cases

C1 Summary of uses

Sentence structure	*Other uses*
Nominative Subject **Er** verdient viel Geld	• The complement of sein, werden, bleiben and heißen and a few other verbs Er ist **ein guter Ingenieur** Er bleibt **mein Freund**
Accusative Direct object Wer fährt **den Wagen?**	• After these prepositions: bis, durch, entlang, für, gegen, ohne, um (see D1) and after these prepositions when movement is implied: an, auf, hinter, in, neben, über, unter, vor, zwischen (see D3) • With phrases of "definite time" without a preposition **Letzten Sommer** fuhr ich nach Amerika
Genitive Die Mutter **meines Freundes**	• Denotes possession. NB Germans tend to use von + Dative instead, in conversation: Die Mutter **von meinem Freund** • After these prepositions: während, wegen, statt, trotz, außerhalb, innerhalb, diesseits, jenseits, um . . . willen (see D3) • With phrases of "indefinite" time **eines Tages** – *one day*
Dative Indirect object Sie gaben **ihm** ein neues Fahrrad. Sie kaufte **mir** ein Geschenk	• After these prepositions: aus, außer, bei, gegenüber, mit, nach, seit, von, zu (see D2); and after these prepositions when movement is not implied: an, auf, hinter, in, neben, über, unter, vor, zwischen. • Dative reflexive pronoun is often used instead of possessive adjective with parts of the body Ich wasche **mir** die Hände • After certain verbs (see H20) Sie hilft **mir** • With certain adjectives Sie ist **ihrem** Bruder ähnlich – *she's like her brother*

C2 Apposition

A noun in apposition explains or clarifies the noun or pronoun which precedes it, and so is in the same case.

Der Ausländer, **ein junger Deutscher**, suchte ein Hotel.
Ich besuche meinen Freund, **den Bauer**.
Sie wohnen in Freiburg, **einer schönen Stadt im Südwesten**.

NB: in der Zeitschrift **„Der Spiegel"**; in seinem Roman **„Der Zauberberg"**

C3 Case Endings

Singular

		Group 1	Group 2		Group 3	
MASCULINE	Nom	der junge	kein	junger	junger	Mann
	Acc	den jungen	keinen	jungen	jungen	Mann
	Gen	des jungen	keines	jungen	jungen	Mannes
	Dat	dem jungen	keinem	jungen	jungem	Mann
FEMININE	Nom	die junge	keine	junge	junge	Frau
	Acc	die junge	keine	junge	junge	Frau
	Gen	der jungen	keiner	jungen	junger	Frau
	Dat	der jungen	keiner	jungen	junger	Frau
NEUTER	Nom	das junge	kein	junges	junges	Kind
	Acc	das junge	kein	junges	junges	Kind
	Gen	des jungen	keines	jungen	jungen	Kinds
	Dat	dem jungen	keinem	jungen	jungem	Kind
Plural	Nom	die jungen	keine	jungen	junge	Männer
	Acc	die jungen	keine	jungen	junge	Frauen
	Gen	der jungen	keiner	jungen	junger	Kinder
	Dat	den jungen	keinen	jungen	jungen	Männern, Frauen Kindern

NOTES

Group 1 endings are used after the definite article, and also after:

dieser – *this, these*
welcher? – *which?*
jener – *that, those (literary)*
mancher – *many a*
solcher – *such (a)*

all, alle – all is used uninflected before definite articles and possessive adjectives

all meine Freunde
mit **all** dem Geld

all – takes case endings in other instances
Sie hat **allen** Grund dazu – *She has every reason to do so*
Ich wünschte ihm **alles** Gute – *I wished him all the best*
in **aller** Frühe – *very early*

Group 2 endings are used after the indefinite article and its negative, kein, and also after the possessive adjectives:

mein – *my*
dein – *your*
sein – *his*
ihr – *her*
sein – *its*
unser – *our*
euer – *your*
ihr – *their*
Ihr – *your*

Group 3 endings are used where there is only an adjective before the noun, in the plural, after numbers (including approximate numbers)

drei klein**e** Kinder
viel**e** klein**e** Kinder

Common examples are

allerlei – *all kinds of*
andere – *other*
ein bißchen – *a bit*
ein paar – *a few*
ein wenig – *a little*
einige – *several*
einzelne – *individual*
etwas – *some (sing. only)*
mehrere – *several*
sämtliche – *all, complete*
sonstige – *other, further*
verschiedene – *various*
viel (pl. viele) – *a lot, many*
wenig (pl. wenige) – *a little, few*

(manche & solche in the plural may also be followed by Group 1 endings)

Those which end in –**e** in this list inflect (all are plural)

Ich fahre mit einig**en** guten Freunden in Urlaub – *I am going on holiday with several good friends*
. . . die Schlagworte verschieden**er** radikalen Gruppen . . .– . . . *the slogans of various radical groups . . .*

D Prepositions

It is impossible to give a complete list here of all the prepositions together with their possible uses and English equivalents. The basic uses will already have been learned; you should note new variants as they arise. The common prepositions are given here.

D1 Prepositions followed by the Accusative

bis – *till, by, as far as*
durch – *through, by (means of)*
entlang – *along*
für – *for*
gegen – *against, towards, about, approximately*
ohne – *without*
um – *round, at (time), by*

bis is usually followed by another preposition before a form of the article – Er bleibt **bis** Montag. BUT . . . **bis zu** dem Wochenende.
entlang usually follows the noun – *Sie läuft die Straße* ***entlang***.

D2 Prepositions followed by the Dative

aus – *out of, made of*
außer – *besides, except*
bei– *at, near, in,*
gegenüber – *opposite*
mit – *with, by*
nach – *to, after, according to*
seit – *since, for (time)*
von – *from, of, by (someone)*
zu – *to, on, for*

gegenüber usually follows the noun/pronoun – unserem Haus **gegenüber/gegenüber** unserem Haus – opposite *our* house
nach follows the noun/pronoun when used to mean "according to" – meiner Meinung **nach** – *in my opinion*
seit Note tense usage – Ich wohne **seit** 1987 hier – *I've been living here since 1987*
Ich kannte sie **seit** sechs Wochen, als . . . – *I had known her for six weeks, when*
BUT: Wir haben sie seit langem nicht gesehen – *We haven't seen them for ages*

D3 Prepositions followed by the Accusative or Dative

Accusative to indicate *movement forward, towards.*
Dative to indicate *where* something is (happening).

an – *at, to, by, on (up against)*
auf – *on (top of)*
hinter – *behind*
in – *in, into*
neben – *next to, near*
über – *above, via*
unter – *under, among*
vor – *in front of, before, ago*
zwischen – *between*

Sie lief **in die** See – *She ran into the sea*
Sie schwamm **in der** See – *She was swimming in the sea*

Note also: Er fuhr **an** mir **vorbei** – *He drove past me.*

D4 Prepositions followed by the Genitive

trotz* – *in spite of*
während* – *during*
wegen* – *because of*
statt/anstatt* – *instead of*
außerhalb** – *outside*
innerhalb** – *inside*
oberhalb** – *above*
unterhalb** – *below*
diesseits** – *this side of*
jenseits** – *that side of*

* These prepositions are often *colloquially* used with the dative, particularly when followed by a pronoun:
Wegen dir müssen wir zu Hause bleiben – *Because of you we have to stay in*
Wegen des Wetters müssen wir zu Hause bleiben – *Because of the weather we have to stay in*

** The remaining prepositions are frequently used with **von + dative** – **außerhalb von dem** Dorf or: **außerhalb des** Dorfs *outside the village*

E Adjectives

E1 Adjectives and endings:

Adjectives which are used predicatively, i.e. alone after sein, werden, bleiben, scheinen, aussehen etc, do not add case endings. In all other instances case endings are required –
Der Mann ist alt – Der alt**e** Mann
Der Junge sieht dumm aus – Ein dumm**er** Junge
Ich habe meinen Kuli verloren; ich muß ein**en** neu**en** kaufen.

E2 Irregular Forms

1 A very few adjectives do not usually add case endings (all denote colour, and all are foreign in origin) e.g. lila orange rosa

Er sieht die Welt durch eine rosa Brille – *He sees the world through rose-tinted glasses*

2 Town-names used as adjectives add −**er**, but no case endings –
Die Frankfurt**er** Allgemeine Zeitung
Der Stuttgart**er** Flughafen

3 **hoch** followed by a vowel becomes **hoh**–
ein **hohes** Gebäude – *a tall building*

4 Adjectives ending in −**el** drop the −**e**− when followed by a vowel
eine dunk**le** Nacht – *a dark night*
Adjectives ending in −**er** sometimes do so –
ein teu**res** Auto

E3 Adverbs

Adverbs in German are usually the same as the adjectives, although, of course, they never add case endings –
Sie las schnell – *She read quickly*
See also word-order, G3.

E4 Comparative and Superlative (Adjectives and Adverbs)

Add −**er** (*comparative*) or −**(e)st** (*superlative*) –

	comparative	*superlative*
schnell	schnell**er**	schnell**ste**/ am schnell**sten***
langsam	langsam**er**	langsam**ste**/ am langsam**sten***

*Use e.g. schnell**ste** (plus normal adjective endings) when followed by a noun (stated or understood) and **am** schnell**sten** where there is no noun (i.e. predicatively) or as an adverb –
Ein VW Polo ist ein ziemlich kleines Auto, aber ein Mini ist das klein**ste**
Ein VW Polo ist klein, aber der Mini ist **am** klein**sten**

Adjectives/adverbs which add ¨ in the comparative and superlative

alt, älter, älteste (all one-syllable words except for gesund)

alt	lang	stark
jung	kurz	schwach
klug	warm	krank
dumm	kalt	gesund
arm	grob	oft
blaß	hart	rot
glatt	naß	scharf
	schwarz	schmal

Irregular comparatives

adj	groß	größer	größte/am größten
	gut	besser	beste/am besten
	hoch	höher	höchste/am höchsten
	nah	näher	nächste/am nächsten
	viel*	mehr*	meiste/am meisten
advb	gern	lieber	am liebsten

*these two words do not add adjective endings

Phrases using the comparative and superlative

kleiner als – *smaller than*
(nicht) so klein wie – *(not) as small as*
immer kleiner – *smaller and smaller*
ein älterer Mann – *an elderly man*
je älter sie wird, desto mehr ißt sie – *the older she gets, the more she eats*

F Pronouns

F1 Personal pronouns

singular

Nom.	*Acc.*		*Dat*
ich	mich		mir
du	dich		dir
er	ihn		ihm
sie	sie	sich	ihr
es	es	sich	ihm
man	einen	sich	einem

plural

Nom	*Acc.*		*Dat.*
wir	uns		uns
ihr	euch		euch
sie	sie	sich	ihnen
Sie	Sie	sich	Ihnen

NB1 **du, dich, dir** and **ihr, euch** begin with capitals in letter-writing, as do **dein**− and **euer**−

NB2 **man** = one, they, people, you (in a general sense).

NB3 **sich** is used reflexively to mean himself, herself, itself, themselves; it can be accusative or dative.

Acc: Ich wasche **mich** — Er wäscht **sich**
Dat: Ich wasche **mir** die Hände — Er wäscht **sich** die Hände

Er hat es **selber** gesehen – *He saw it himself*
(**selber** is used to emphasise the subject, rather than being its object)

NB4 *Prepositions + personal pronouns*
Referring to *people:* preposition + pronoun (as in English)
Referring to *things:* **da(r)**– + preposition: **da**für, **da**rauf, **da**runter, etc.

Ich fahre **mit ihr** auf Urlaub – *I'm going on holiday with her*
Bist du **da**mit fertig? – *Have you finished with it?*

See also verbs + prepositions (H21) and relative pronouns + prepositions (F2(5))

F2 Relative pronouns

	Masc	*Fem*	*Neuter*	*Plural*
Nom	der	die	das	die
Acc	den	die	das	die
Gen	dessen	deren	dessen	deren
Dat	dem	der	dem	denen

The preceding noun indicates gender and number; the case is indicated by the pronoun's role in its own clause.

NB1 The relative pronoun cannot be left out in German

Das Buch, **das** ich lese, ist sehr interessant – *The book (which) I'm reading is very interesting*
Der Junge, mit **dem** sie befreundet ist, ist sehr nett - *The boy she's friendly with is very nice*

NB2 *whose* (**dessen** or **deren**) is not affected by a preposition

Die Familie, mit **deren** Kinder . . . – *The family, with whose children . . .*

NB3 **Was** is used after e.g. alles, nichts, etwas, and elsewhere where there is no preceding noun

Ich glaube alles, **was** sie gesagt hat.
Das einzige, **was** mir gefiel, war . . . – *The only thing I liked was . . .*
Weißt du, **was** er gesagt hat?

NB4 *Anyone who* – **wer**

Wer so was tun kann, muß sehr tapfer sein – *Anyone who can do that must be really brave*

NB5 *Preposition + relative pronoun:* **da(r)**– + preposition is not used with relative pronouns.

Der Notizblock, **auf dem** du schreibst, ist aus Altpapier – *The pad you're writing on is made of recycled paper.*

NB6 *When* as a relative pronoun – Note use of preposition + relative pronouns and **wo**

Der Abend, **an dem** sie abfuhr . . . .
In dem Augenblick, **wo . . .**

als may also be used here, but not **wenn**

F3 Other pronouns

Wer? – *Who?* (Interrogative pronoun)

Nom Wer?
Acc Wen?
Gen Wessen?
Dat Wem?

Unlike English usage, where "whom" is disappearing, all forms of **wer** are in normal use in German.

Wen suchst du? – *Who are you looking for?*
Bei **wem** wohnt sie? – *Who's she staying with?*
Wessen Sohn ist das? – *Whose son is that?*

Was? – *What?* (Interrogative pronoun)

When used with a preposition, **was** is replaced by **wo(r)**–

Worauf wartest du? – *What are you waiting for?*
Wozu ist denn das? – *What's that for?*

(That's) mine, yours, etc. (Possessive pronouns)

Use **mein**–, **dein**–, **sein**– etc. with endings as for Group 2 adjectives (C3) EXCEPT in the Nominative singular

Masc mein**er**
Fem mein**e**
Neut mein**es**

Siehst du die zwei Wagen da drüben? Mein**er** war ziemlich günstig, aber mein Bruder hat DM60 000 für sein**en** bezahlt.
You see the two cars over there? Mine was quite reasonable, but my brother paid DM60 000 for his

Einer, eine, eines, etc *One (of the)*

Endings as for possessive pronouns above –
Siehst du die zwei Wagen da drüben? Ein**er** gehört mir. – *You see those two cars over there? One (of them) is mine.*

This, that (Demonstrative pronouns)

das is used in a general sense
Das ist ja schön! – That's really beautiful!
dieser, diese, dieses are used for **this, these**
der, die, das are used for *that, those*
(jener, jene, jenes are used infrequently in modern German)
Dieser ist billiger, aber **der** hier gefällt mir am besten - This one's cheaper, but I like that one best.

Jemand, niemand – (*Someone, noone*)

These may be found with or without endings. If endings are used, they are as follows:

Nom.	jemand
Acc.	jemand, jemanden
Gen.	jemand(e) s
Dat.	jemand, jemandem

Ich kenne **jemand(en)**, der den Unfall gesehen hat.
Der Polizist spricht mit **jemand(em)**, der vermutlich den Unfall gesehen hat.

G Word Order

G1 Position of the verb

1 *Main clause*
- Finite verb is the second idea (not necessarily the second word)
- Infinitives, past participles, and separable prefixes stand at the end of the clause.

Ich **gebe** dieses Jahr das Rauchen **auf** – *I'm giving up smoking this year.*
Letztes Jahr **habe** ich das Rauchen **aufgegeben**
Ich **muß** das Rauchen **aufgeben**

2 *Subordinate clause* – Finite verb stands at the end of the clause. (But see H12(3))
Wenn ich dieses Jahr das Rauchen **aufgebe, ...**
Als ich letztes Jahr das Rauchen **aufgegeben habe**, ...
Weil ich das Rauchen **aufgeben muß**, ...

3 *Sentences* – word order as for main and subordinate clauses above, but remembering that if the subordinate clause precedes the main clause, it counts as first idea.

Ich **kann** nächstes Jahr nach Amerika **fahren**, wenn ich dieses Jahr das Rauchen **aufgebe**.
Wenn ich dieses Jahr das Rauchen **aufgebe, kann** ich nächstes Jahr nach Amerika **fahren**.
„Ich bleibe hier", **sagte** er.

G2 Conjunctions

1 *Subordinating conjunctions* always stand at the head of a subordinate clause. As well as relative pronouns (see F2) they include

als*** – *when, as, than*	ob – *whether*
als ob* – *as if*	obwohl – *although*
bevor – *before*	ohne daß – *without*
bis – *until*	seit/seitdem – *since*
da – *as, because*	sobald – *as soon as*
damit – *so that, in order that*	so daß – *so that, with the result that*
daß** – *that*	solange – *as long as*
falls – *in case, if*	während – *while*
nachdem – *after*	weil – *because*
	wenn*** – *if, when, whenever*

*** *when:* **als** – (*once in the past*) **Als** ich ihn sah, . . .
wann – (*direct/indirect questions*) Ich weiß nicht, **wann** sie ankommt
wenn – (*present, future; whenever (all tenses)*) **Wenn** ich ihn sehe, ...

*** **Wenn** meine Eltern nach Spanien **fahren,** und ich kein Geld **habe,** bleibe ich zu Hause

** **daß** may be omitted in indirect statements
Er meint, es sei zu spät
or Er meint, **daß** es zu spät sei.

* **als ob** frequently drops **ob**, and is then followed by the verb
Es war so, **als** hätte ich . . . – *It was as if I had . . .*

2 *Coordinating conjunctions* – join two main or two subordinate clauses, usually two main. There are four of them –

aber – *but, however*
denn – *for*
oder – *or*
und – *and*

Meine Eltern **fahren** nach Spanien, **aber** ich **bleibe** zu Hause.

Note that, if the co-ordinating conjunction is followed by an adverb, the subject must be restated.
Sie fährt mit dem Bus in die Stadt **und geht dann** zu Fuß zum Büro.
Sie fährt mit dem Bus in die Stadt, **und dann geht sie** zu Fuß zum Büro.

3 *Adverbs* can also be used as conjunctions, and are then followed by the verb. The commonest are:
also – *so*
außerdem – *besides*
deshalb – *so, that's why*
kaum – *hardly*
sonst – *otherwise, or else*
trotzdem – *in spite of that*

Wir müssen gehen, **sonst** verpassen wir den Zug. – *We must go, or else we will miss the train.*
Kaum war er angekommen, wollte er wieder nach Hause.– *Hardly had he arived than he wanted to go home again.*

G3 Position of other words

1 *Adverbs* Normal order, where two or more adverbs occur together, is TIME – MANNER – PLACE
Wir wollen **heute ruhig zu Hause** bleiben.
If two adverbs of the same type occur together, the general stands before the specific:
Wir wollen **heute bis drei Uhr** zu Hause bleiben

This is not a hard and fast rule, however, and subtle variations of emphasis may be achieved by varying it; you should look closely at variations you come across.

2 **Nicht** usually stands *before* a predicative adjective, an adverb of manner or place, an infinitive, past participle or separable prefix.
Die Sprache ist **nicht** schwierig.
Sie verstehen diese Idee **nicht** sehr gut
Wir haben den Film **nicht** gesehen
Fährst du **nicht** mit?
If these are missing, it stands at the end.
Wir fahren heute nicht
Ich sah ihn **nicht**
Nicht may be placed elsewhere in the sentence to negate a particular idea.
Wir haben **nicht** den neuen Film gesehen, den letzten aber schon.
We haven't seen the new film, but we did see the last one.
Ich ging **nicht** mit ihr ins Kino, sondern mit ihrer Schwester.
I went to the cinema not with her, but with her sister.

3 **Direct and indirect objects** – These stand roughly in the same order as would apply in English if the word *to* did not exist
- *If both objects are nouns* – indirect (dative) before direct (accusative)
  Ich schicke mein**em** Freund ein**e** Postkarte
  I'm sending a letter to my friend
  I'm sending my friend a letter
- *If both objects are pronouns* – direct before indirect
  Ich schicke **sie ihm**
- *If one noun, one pronoun* – pronoun first
  Ich schicke **sie** meinem Freund
  Ich schicke **ihm** eine Postkarte.

G4 Emphasis and variations in word order

The rules of word order as stated above are not nearly as inflexible as they might at first appear; subtleties of meaning can easily be introduced

1 The start of the sentence is the main stress position, and almost any part of the sentence may be placed there for emphasis.

So was habe ich nie zuvor gesehen! – *I haven't seen anything like that before!*
Das wußte ich nicht! – *I didn't know that!*
Die wichtigsten Briefe hat er schon getippt.
Gelesen habe ich das alles schon, nur nicht geglaubt.

2 The end of the sentence may also be used to emphasise the subject.
An Bord des Schiffes befanden sich zu jenem Augenblick 200 Seeleute.

3 The position of adverbs, including **nicht**, can also be varied. See G3(1) and (2).

H Verbs

H1 Weak/Strong Verbs

Most German verbs belong to one of two groups –
Weak verbs, where only the endings change
Strong verbs, also change their endings; the stem vowel may change too.

There are three other small groups of verbs:
Mixed verbs (8), which have endings as for weak verbs, but which undergo a stem vowel change in the past tenses e.g. brennen, denken
Modal verbs (6), e.g. können, wollen
Irregular verbs, of which there are very few in German; e.g. haben, sein.

H2 The Present Tense

Weak: sagen – *to say*		**Strong:** fahren – *to go*	
ich	sag**e**	ich	fahr**e**
du	sag**st**	du	**fährst**
er/sie/es	sag**t**	er/sie/es	**fährt**
wir	sag**en**	wir	fahr**en**
ihr	sag**t**	ihr	fahr**t**
sie/Sie	sag**en**	sie/Sie	fahr**en**

Weak and strong verbs share the same set of endings.
Some strong verbs change their stem vowel, but only in the du & er/sie/es/ forms.

Irregularities

Verb stems ending in **–d, –t,** or **–n** add **–e–** before the ending, as they would otherwise be difficult to pronounce, unless the stem vowel changes, as in a strong verb. This applies to both present and imperfect tenses.

arbeiten: du arbeit**e**st, er arbeit**et,** ihr arbeit**et** (pres.)
zeichnen: du zeichne**te**st, er zeichne**te**, ihr zeichne**tet** (impf.)
binden: er bind**et** *But*: du band**st**
reiten: er reit**et** *But*: du ritt**st**

Uses

1 er liest – *he reads (frequently)*
– *he is reading (now)*

2 To indicate *the future* (as in English)
Wir fahren morgen **ab** – *We're leaving tomorrow*

3 With **seit** or **schon** to emphasise that the action still continues
ich **kenne** ihn seit fünf Jahren

BUT: If the sentence is negative, use the perfect tense, as in English
So etwas **habe** ich seit langem nicht **gesehen** –
I haven't seen anything like that for a long time

4 To heighten the drama of a passage, sometimes in long sections.
Er ging endlich ins Bett; aber plötzlich **sind** im leeren Haus Schritte zu hören . . . .

H3 The Imperfect/Simple Past Tense

Weak: sagen – *to say*		**Strong:** fahren – *to go*	
ich	sag**te**	ich	fuhr
du	sag**test**	du	fuhr**st**
er/sie/es	sag**te**	er/sie/es	fuhr
wir	sag**ten**	wir	fuhr**en**
ihr	sag**tet**	ihr	fuhr**t**
sie/Sie	sag**ten**	sie/Sie	fuhr**en**

All strong verbs undergo a vowel change, and this often remains changed in all forms of the verb.

Irregularities

Some verbs add **–e–** between stem and ending, as in the present tense. (See H2)

Uses

1 er las – *he read*
– *he was reading*
– *he used to read*

2 With **seit** or **schon** to show that the action was still continuing
Er sprach schon seit zwei Stunden, als ich endlich einschlief.

H4 The Perfect Tense

Haben *or* **Sein** + *PAST PARTICIPLE*

(present tense)

	WEAK	*STRONG*
	ge-(stem)-t	ge-(stem)-en (vowel may change)
ich habe / er hat	gesagt	gesungen
ich bin / er ist	gesegelt	gefahren

Irregularities

1 Weak verbs whose stem engs in **-d-**, **-t-**, or **-n-** add an **-e-** before the final **-t**
ich habe gearbeitet; sie hat gezeichnet

2 **ge-** is not added to the past participles of
i. verbs ending in **-ieren**
Hast du diesen Wein prob**iert**?
ii. verbs with an inseparable prefix (see H15)
e.g. **be-**, **ver-**, **zer-**, **ent-**
Ich habe Kaffee **bestellt**.
Wir haben zwei Wochen in Rom **verbracht.**

Haben *or* **sein** *as auxiliary*

Sein verbs are mostly *intransitive* (they are not followed by a direct object) and describe *movement* or *change of state*
Er **ist** eingeschlafen – *he has fallen asleep*
Some verbs may be used *transitively* and *intransitively*
Wir **sind** in die Stadt **gefahren**.
Ich **habe** mein neues Auto **gefahren**.
Apart from strong verbs which take **sein** (see pages 171–4), there are also several weak verbs which should be known:

aufwachen – *to wake up*	klettern – *to climb*
passieren – *to happen*	segeln – *to sail*
stürzen – *to rush*	rudern – *to row*

Uses of the perfect tense

er **hat gesagt** – *he said*
– *he has said*
The perfect tense is used for past events,
Er **hat** sich das Bein **gebrochen**;
The perfect tense is also used as a substitute for the future perfect,
Bis morgen **habe** ich das Buch zu Ende **gelesen** – *I will have finished reading the book by tomorrow*

Perfect tense or imperfect tense?

In books, newspapers, etc the perfect and imperfect are used much as in English, with the imperfect providing the main narrative tense for events which are felt to lie very much in the past
Letztes Jahr **unternahm** der Bundespräsident eine Reise nach . . .
For very recent events, or ones which are felt to have a bearing on the present, the perfect is used
Gestern **hat** der Bundespräsident **mitgeteilt**, daß . . .

In *conversation and letters* the rules are even less firm; Germans mix the two tenses, even in the same sentence, with haben, sein, and the modal verbs being those most frequently found in the imperfect
Ja, ich **habe** überall **gesucht**, aber ich **konnte** ihn nicht **finden** . . .

In South Germany and Austria, the perfect tense is used more frequently, while in North Germany the imperfect is preferred

H5 The Pluperfect Tense

As for the perfect tense, but using the imperfect tense of **haben** or **sein** as auxiliary –
Er **hatte** das Buch schon **gelesen** – *He had read . . .*
Sie **war** am vorigen Tag **abgefahren** – *She had left . . .*

Irregularities

As for the perfect tense

Use

The pluperfect is used in a narrative in the past to indicate prior events
Als er nach Hause kam, **hatte** ich die Polizei schon **angerufen.**

H6 The Future Tense

werden (present tense) + **infinitive**

ich **werde** .... **anrufen**

due **wirst** .... **fahren**
etc.

Use

er **wird singen** – *he will sing*
– *he is going to sing*

Germans tend to prefer to use the present tense, usually with an adverb of time –
Bald **singt** er – *He's going to sing soon*
Kommst du morgen? – *Will you come tomorrow?*

The future tense is useful for emphasis –
Eines Tages **werden** wir euch **besuchen**! – *One day we **will** visit you!*

H7 The Future Perfect

A combination of future and perfect tenses –
Er **wird** den Bus wieder **verpaßt haben** – *He's probably missed the bus again*
Sie ist nicht zu Hause; sie **wird** schon **abgefahren sein** – *She's not at home; she'll have left already.*

Use

The future perfect is used, as in the above examples, to indicate a supposition; apart from this, it is rarely used. See note on uses of the perfect tense (H4).

H8 The Imperative

du Weak verbs: stem of infinitive
Strong verbs: stem of infinitive *unless* stem vowel change is **-e-** to **-i-** or **-ie-**, in which case the stem of the **du** form is used.
ihr All verbs use the **ihr** form of the present tense, without **ihr.**
Sie All verbs use the **wir** and **Sie** forms of the verb, inverted.

Examples

	du	ihr	Sie	wir
Weak				
machen	mach!	macht!	machen Sie!	machen wir!
Strong				
sprechen	sprich!	sprecht!	sprechen Sie!	sprechen wir!
gehen	geh!	geht!	gehen Sie!	gehen wir!
Irregular				
(one only) sein	sei!	seid!	seien Sie!	seien wir!

Mach das Buch **zu**! – *Close that book!*
Bleibt hier! – *Stay here!*
Geben Sie mir bitte Ihren Paß! – *Please give me your passport!*
Setzt euch! – *Sit down!*

Official instructions

On notices or in announcements, and in recipes, instructions with equipment, etc. the infinitive is often used

Bitte **einsteigen** und Türen **schließen**!
Die Äpfel **schälen** und in kleine Würfel **schneiden** . . . – *Peel the apples and cut them into small cubes . . .*

H9 The Passive

A sentence such as –
Sein Freund kaufte meinen alten Wagen
(subject) (verb) (object)
may be expressed as –
Mein alter Wagen wurde von seinem Freund gekauft
(subject) (verb) ("agent")
The direct object of the first sentence is now the subject

werden + past participle, (with **von + agent**, if there is one)

Mein Wagen **wird** von seinem Freund **gekauft** –
. . . *is being bought by* . . .
. . . . **wurde** . . . . **gekauft** –
. . . . *was bought by* . . . .
. . . . **ist** . . . . **gekauft worden**
– . . *has been bought by* . .

NB *by + agent*
von = *by* (usually with people)
durch = *through, by means of* (people or things)
Das Auto wurde **durch** eine Bombe zerstört

The passive is by no means as common in German as in English, particularly in tenses other than those shown above. German tends to prefer a normal (active) sentence format; some equivalents of an English passive are –

man
Man macht es so: . . . *It's done like this:* . . .
sein + infinitive
Er **ist** nicht **zu finden** – *He can't be found*
lassen
Das Fenster **läßt** sich nicht öffnen – *The window can't be opened.*

H10 Subjunctive Forms of Verbs

Apart from the tenses shown above, (the *indicative* forms), there are the *subjunctive* forms. The first of these is based on the present indicative and is used for indirect, or reported, speech. The second is based on the imperfect indicative, and is most often used for the *conditional* and other unreal or hypothetical events.

Subjunctive 1 ("present" subjunctive)

Add the subjunctive endings to the stem of the *infinitive*, whether it be weak, strong, modal or irregular. **Sein** is of course the only verb with any peculiarities

ich	hab**e**	fahr**e**	könn**e**	sei
du	hab**est**	fahr**est**	könn**est**	sei **(e) st**
er/sie/es	hab**e**	fahr**e**	könn**e**	sei
wir	hab**en**	fahr**en**	könn**en**	sei**en**
ihr	hab**et**	fahr**et**	könn**et**	sei**et**
sie/Sie	hab**en**	fahr**en**	könn**en**	sei**en**

Subjuntive 2 ("imperfect" subjunctive)

Add the same endings as above to the stem of the *imperfect*, which adds an umlaut (except for sollte and wollte and all weak verbs)

ich	hätt**e**	führ**e**	könnt**e**	wär**e**
du	hätt**est**	führ**est**	könnt**est**	wär**est**
er/sie/es	hätt**e**	führ**e**	könnt**e**	wär**e**
wir	hätt**en**	führ**en**	könnt**en**	wär**en**
ihr	hätt**et**	führ**et**	könnt**et**	wär**et**
sie/Sie	hätt**en**	führ**en**	könnt**en**	wär**en**

Subjunctive 2 forms of weak verbs are therefore identical with imperfect indicative.

H11 Indirect Speech

Use the appropriate form of Subjunctive 1. This still holds true with tenses other than the present: use Subjunctive I of the auxiliary or modal verb. The tense of the context has no effect on the tense of that which is being reported.

Examples

Present
Er sagte: „Ich fahre nicht mit"
Er sagte, er **fahre** nicht mit.
Er sagte: „Ich kann mitfahren"
Er sagte, er **könne** mitfahren

Past
Er sagte: „Ich bin nicht mitgefahren"
Er sagte: „Ich fuhr nicht mit"
Er sagte, er **sei** nicht **mitgefahren**
Er sagte: „Ich konnte mitfahren"
Er sagte, er **habe** mitfahren **können**

Future
Er sagte: „Ich werde mitfahren"
Er sagte, er **werde mitfahren**.

When the Subjunctive 1 form is the same as the indicative form, however, then the Subjunctive 2 form is used

Sie sagten: „wir fahren mit"
Sie sagten, sie **führen** mit.
Sie sagten: „wir haben das Museum besucht"
Sie sagten, sie **hätten** das Museum besucht.
Sie sagten: „wir können euch helfen"
Sie sagten, sie **könnten** uns helfen.

The subjunctive distances the speaker from the truth of what is being reported (as needed in news reports); if you are reporting statements which you know to be reliable (such as your own or those of a friend), it is more normal to use the Indicative tenses

Ich habe dir schon gesagt, daß ich nicht mitfahren **konnte**
Mein Freund Markus hat mir gesagt, daß er morgen keine Zeit **hat.**

H12 Conditional

For most verbs, use the Subjunctive 2 of **werden** together with an infinitive

ich **würde** .... **fahren**	wir **würden**....... **fahren**
du **würdest**....... **fahren**	ihr **würdet**........ **fahren**
er/sie/es **würde**... **fahren**	sie/Sie **würden**... **fahren**

Haben, sein, and modal verbs, however, are usually used in their Subjunctive 2 forms (e.g. wäre, könnte). Written German does not use **würde** in the same clause as **wenn,** although this is quite common in colloquial German.

Uses

1 To show *doubt, possibility* –
Wenn ich reich **wäre, würde** ich viel ins Ausland **reisen**
If I were rich, I would travel abroad frequently
An deiner Stelle **würde** ich ein besseres Auto **kaufen**
If I were you, I would buy a better car
Du **könntest** ihn **anrufen**
You could phone him up
Du **hättest** ihn anrufen **können**
You could have phoned him up
An deiner Stelle **wäre** ich zu Hause **geblieben**
In your position I would have stayed at home

2 In *polite requests*
Könnten Sie mir helfen?
Ich **möchte** . . .

NB1 *I could* can mean both *I was able to* (ich konnte) and *I would be able to* (ich könnte)

NB2 In literary style, **wenn** is sometimes replaced by the inversion of subject and verb
Hätte ich das gewußt, . . .
Wenn ich das gewußt hätte, . . . – *If I had (Had I) known that, . . .*

NB3 If the subordinate clause contains a modal infinitive, it must stand at the end of the clause

Obwohl ich das Auto nicht **hätte kaufen sollen**, . . . – *Although I shouldn't have bought the car, . . .*

H13 Modal Verbs

Modal verbs, of which there are six, are so called because they indicate the mood of the action (*Can* I go? – You *must* go!).

Present tense

können – *can, to be able to*

ich	kann
du	kann**st**
er/sie/es	kann
wir	könn**en**
ihr	könn**t**
sie/Sie	könn**en**

müssen – *must, to have to*

ich	muß
du	muß**t**
er/sie/es	muß
wir	müss**en**
ihr	müß**t**
sie/Sie	müss**en**

mögen – *to like*

ich	mag
du	mag**st**
er/sie/es	mag
wir	mög**en**
ihr	mög**t**
sie/Sie	mög**en**

dürfen – *may, to be allowed to*

ich	darf
du	darf**st**
er/sie/es	darf
wir	dürf**en**
ihr	dürf**t**
sie/Sie	dürf**en**

wollen – *to want to*

ich	will
du	will**st**
er/sie/es	will
wir	woll**en**
ihr	woll**t**
sie/Sie	woll**en**

sollen – *ought to, should*

ich	soll
du	soll**st**
er/sie/es	soll
wir	soll**en**
ihr	soll**t**
sie/Sie	soll**en**

Imperfect tense

Use the stem of the infinitive (minus the umlaut) with weak verb imperfect endings –

können – ich konn**te** (*could, was able to*)

du	konn**test**
er/sie/es	konn**te**
wir	konn**ten**
ihr	konn**tet**
sie/Sie	konn**ten**

müssen – ich mußte (had to), du mußtest, etc.
dürfen – ich durfte (was allowed to), du durftest, etc.
mögen – ich mochte (liked), du mochtest, etc.
wollen – ich wollte (wanted to), du wolltest, etc.
sollen – ich sollte (ought to, should), du solltest, etc.

Perfect tense

haben (present tense) + **past participle of modal**
- if used with another verb, use the infinitive as past participle
e.g. Ich habe es verkaufen **müssen**
- if used alone

gekonnt	gemußt
gedurft	gemocht
gewollt	gesollt

Modal verbs are not often found in the perfect tense in modern German, particularly in conversation, where the imperfect is almost always preferred

Er **hat** das Buch nicht **finden können.**
Er **konnte** das Buch nicht finden.

Uses

Apart from the basic English equivalents given above, modal verbs have other uses; note that they are almost always used with another verb in the infinitive.

können – *possibility*
Das **könnte** wahr sein – *That could be true*
Er **kann** gut Deutsch – *He speaks German well*

müssen + **nicht** – *don't have to, don't need to*
Du **mußt nicht** hier mitfahren – *You don't need to come with us* (cf. dürfen)
NB cf. Er **muß** viel lernen – *He has to learn a lot*
Er hat viel zu lernen – *He has a lot to learn*

dürfen + **nicht** – *must not*
Du **darfst nicht** mitfahren – *You musn't go with them*

mögen – *possibility*
Es **mag** sein, daß . . . – *It may be true that . . .*
– *concession*
Mag sie auch reich sein, . . . – *Even though she may be rich, .*

wollen + eben – *to be about to*
Ich **wollte** dich eben anrufen! – *I was about to phone you!*
– *claim, pretence*
Sie **wollen** nichts gesehen haben – *They claim not to have seen anything*
– *with things*
Der Motor **wollte** nicht anspringen – *The engine refused to start*
– *polite imperatives*
Wollen wir gehen? – *Shall we go?*

NB would — Ich würde es nicht verkaufen – *I wouldn't sell it (even if I need the money)*
Ich wollte es nicht verkaufen – *I wouldn't sell it (I wanted to keep it)*

sollen – *is supposed to be*
Das Buch **soll** sehr interessant sein – *The book is supposed to very interesting*
– *commands*
Du **sollst** hier bleiben – *You're to stay here*

There are many other variations in the use of modal verbs. Note and learn new ones as you meet them.
See also word order (G1).

H14 Mixed Verbs

There are seven mixed verbs –

brennen	– *to burn*	wenden	– *to turn*
kennen	– *to know (person)*	bringen	– *to bring*
nennen	– *to call, name*	denken	– *to think*
senden	– *to broadcast, send*		

Mixed verbs, as their name implies, are a mixture of weak and strong verb patterns in the past tenses –
Imperfect – all stem vowels change to **-a-**; add weak verb endings
e.g. ich k**a**nnte, du br**a**chtest
Perfect – all stem vowels change to **-a-**; past participle ends in **-t.**
e.g. ich habe gek**a**nn**t**, du hast gebr**a**ch**t**
See list following Grammar Section.

H15 Reflexive Verbs

A reflexive verb is one in which the subject and the object both refer to the same person or thing
e.g. **Ich** wasche **mich**
Wir freuen **uns** auf deinen Besuch
Reflexive verbs can be weak, strong, separable or inseparable, and always use **haben** to form the perfect tense.

e.g. **sich waschen** – *to have a wash*

ich **wasche mich**	wir **waschen uns**
du **wächst dich**	ihr **wascht euch**
er/sie/es **wäscht sich**	sie/Sie **waschen sich**

See also F1 (pronouns)

H16 Separable and Inseparable Verbs

German verbs may add a separable or an inseparable prefix.
Separable prefixes are usually prepositions or adverbs such as

ab-	ein-	zu-	los-
an-	mit-	zurück-	hin-
auf-	nach-	fern-	her-
aus-	vor-	fort-	

The infinitive is always pronounced with the stress on the prefix, e.g. **an**kommen

hin- and **her-** can be added to other prepositions to give a more exact idea of the direction of the movement: **hin** - away; **her** – towards.

Er kletterte den Berg hinauf (*up the mountain – away from us*)
Kommen Sie **her**ein!
Gehen Sie **hin**ein!

Position of prefixes

– With *infinitives* and *participles*, the prefix remains attached to the verb, with ge- intervening in the case of the perfect tense:
aufstehen – *to get up*
Ich bin um sechs **aufgestanden**
die **aufgehende** Sonne – *the rising sun*

– With **finite** verbs, the prefix stands alone at the end of a main clause, but is attached to its verb in a subordinate clause: Ich **stehe** um sechs **auf**
Wenn ich um sechs **aufstehe,** . . .

Inseparable prefixes are never separated from the verb. The commonest are –

be-	emp-	ent-	er-	ver-
zer-	ent-	miß		

The stress in pronunciation is never on the prefix: bespr**ech**en
The past participle never adds **ge-**
Some common meanings worth remembering are:

be- changes intransitive verb into transitive
e.g. to enter: eintreten in/betreten
er- denotes success, finality
e.g. erreichen – *to reach*
schießen – *to shoot*; erschießen – *to shoot dead*

ver- changes original verb into its opposite
e.g. kaufen – *to buy*; verkaufen – *to sell*
implies error
e.g. laufen – *to run*; sich verlaufen – *to lose one's way*
zer- denotes destruction
e.g. brechen – *to break*; zerbrechen – *to smash*

NB There are a few common verbs with prepositions as prefixes which are inseparable (stress falls on the verb in pronunciation)
überqueren – *to cross*
überraschen – *to surprise*
übersetzen – *to translate*
überweisen – *to transfer*
umgeben – *to surround*
unterbrechen – *to interrupt*
wiederholen – *to repeat*

Verbs with inseparable prefixes do not add **ge**- in the perfect tense
Wir haben unser Auto **verkauft.**
Sie hat das Geld auf mein Konto **überwiesen.**

H17 Impersonal Verbs

Impersonal verbs are used in the third person, often with **es** as subject. Many of them concern the weather (es regnet; es friert), or health (Es ist mir schlecht; Wie geht es Ihnen?)
There are too many impersonal phrases to give a complete list, but here are some which do not have corresponding impersonal forms in English –

es ärgert mich – *I'm annoyed*
es ekelt mich – *I'm disgusted*
es freut mich – *I'm pleased*
es wundert mich – *I'm surprised*
es tut mir leid – *I'm sorry*
es ist mir warm/kalt – *I'm hot/cold*
es geht mir gut – *I'm fine*
es ist mir egal – *I don't mind*
es gefällt mir – *I like it*
es fällt mir ein, daß . . . – *I have an idea that . . .*
es klingelt – *the bell is ringing*
es klopft – *someone's knocking*

With many impersonal expressions, a noun or pronoun may be used as subject:
Meine Füße tun mir weh – *My feet hurt*
Diese Musik gefällt mir – *I like this music*

es gibt and **es ist/sind**

Es gibt is the usual expression for *there is, there are* –
Hier **gibt es** nichts zu sehen – *There's nothing to see here*
Es gibt viele Leute, die das glauben – *There are many people who believe that.*

Es ist, es sind are used to denote a rather more defined presence –
Es ist ein Paket für dich da – *There's a parcel for you*
Es sind zwei Männer vor dem Haus – *There are two men outside the house*

German frequently uses neither of these expressions, preferring a more definite verb
Viele Leute glauben das
Zwei Männer stehen vor dem Haus

H18 Verbs With Different Transitive and Intransitive Forms

Most verbs which can be used transitively or intransitively have identical forms for both
e.g. lesen –
transitive – ich lese ein Buch
intransitive – ich lese im Wohnzimmer
There are some, however, which have different forms. The commonest are –

Intransitive	*Transitive*
erblinden – *to go blind*	blenden – *to blind, dazzle*
ertrinken – *to drown*	ertränken – *to drown (s.o.)*
aufwachen – *to wake up*	wecken – *to wake (s.o.)*
fallen – *to fall*	fällen – *to fell*
fortfahren – *to continue*	fortsetzen – *to continue*
hängen (strong) – *to hang*	hängen (weak) – *to hang*
liegen – *to lie, to be lying*	legen – *to lay*
	sich hinlegen – *to lie down*
sinken – *to sink*	senken – *to lower*
	versenken – *to sink a ship*
sitzen – *to sit, be sitting*	setzen – *to place*
	sich (hin)setzen – *to sit down*
springen – *to jump*	sprengen – *to blow up*

Note that all of the transitive forms are weak, while all of the intransitive forms, with the exception of **erblinden** and **aufwachen** are strong –

Er **hängte** das Bild an die Wand
Das Bild **hing** an der Wand
Sie **legte** sich auf das Sofa hin
Bücher **lagen** überall auf dem Boden

H19 Verbs plus Infinitives

Verb + infinitive is used –

1 with modal verbs
Du **mußt** hier **bleiben** – *You must stay here*

2 with gehen, sehen, and hören
Wir **gingen** gestern **einkaufen**
Ich **hörte** sie **plaudern** – *I heard them chatting*

3 lassen (to have something done/let)
Er **ließ** sich ein Haus **bauen** – *He had a house built*
Laß bald von dir **hören!** – *Write soon!*

Verb + zu + infinitive is used –

1 with all other verbs
Ich **hoffte,** dich **zu besuchen**
Es **hat aufgehört zu regnen.**

2 Note also –
um . . . zu . . .
Sie ging ins Kaufhaus, **um** ein Geschenk **zu** kaufen . . . . *(in order) to buy* . . .
ohne . . . zu . . .
Er machte es, **ohne** mich **zu** fragen
. . . without asking me.
anstatt . . . zu . . .
Gehen wir ins Kino, **anstatt** hier **zu** bleiben.
. . . instead of staying here

H20 Verbs Followed by the Dative

The direct object of some verbs, instead of being in the accusative, as is normal, is in the dative. Some common ones are –

antworten – *to answer (somebody)*
begegnen* – *to meet (by chance)*
danken – *to thank*
drohen – *to threaten*
einfallen – *to have an idea*
entkommen* – *to escape*
erlauben – *to allow (somebody)*
fehlen – *to be missing*
folgen* – *to follow*
gefallen – *to please (like)*
gehören – *to belong to*
geschehen* – *to happen*
glauben – *to believe (a person)*
gratulieren – *to congratulate*
helfen – *to help*
lauschen – *to listen (intently)*
leid tun – *to be sorry for*
nachgeben – *to give in/yield*
nachsehen – *to follow with one's eyes*
sich nähern – *to approach*
nützen – *to be of use to*
passen – *to fit, be convenient*
passieren* – *to happen*
raten – *to advise*
schaden – *to damage*
schmecken – *to like (taste)*
stehen – *to suit*
trauen – *to trust*
vergeben – *to forgive*
weh tun – *to hurt*
widerstehen – *to resist*
zuhören – *to listen to*
zusehen – *to watch*
zustimmen – *to agree with/vote for*

* use **sein** in perfect tense

Examples

Sie antwortete **mir** (person)
Sie {antwortet auf / beantwortet} meinen Brief (thing)

Wir sind **ihnen** in der Stadtmitte begegnet – *We met them in the town centre*

NB gefallen, einfallen, leid tun, schmecken are used impersonally
Deine neue Jacke **gefällt** mir – *I like your new jacket*
Es **fällt** mir ein, daß . . . – *It occurs to me that . . .*
Es **tut** mir **leid** – *I'm sorry for him*
Schmeckt es Ihnen? – *Do you like it? (food)*

H21 Verbs Followed by Certain Prepositions

As in English, many verbs are used with particular prepositions. There is room here for only a very few examples –

sich erinnern an + acc – *to remember*
glauben an + acc – *to believe in*
sich freuen auf + acc – *to look forward to*
warten auf + acc – *to wait for*
sich verlassen auf + acc – *to rely on*
bestehen auf + dat – *to insist on*
helfen bei + dat – *to help with*
sich interessieren für + acc – *to be interested in*
sprechen mit + dat – *to talk to*
bitten um + acc – *to ask for*
zittern vor + dat – *to shake with*
passen zu + dat – *to match*

e.g. Ich **freue mich auf** deinen Besuch

When these verbs are followed by another verb (often ending in **-ing** in English), the sentence is constructed as follows –

Ich **freue mich darauf,** daß du uns im Sommer besuchst
I'm really looking forward to you visiting us in the summer
Ich **freue mich darauf,** dich wiederzusehen
I'm really looking forward to seeing you again

I Miscellaneous

Numbers Some points worth noting –

1 – **eins** is used in counting e.g. hundert**eins** (NB **ein**undzwanzig etc.)
– If a noun is used, or implied, use ein/eine etc. with appropriate case endings.
vor **einer** Woche – *a/one week ago*
„Wer hat **einen** Kuli?" – „Ich habe **einen**"

2 – **zwo** is often used instead **zwei** in situations where there could be confusion with **drei,** e.g. on the telephone.

3 – Most numbers are feminine when used as nouns.
Im Abi hat sie eine **Zwei** geschrieben.
Eine **Million** Menschen . . .
– **Dutzend, Hundert** and **Tausend** are neuter when used as nouns.
Hunderte unsrer Schüler – *Hundreds of our pupils*

4 – The decimal point is represented by a comma in German.
1,5 – one point five

5 – Dates in letters are written either 13.9.88 or den 13. September

6 – Amounts: masc/neut. measures always use singular form; feminine measures use plural form as well.
drei Kilo Kartoffeln
zwanzig Kilometer
fünf Mark
zwei Glas Bier
fünfzig Liter Benzin
BUT **vier** Flasch**en** Bier
zwei Tass**en** Tee

ß or ss?

Use **-ss-** if preceded by a short vowel and followed by another vowel; Otherwise use **ß.**

lassen, er läßt, sie verließen
russisch, Rußland
Fluß, Flüsse

Grammar Exercises

Einheit 1

Modalverben (Siehe H13)

Für jeden Satz wählen Sie ein passendes Modalverb aus; schreiben Sie dann jeden Satz im Präsens, im Imperfekt und im Perfekt.

z.B. Wir . . . . nach München fahren.

Antwort: Wir **wollen** nach München **fahren.**
Wir **wollten** nach München **fahren.**
Wir **haben** nach München **fahren wollen.**

a Ich . . . . meine Hausaufgaben heute machen.
b Wir . . . . mit der Bahn in die Alpen.
c . . . . du mit ihnen in Urlaub fahren?
d In diesem Abteil . . . . man nicht rauchen.
e Eigentlich . . . . er erst am Wochenende ankommen.
f Mit einem Zuschlag . . . . wir mit dem IC-Zug fahren.
g Also . . . . der Abflug spätestens am 16. November stattfinden.
h Die Deutschen . . . . nicht auf ihre Autos verzichten.
i Weil der Zug so billig ist, ... mein Bruder und ich öfters unsere Oma besuchen.
j Weil sie am Bahnhof ein Auto mieten . . . . , ... sie vorher anrufen.

*Verben + Infinitiv mit/ohne **zu*** (Siehe H19)

Ergänzen Sie die folgenden Sätze, indem Sie den Infinitiv des eingeklammerten Verbs (wenn nötig mit **zu**) gebrauchen.

Setzen Sie dann die Sätze auch ins Perfekt.

z.B. Wir fahren nach Hamburg. (beschließen)
Antwort: Wir **beschließen,** nach Hamburg **zu fahren.**
Wir **haben beschlossen,** nach Hamburg **zu fahren.**

a Holger kauft ein Tramper-Monats-Ticket. (sich entscheiden)
b Er steigt in Köln um. (müssen).
c Wir kaufen bald einen VW. (hoffen)
d Sie bekommen hier eine Unterkunft (können)

e Die zwei Freunde essen einen Salat. (anfangen)
f Mein Onkel baut ein neues Haus. (lassen)

Ergänzen Sie folgende Sätze mit einem Infinitiv (mit **zu,** wenn nötig)
z.B. Ich habe keine Lust . . . . . .
Antwort: Ich habe keine Lust, ins Kino **zu gehen.**

g Es ist unmöglich . . . .
h Mein Bruder weiß . . . .
i Sie sahen den alten Mann . . . .
j Ich hörte ihn . . . .
k Wir beschlossen dann . . . .
l Nach dem Abendessen versuchten die zwei Freunde . . . . . .
m Wir gehen heute um 8 Uhr . . . .

Wortfolge (Siehe G)

Verbinden Sie die folgenden Sätze mit der eingeklammerten Konjunktion. Die Konjunktion gehört manchmal an den Anfang, manchmal in die Mitte Ihres Satzes.

a Holger fuhr zum Bodensee. Er wollte windsurfen gehen. (weil)
b Sie hat ihre Geschäftsreise geplant. Sie hat sie ihrer Chefin erklärt. (und)
c Der Zug fuhr gerade ab. Sie kamen am Bahnhof an. (als)
d Mit Christine verbringe ich eine Woche in den Alpen. Ich lernte sie in der Jugendherberge kennen. (die)
e Ich habe einen Ausflug nach Frankfurt gemacht. Ich war um 8.00 Uhr angekommen. (nachdem)
f Er hatte seine Fahrkarte verloren. Er mußte eine neue kaufen. (also)
g Du sollst büffeln. Du fällst durch. (sonst)
h Ich habe einen neuen CD-Plattenspieler gekauft. Ich hätte das nicht machen sollen. (obwohl)
i Wir sind aufgestanden. Wir haben uns angezogen. Wir haben die Zeitung gelesen. (bevor, und)
j Ich ließ mir zwei Theaterkarten bestellen. Ich rief die Kasse an. (indem)
k Ich bin mit dem Zug hingefahren. Schneller ankommen (um . . . zu)
l Sie sind erst um 10.15 am Bahnhof angekommen. Sie haben den Zug verpaßt. (deshalb)

Einheit 2

Fälle/Adjektive (Siehe C3)

Füllen Sie die Lücken aus

a D . . . meist . . . . ausländisch . . . . Touristen besichtigen zuerst d . . . berühmt . . . Dom.
b In Sommer fuhren m . . . . älter . . . Bruder und s . . . . . französisch . . . . Freundin mit ihr . . . . Schulfreunde . . . . nach Sizilien, eine . . . Insel i . . . . Mittelmeer.
c Letzt . . . Jahr haben zwei nett . . . . Mädchen aus unser . . . Klasse ein . . . herrlich . . . . Fahrradtour durch d . . . . . Moseltal gemacht.
d Ihr . . . . Vater war früher ein . . . . wohlbekannt . . . . . Rechtsanwalt.
e Unser . . . . beliebt . . . . . Freund gab mein . . . . . Frau ein . . . . toll . . . . . . Geschenk zu . . . . . Geburtstag.
f Von hier aus kann man schön . . . . Ausflüge an d . . . . Starnbergersee und in d . . . . Alpen machen.
g An d . . . . . See befinden sich d . . . . schönst . . . . . . Gebiete Deutschlands mit mittelalterlich . . . . Kathedralen, ein . . . . flach . . . . Landschaft und malerisch . . . . Hafenstädte . . . . .
h Gut . . . . . Wein ist ein . . . . d . . . . schönst . . . . Reize ein . . . . Urlaub . . . . in Südfrankreich.
i Ein . . . . . . Tag . . . . haben unser . . . . deutsch . . . . Freunde ein . . . . unerwartet . . . . Brief von ihr . . . . ehemalig . . . . Geschäftspartner . . . . bekommen.
j Trotz d . . . . hoh . . . Preis . . . haben wir ein . . . romantisch . . . Urlaub in d . . . Karibik gebucht.
k Wegen d . . . . Sonderangebot . . . erlaubte er sein . . . Sohn, ein . . . . neu . . . . . Fahrrad zu kaufen.
l Er plante d . . . . lang . . . Geschäftsreise, um d . . . . neu . . . . . Direcktor zu helfen.
m „Einsam . . . . Strände, großartig . . . . . Landschaft, Märkte mit kunterbunt . . . Völkergemisch" las m . . . (*me*) d . . . Reisebüroangestellte aus d . . . . Broschüre vor. „Fällt Ih . . . . (*you, polite*) etwas Besser . . . . ein?"

Wortfolge (Siehe G)

Ändern Sie diese Sätze, damit andere Teile des Satzes betont werden –

z.B. Land und See vermischen sich hier auf vollkommene Weise.
Antworten: **Hier** vermischen sich Land und See auf vollkommene Weise. **Auf vollkommene Weise** vermischen sich hier Land und See.

a Brighton ist das ganze Jahr über einer der beliebtesten Ferien– und Badeorte in

Großbritannien.

b Von den steilen Bergen der North Downs hat man eine wunderschöne Aussicht auf Heide– und Waldländer.

c In Eriwan, der Hauptstadt der Sowjetrepublik Armenien, haben sich nach Berichten von Augenzeugen in dieser Woche 50000 bis 100000 Armenier zu einem Protestmarsch versammelt.

d In den nächsten 50 Jahren werden mindestens 3000 Menschen aus der Umgebung der sowjetischen Stadt Tschernobyl an den Folgen von Strahlenschäden sterben, sagte der amerikanische Mediziner Robert Gale am Wochenende auf einer Tagung in der ukrainischen Hauptstadt Kiew.

e Wenige Stunden vorher hatten Terroristen einen Polizeibus und ein Priester-Seminar, das der Papst besuchen will, überfallen.

Einheit 3

Relativpronomen (Siehe F2)

Setzen Sie die richtigen Relativpronomen in die Lücken ein:

a Der Mann, ... sie auf Urlaub kennenlernte, war spurlos verschwunden.

b Peter, ... sehr schlank aussah, hatte immer viele Freunde.

c Wir saßen zusammen im Cafe, ... Besitzer eine rote Jacke trug.

d Alles, ... ich gesehen habe, war wunderschön.

e Mein Schwiegervater, ... wir eine goldene Armbanduhr schenkten, freute sich sehr.

f Die zwei Mädchen, mit . . . . . . wir befreundet sind, wohnen im nächsten Dorf.

g Die Männer, ... die Polizisten folgten, waren eigentlich unschuldig.

h Ich verließ die Frau, in . . . . ich mich verliebt hatte.

i Auf dem Tisch lagen noch die Zigaretten, ... (auf) ich verzichtet hatte.

j Er wollte mit mir ins Kino gehen, ... mir gar nicht gefallen hat.

Verbinden Sie die folgenden Sätze mittels eines Relativpronomens –

z.B. Ich kaufte einen Anorak. Ich hatte ihn in einem Schaufenster gesehen.
Antwort: Ich kaufte einen Anorak, **den** ich in einem Schaufenster gesehen hatte.

a Ich traf menen Traummann. Er war sehr gutaussehend.

b An der Tür sah ich den Mann. Ich hatte ihm wenig Aufmerksamkeit geschenkt.

c Holger schenkte den Wein ein. Er hatte den Wein gekauft.

d Er hat sehr viel gesagt. Das war für ihn ganz ungewöhnlich.

e Stephan geht ins Café. Im Café lernt man schnell Leute kennen.

f Die Freunde gingen alle zusammen zum Bahnhof. Mit den Freunden wollten wir nach Italien fahren.

g Sie legte ihre Hand auf meine Schulter. Das gefiel mir nicht.

h Meine Mutter war die ganze Zeit völlig erschöpft. Mein Vater half meiner Mutter so gut wie gar nicht.

i Ich mußte ihn an einem bestimmten Tag treffen. An diesem Tag hatte er nichts vor.

j Kennst du Dieter? Sein Vater ist verwitwet.

Einheit 4

Das Passiv (Siehe H9)

Setzen Sie die folgenden Sätze ins Passiv, indem Sie dieselbe Zeitform benutzen –

z.B. Karl Marx schrieb „das Kapital".
Antwort: „ Das Kapital **wurde** von Karl Marx **geschrieben.**"

a Frauen machen fast immer die Hausarbeit.

b Mein Vater putzte die Fenster zu Hause.

c Meine Tante hat ihre Stelle aufgegeben, als ihr Kind geboren ist.

d Der Schulleiter hat den Ausflug organisiert.

e Unsere Mutter hat in unserer Familie die Briefe immer geschrieben.

f Man hat das Rauchen hier verboten.

g Man lernt das schnell.

h Muß der Mann die Verantwortung für die ganze Familie übernehmen?

i Man hat sehr viel getanzt.

j Thomas Mann erwähnt dieses Haus in seinem Roman.

k Chemikalien schaden der Umwelt.

Einheit 5

Komparativ und Superlativ, (Siehe E4)

1 Verbinden Sie die folgenden Paare, indem Sie ein Adjektive aus der Liste einsetzen –

z.B. ein Mercedes/ein Audi – gern
Antwort: Ich fahre **lieber** einen Mercedes als einen Audi

Antwort: Ich fahre einen Mercedes **nicht so gern wie** einen Audi

a Fußball/Federball
b der Eiffelturm/der Münchener Olympiaturm
c ein Mercedes/ein Audi
d ausschlafen/früh aufstehen
e ein Politiker/ein Journalist
f die Zugspitze/Mont Blanc
g skilaufen/schlittschuhlaufen
h deutscher Weißwein/englisches Bier
i Männer/Frauen
j Deutsche/Engländer

langweilig
gastfreundlich
alt
lang
ehrlich
gern
gut
atemberaubend
viel
teuer
wenig
beliebt
sehenswert
hoch
lang
dunkel

2 Füllen Sie die Lücken mit dem Superlativ des gegebenen Adjektivs bzw. Adverbs aus –

z.B. Von allen Tunnels ist der Simplon-Tunnel ...... (lang)
Antwort: Von allen Tunnels ist der Simplon-Tunnel **der längste**
Von allen Tunnels ist der Simplon-Tunnel **am längsten**

a Er ist .... Politiker Deutschlands (ehrlich)
b Welcher Bus kommt .... dahin? (schnell)
c Unsere Lehrerin fährt nur mit .... Schülern nach Österreich. (gut)
d Heute abend würde ich .... zu Hause bleiben (gern)
e .... Leute glauben an Gott. (viel)
f Er kauft .... Pullover im ganzen Laden (teuer)
g In Deutschland ist die Zugspitze .... Berg (hoch)
h Alte Leute fahren immer .... (vorsichtig)
i Die .... Leute haben es in unseren Großstädten immer schwer (arm)
j Hier bekommt man .... Bücher (preiswert)

Einheit 6

Das Konditional (Siehe H12)

1 Würden Sie folgendes tun oder würden Sie etwas anderes tun?

z.B. Holger gibt sehr viel Geld für seinen Urlaub aus.
Antwort: Ich **würde** (nicht) viel Geld für meinen Urlaub **ausgeben.**
Oder: Ich **würde** mein Geld **sparen.**

a Peter fährt allein in Urlaub.
b Die zwei Mädchen studieren Physik auf der Uni.
c Mein Vater hilft nicht bei der Hausarbeit.
d Meine Mutter kauft einen Mercedes.
e Christoph will ein Haus mieten.

Was hätten Sie gemacht?

z.B. Holger hat sehr viel Geld für seinen Urlaub ausgegeben.
Antwort: Ich **hätte** (nicht) viel Geld für meinen Urlaub **ausgegeben.**
Oder: Ich **hätte** mein Geld **gespart.**

f Nach dem Unfall ist der Fahrer weggelaufen.
g Wegen das schlechten Wetters ist mein Bruder nicht in die Disko gegangen, obwohl sie nicht weit weg ist.
h Sie haben in einem sehr teuren Restaurant gegessen.
i Jens hat das Lottospiel gewonnen und ist nach Florida gefahren.
j Sie fuhren jedes Jahr nach Lübeck, wohnten immer in demselben Hotel, aßen jeden Abend im Restaurant „Zum Löwen" und fanden das nie langweilig

2 Verbinden Sie die folgenden Sätze, indem Sie **wenn** mit dem Konditional einsetzen. Vergessen Sie aber nicht, daß beide Satzteile im Deutschen ein Konditionalverb enthalten müssen, wenn eine Bedingung zu erfüllen ist.

z.B.: Ich habe viel Geld. Ich fahre nach China.
Answer: Wenn ich viel Geld **hätte, würde** ich nach China fahren.

a Ich gewinne das Lottospiel. Ich kaufe einen BMW.
b Mein Vater bekommt eine neue Stelle. Wir müssen umziehen.
c Das Wetter ist gut. Ich arbeite im Garten.
d Sie arbeitet fleißig. Sie bekommt gute Noten.
e Sie hat fleißig gearbeitet. Sie hat gute Noten bekommen.
f Ich bin in die Stadt gegangen. Ich habe meinen Freund gesehen.

g Wir haben CDU/CSU gewählt. Wir haben wenig Arbeitslosigkeit.
h Ich war schon 18. Ich habe SPD gewählt.
i Die Russen sind nicht einmarschiert. Es hat kein geteiltes Deutschland gegeben.
j Ich hatte viel Zeit. Ich konnte ein Musikinstrument lernen.

Einheit 7

Der Konjunktiv in der Indirekten Rede. (Siehe H10)

Was meint unsere Ortszeitung? Setzen Sie diese Sätze in die Indirekte Rede, indem Sie Konjunktiv 1 bzw. Konjunktiv 2 gebrauchen.

Beginnen Sie jeden Satz mit: „Unsere Ortszeitung meint, (daß) . . . "

a „Der Autofahrer ist an dem Unfall schuld"
b „Der russische Botschafter fährt erfolglos nach Moskau zurück"
c „Mönchengladbach hat keine Chancen mehr"
d „Für Kanzler Kohl geht alles schief"
e „Die Franzosen haben schon eine Atombombe gesprengt"
f „Der amerikanische Präsident ist langsam zu alt geworden."
g „Die Debatte im Bundestag hat länger gedauert, als erwartet wurde."
h „Wir sahen die beste Runde aller Zeiten von einem Formel-1-Fahrer."
i „Die Polizei handelte zu schnell und zu früh"
j „Die Armee hatte sich geweigert, in die Kämpfe einzugreifen"
k „Der Dow-Jones-Index wird in den nächsten Tagen sehr schnell steigen"
l „Für viele Deutsche war die SPD undenkbar geworden"
m „Deutschland muß auf Verhandlungen mit Terroristen verzichten"
n „Die National-Elf konnte nur mit großen Schwierigkeiten die italienische Mannschaft überwinden"
o „Die Westalliierten können es sich nicht leisten, Atomwaffen aufzugeben"

List of strong and irregular verbs

Verbs marked with * are conjugated with sein.

Verbs marked with (*) are conjugated with sein if *intransitive*, haben if *transitive*

Infinitive	Present tense, 3rd pers sing	Imperfect tense, 3rd pers sing	Past participle	Meaning
backen	bäckt	backte	gebacken	*to bake*
befehlen	befiehlt	befahl	gefohlen	*to command/order*
beginnen	beginnt	begann	begonnen	*to begin*
beißen	beißt	biß	gebissen	*to bite*
bergen	birgt	barg	geborgen	*to save/shelter*
betrügen	betrügt	betrog	betrogen	*to deceive/cheat*
(*)**biegen**	biegt	bog	gebogen	*to bend/turn*
bieten	bietet	bot	geboten	*to offer*
binden	bindet	band	gebunden	*to tie/bind*
bitten	bittet	bat	gebeten	*to ask/request*
* **bleiben**	bleibt	blieb	geblieben	*to stay/remain*
braten	brät	briet	gebraten	*to roast*
(*)**brechen**	bricht	brach	gebrochen	*to break*
brennen	brennt	brannte	gebrannt	*to burn*
bringen	bringt	brachte	gebracht	*to bring*
denken	denkt	dachte	gedacht	*to think*
(*)**dringen**	dringt	drang	gedrungen	*to force one's way*
dürfen	darf	durfte	gedurft	*to be allowed to*
empfehlen	empfiehlt	empfahl	empfohlen	*to recommend*
* **erschrecken**	erschrickt	erschrak	erschrocken	*to be frightened*
essen	ißt	aß	gegessen	*to eat*

Infinitive	Present tense, 3rd pers sing	Imperfect tense, 3rd pers sing	Past participle	Meaning
(*) **fahren**	fährt	fuhr	gefahren	*to go (by vehicle)/to drive*
fallen	fällt	fiel	gefallen	*to fall*
fangen	fängt	fing	gefangen	*to catch*
fechten	ficht	focht	gefochten	*to fence/fight*
finden	findet	fand	gefunden	*to find*
(*) **fliegen**	fliegt	flog	geflogen	*to fly*
(*) **fliehen**	flieht	floh	geflohen	*to flee*
* **fließen**	fließt	floß	geflossen	*to flow*
fressen	frißt	fraß	gefressen	*to eat (of animals)*
(*) **frieren**	friert	fror	gefroren	*to freeze/be cold*
gebären	gebiert	gebar	geboren	*to give birth to/bear*
geben	gibt	gab	gegeben	*to give*
* **gedeihen**	gedeiht	gedieh	gediehen	*to flourish*
* **gehen**	geht	ging	gegangen	*to go/walk*
* **gelingen**	gelingt	gelang	gelungen	*to succeed/manage*
gelten	gilt	galt	gegolten	*to be valid/worth*
genießen	genießt	genoß	genossen	*to enjoy*
* **geschehen**	geschieht	geschah	geschehen	*to happen*
gewinnen	gewinnt	gewann	gewonnen	*to win/gain*
gießen	gießt	goß	gegossen	*to pour*
gleichen	gleicht	glich	geglichen	*to resemble*
* **gleiten**	gleitet	glitt	geglitten	*to glide/slide*
graben	gräbt	grub	gegraben	*to dig*
greifen	greift	griff	gegriffen	*to grasp/seize*
haben	hat	hatte	gehabt	*to have*
halten	hält	hielt	gehalten	*to hold/stop*
hängen	hängt	hing	gehangen	*to hang (intrans.)*
heben	hebt	hob	gehoben	*to lift/raise*
heißen	heißt	hieß	geheißen	*to be called/bid*
helfen	hilft	half	geholfen	*to help*
kennen	kennt	kannte	gekannt	*to know (be acquainted with)*
klingen	klingt	klang	geklungen	*to sound*
* **kommen**	kommt	kam	gekommen	*to come*
können	kann	konnte	gekonnt	*to be able*
* **kriechen**	kriecht	kroch	gekrochen	*to creep/crawl*
laden	lädt	lud	geladen	*to load*
lassen	läßt	ließ	gelassen	*to let/leave*
* **laufen**	läuft	lief	gelaufen	*to run*
leiden	leidet	litt	gelitten	*to suffer*
leihen	leiht	lieh	geliehen	*to lend*
lesen	liest	las	gelesen	*to read*
liegen	liegt	lag	gelegen	*to lie*
lügen	lügt	log	gelogen	*to tell a lie*
messen	mißt	maß	gemessen	*to measure*
mögen	mag	mochte	gemocht	*to like*
müssen	muß	mußte	gemußt	*to have to/must*
nehmen	nimmt	nahm	genommen	*to take*
nennen	nennt	nannte	genannt	*to name*
pfeifen	pfeift	pfiff	gepfiffen	*to whistle*
* **quellen**	quillt	quoll	gequollen	*to gush out/spring*
raten	rät	riet	geraten	*to advise*
reiben	reibt	rieb	gerieben	*to rub*
(*) **reißen**	reißt	riß	gerissen	*to tear*
* **reiten**	reitet	ritt	geritten	*to ride*

Infinitive	Present tense, 3rd pers sing	Imperfect tense, 3rd pers sing	Past participle	Meaning
* **rennen**	rennt	rannte	gerannt	*to run/race*
riechen	riecht	roch	gerochen	*to smell*
ringen	ringt	rang	gerungen	*to wrestle/struggle*
rufen	ruft	rief	gerufen	*to call*
saufen	säuft	soff	gesoffen	*to drink (of animal)*
saugen	saugt	sog (saugte)	gesogen (gesaugt)	*to suck*
schaffen	schafft	schuf	geschaffen	*to create*
(*) **scheiden**	scheidet	schied	geschieden	*to part/separate*
scheinen	scheint	schien	geschienen	*to shine/seem*
schieben	schiebt	schob	geschoben	*to push/shove*
(*) **schießen**	schießt	schoß	geschossen	*to shoot*
schlafen	schläft	schlief	geschlafen	*to sleep*
schlagen	schlägt	schlug	geschlagen	*to hit/strike/beat*
* **schleichen**	schleicht	schlich	geschlichen	*to creep*
schließen	schließt	schloß	geschlossen	*to shut*
schmeißen	schmeißt	schmiß	geschmissen	*to fling/chuck*
(*) **schmelzen**	schmilzt	schmolz	geschmolzen	*to melt*
schneiden	schneidet	schnitt	geschnitten	*to cut*
schreiben	schreibt	schrieb	geschrieben	*to write*
schreien	schreit	schrie	geschrie(e)n	*to shout/scream*
* **schreiten**	schreitet	schritt	geschritten	*to stride/proceed*
schweigen	schweigt	schwieg	geschwiegen	*to be silent*
(*) **schwimmen**	schwimmt	schwamm	geschwommen	*to swim*
schwören	schwört	schwor	geschworen	*to swear (an oath)*
sehen	sieht	sah	gesehen	*to see*
* **sein**	ist	war	gewesen	*to be*
senden	sendet	sandte / sendete	gesandt / gesendet	*to send*
singen	singt	sang	gesungen	*to sing*
* **sinken**	sinkt	sank	gesunken	*to sink*
sitzen	sitzt	saß	gesessen	*to sit/be seated*
sollen	soll	sollte	gesollt	*to be obliged to*
spalten	spaltet	spaltete	gespalten	*to split*
sprechen	spricht	sprach	gesprochen	*to speak*
* **springen**	springt	sprang	gesprungen	*to jump/leap*
stechen	sticht	stach	gestochen	*to sting/prick*
stehen	steht	stand	gestanden	*to stand*
stehlen	stiehlt	stahl	gestohlen	*to steal*
* **steigen**	steigt	stieg	gestiegen	*to climb/mount*
* **sterben**	stirbt	starb	gestorben	*to die*
stinken	stinkt	stank	gestunken	*to stink, smell bad*
(*) **stoßen**	stößt	stieß	gestoßen	*to push; knock, encounter*
(*) **streichen**	streicht	strich	gestrichen	*to stroke; roam*
streiten	streitet	stritt	gestritten	*to argue/quarrel*
tragen	trägt	trug	getragen	*to carry/wear*
treffen	trifft	traf	getroffen	*to meet/hit*
(*) **treiben**	treibt	trieb	getrieben	*to drive/do; drift*
(*) **treten**	tritt	trat	getreten	*to step/go*
trinken	trinkt	trank	getrunken	*to drink*
tun	tut	tat	getan	*to do*
verbergen	verbirgt	verbarg	verborgen	*to hide*
(*) **verderben**	verdirbt	verdarb	verdorben	*to spoil/ruin; go bad*
vergessen	vergißt	vergaß	vergessen	*to forget*
verlieren	verliert	verlor	verloren	*to lose*

	Infinitive	Present tense, 3rd pers sing	Imperfect tense, 3rd pers sing	Past participle	Meaning
	vermeiden	vermeidet	vermied	vermieden	*to avoid*
*	**verschwinden**	verschwindet	verschwand	verschwunden	*to disappear*
	verzeihen	verzeiht	verzieh	verziehen	*to pardon*
*	**wachsen**	wächst	wuchs	gewachsen	*to grow*
	waschen	wäscht	wusch	gewaschen	*to wash*
	weisen	weist	wies	gewiesen	*to point/show*
	wenden	wendet	wandte / wendete	gewandt / gewendet	*to turn*
	werben	wirbt	warb	geworben	*to woo*
*	**werden**	wird	wurde	geworden	*to become*
	werfen	wirft	warf	geworfen	*to throw*
	wiegen	wiegt	wog	gewogen	*to weigh*
	wissen	weiß	wußte	gewußt	*to know (a fact)*
	wollen	will	wollte	gewollt	*to want to/wish*
(*)	**ziehen**	zieht	zog	gezogen	*to pull/move; move (away)*
	zwingen	zwingt	zwang	gezwungen	*to force/compel*

Vocabulary

Words listed are those which occur in the texts and exercises. Most nouns have their plurals listed in brackets. Most strong verbs have their imperfect and past participle forms given in brackets. Verbs preceded by * *normally* require **sein** as their auxiliary, but many of these verbs can take either **haben** or **sein**. If the verb is used *transitively*, it will normally take **haben**; if *intransitively*, it will normally take **sein.**

A

der Abbau *mining*
abbauen *(wk)* *to quarry; dismantle*
*abbiegen (bog ab, abgebogen) *to turn off (a road)*
abbilden *(wk)* *to portray*
die Abdankung (−en) *abdication*
der Abdruck (¨−e) *print*
das Abenteuer (−) *adventure*
der Abfall (¨−e) *rubbish*
die Abfindung (−en) *agreement*
der Abgas (−e) *exhaust fumes*
der Abgeordnete (−n) *Member of Parliament*
sich etwas abgewöhnen *to give up something*
abhaken *(wk)* *to tick off*
jemand von etwas abhalten *to prevent someone doing something*
abhängen *(wk)* *to depend*
das hängt davon ab *that depends*
abhängig von etwas *dependent on something*
das Abitur *the Abitur – an exam equivalent to A level*
der Abiturient *person doing (or who has done) the Abitur*
die Ableitung *diversion; derivation*
abnehmen (nahm ab, abgenommen) *to lose weight*
abonnieren *(wk)* *to subscribe to*
*abreisen *(wk)* *to depart*
die Abrüstung *disarmament*
der Absatz (¨−e) *paragraph; (stiletto) heel*
der Abschied (−e) *farewell*
der Abschluß *leaving certificate, qualification*
der Abschnitt (−e) *section*
die Abschreckung *deterrent*
der Abstand *distance*
Abstand halten *to keep one's distance*
die Abtreibung *abortion*
etwas abwarten *to wait for something*
die Abwechslung (−en) *change, variation*
die Abwehr *defence*
abwischen *(wk)* *to wipe off*
ähnlich *similar*
die Ahnung (−en) *idea*
ich habe keine Ahnung *I've no idea*
die Aktion (−en) *campaign*
aktuell *up to date*
allerdings *though, mind you*
allgemein *general*
allmählich *gradually*
das Alltagsleben *everyday life*
alltäglich *everyday*
allwissend *all-knowing*
das Alter *age*
die Ampel (−n) *traffic lights*
ändern *(wk)* *to change*
die Änderung (−en) *change*
der Andrang *rush, crowd*
der Anfang (¨−e) *beginning*
anfangen (fing an, angefangen) *to begin*
anerkennen (erkannte an, anerkannt) *to recognise*
die Angabe (−n) *statement*
angeblich *apparently*
die Angelegenheit (−en) *affair, business*
angenehm *pleasant*
der Angestellte (−n) *employee*
der Angriff (−e) *attack*
der Anhänger (−) *fan*
der Anker (−n) *anchor*
die Anlage (−n) *set-up, system*
anlocken *(wk)* *to entice, attract*
anmelden *(wk)* *to register*
die Anmeldung (−en) *registration*
die Anmerkung (−en) *comment*
annehmen (nahm an, angenommen) *to accept, assume*
die Annahme (−n) *assumption*
anpassungsfähig *adaptable*
anregen *(wk)* *to prompt, stimulate*
anreichern *(wk)* *to enrich*
anschließend *subsequently*
der Anschluß (¨−sse) *connection*
die Ansicht (−en) *view, opinion, prospect*
meiner Ansicht nach *in my opinion*
ansonsten *apart from that*
ansprechen *to speak to; appeal to*
der Anspruch (¨−e) *claim*
die Anstalt (−en) *institution*
anständig *decent*
anstatt zu . . . *instead of . . .*
anstellen *to employ*
anstrengen *to strain*
sich anstrengen *make an effort*
anstrengend *tiring*
die Anstrengung (−en) *effort*
der Anteil (−e) *share*
der Antrag (¨−e) *application*
die Anzahl *number, total*
die Anzeige (−n) *newspaper advertisement*
das Anzeigeblatt (¨−er) *free newspaper*
die Anziehungskraft *attraction*
anzünden *(wk)* *to light*
Arbeit: eine Arbeit schreiben *(at school) to do a test*
arbeitsbeschaffend *job creating*
arbeitslos *unemployed*
die Arbeitslosigkeit *unemployment*
der Ärger *trouble, annoyance*
die Armut *poverty*
die Art (−en) *type, kind*
das Asylrecht *right of asylum*
der Atem *breath*
atemberaubend *breath-taking*
atmen *(wk)* *to breathe*
der Aufbau *construction*
aufbauen *(wk)* *to build up, construct*
auf einmal *in one go*
der Aufenthalt *stay*
*auffallen: jemandem auffallen (fiel auf, aufgefallen) *to occur to somebody*
auffallend *striking*
auffassen *(wk)* *to interpret*
die Auffassung *opinion*
auffrischen *(wk)* *to freshen up*
die Aufgabe (−n) *exercise*
aufgeben (gab auf, aufgegeben) *to give up*
aufgeschlossen *open-minded*
aufgestaut *blocked up*
der Aufhänger *peg*
aufhören *(wk)* *to stop*
die Auflage (−n) *circulation*
aufmerksam *attentive*
jemanden aufmerksam auf

etwas machen *to draw attention to something*
die Aufmerksamkeit *attention*
die Aufnahme (−n) *recording*
aufnehmen (nahm auf, aufgenommen) *to record; take up*
aufpassen *to take care, look out*
aufräumen (*wk*) *to clear up*
aufregend *exciting*
aufreißen (riß auf, aufgerissen) *to tear off, open*
die Aufrüstung *rearmament*
der Aufschwung *up-turn*
die Aufsicht (−en) *supervision*
der Aufstand *uprising*
das Auftreten *appearance*
*aufwachsen (wuchs auf, aufgewachsen) *to grow up*
aufzeichnen (*wk*) *to record*
der Aufzug (¨−e) *lift; get-up (clothes)*
die Aula *hall*
der Ausbau *extension*
ausbeuten (*wk*) *to exploit*
die Ausbildung *education, training*
ausbrechen (bricht aus, brach aus, ausgebrochen) *to break out*
die Ausdauer *stamina*
der Ausdruck (¨−e) *expression*
zum Ausdruck bringen *to express*
auseinanderreißen (riß, gerissen) *to tear apart*
die Auseinandersetzung (−en) *discussion, clash*
der Ausflug (¨−e) *expedition*
ausführlich *comprehensive (ly)*
ausgeben (gab aus, ausgegeben) *to spend (money)*
*ausgehen *to go out*
ausgefeilt *polished, stylised*
ausgesprochen *exceptionally, very*
ausgleichen (glich aus, ausgeglichen) *to even out*
etwas ausharren (*wk*) *to stick something out*
sich bei etwas gut auskennen (kannte aus, ausgekannt) *to know a lot about sth.*
mit jemandem gut auskommen *to get on well with somebody*
die Auskunft (¨−e) *information*
das Ausland *abroad*
ausländisch *foreign*
ausnützen (*wk*) *to use, profit from*
der Auspuff *exhaust*
sich ausruhen (*wk*) *to rest, relax*
ausschlafen (schlief aus, ausgeschlafen) *to have a good sleep*
ausschöpfen (*wk*) *to ladle out*
aussuchen (*wk*) *to search out*
das Ausmaß *extent*
die Aussage (−n) *statement*
der Ausschnitt (−e) *excerpt*
aussehen (sah aus, ausgesehen) *to look like*
das Aussehen *appearance*
die Außenpolitik *foreign policy*
außergewöhnlich *extraordinary, outstanding*
außerhalb (+gen) *outside*
äußern (*wk*) *to express*
aussetzen (*wk*) *to abandon, expose*
die Aussicht (−en) *view, prospect*
der Aussiedler (−) *immigrant*
die Aussöhnung *reconciliation*
ausstatten (*wk*) *to equip*
die Ausstattung *equipment*
*aussterben (starb aus, ausgestorben) *to die out, become extinct*
der Austausch *exchange*
einen Sport ausüben (*wk*) *to practise a sport*
auswählen (*wk*) *to select*
die Auswahl *choice*
der Ausweis (−e) *identity card*
ausweisen (wies aus, ausgewiesen) *to expel*
die Auswertung *assessment, result*
die Auswirkung (−en) *effect*

B

der Badeort (−e) *seaside resort*
der Bahnsteig *platform*
das Band (−e) *tape*
der Band (¨−er) *volume (book)*
das Bargeld *cash*
beachten (*wk*) *to take notice of*
der Beamte (−n) *official*
beantragen (*wk*) *to apply for*
bedecken (*wk*) *to cover*
bedeuten (*wk*) *to mean*
bedeutend *significant*
das Bedürfnis (−se) *need*
die Bedingung (−en) *condition*
bedrohen (*wk*) *to threaten*
bedrückend *depressing*
beeinflussen (*wk*) *to influence*
sich befassen mit (*wk*) *to deal with, look into*
befehlen (befahl, befohlen) *to order*
befriedigend *satisfactory*
die Begabung (−en) *talent*
begegnen (*wk + dat*) *to meet*
begeistert *enthusiastic*
begleiten (*wk*) *to accompany*
die Begleiterscheinung (−en) *side-effect*
das Begräbnis (−se) *burial*
begreifen (begriff, begriffen) *to understand*
der Begriff (−e) *concept*
die Begrenzung (−en) *limit*
begründen (*wk*) *to justify, give reasons for*
begrüßen (*wk*) *to greet*
behandeln (*wk*) *to treat*
behaupten (*wk*) *to maintain, assert*
behindert *handicapped*
der Behinderte (−n) *disabled person*
die Behörde (−n) *authorities*
jemdm. etwas beibringen (brachte bei, beigebracht) *to teach somebody something*
beichten (*wk*) *to confess*
die Beilage (−n) *side dish*
beiläufig *in passing, by the way*
das Beispiel (−e) *example*
beispielsweise *for example*
beitragen (trug bei, beigetragen) *to contribute*
bejahen (*wk*) *to agree to*
bekannt *well known*
der Bekannte (−n) *acquaintance*
sich bekennen für *to confess, bear witness to*
beklagen (*wk*) *to complain*
beklemmend *oppressive*
belanglos *irrelevant*
belassen *to leave*
belegen (*wk*) *to occupy*
belehren (*wk*) *to teach*
die Beleuchtung *lighting*
beliebig *any*
jede beliebige Zeit *any time*
bellen (*wk*) *to bark*
bemerken (*wk*) *to notice*
bemerkenswert *remarkable*
die Bemerkung (−en) *observation, remark; note*
sich bemühen (*wk*) *to make an effort*
benachbart *neighbouring*
benachteiligen *to discriminate against*
die Benachteiligung *discrimination*
sich benehmen (benahm, benommen) *to behave*
beneiden (*wk*) *to envy*
benutzen (*wk*) *to use*
das Benzin *petrol*
beobachten (*wk*) *to observe*
bequem *comfortable*
sich bequem machen *to make oneself comfortable*
die Beratung (−en) *advice*
berechtigen (*wk*) *to entitle*
beredsam *persuasive*
der Bereich (−e) *area, realm*
bereits *already*
der Bergarbeiter (−) *miner*
das Bergwerk (−e) *mine*
der Bericht (−e) *report*
der Beruf (−e) *job*
der Berufsberater *careers adviser*
beruhigen (*wk*) *to reassure*
berühmt *famous*
die Besatzung (−en) *occupation; crew*
die Beschädigung (−en) *damage*
beschäftigen *to occupy*
die Beschäftigungszahlen *employment figures*
Bescheid sagen *to say for certain*
Bescheid wissen *to know for certain*
beschleunigen (*wk*) *to speed up*
die Beschlußfassung *decision-making*
beschränken (*wk*) *to limit*
beschreiben (beschrieb, beschrieben) *to describe*
die Beschwerde (−n) *complaint*
der Besen *broom*
besetzen (*wk*) *to occupy*
besiegen (*wk*) *to conquer*
besorgt *worried*
besprechen (besprach, besprochen) *to discuss*
der Bestandteil (−e) *ingredient*
bestehen (bestand, bestanden) *to pass (an exam); to exist*
auf etwas bestehen *to insist on something*

aus etwas bestehen *to consist of something*
bestellen (*wk*) *to order*
bestimmen (*wk*) *to determine*
bestimmt *definite, certain*
bestrafen (*wk*) to punish
bestrebt sein *to attempt*
bestreichen (bestrich, bestrichen) *to spread*
die Beteiligung *participation*
der Beton *concrete*
betonen (*wk*) *to emphasise*
betrachten (*wk*) *to consider*
beträchtlich *considerable*
betragen (betrug, betragen) *to amount to (money)*
betreffen (betraf, betroffen) *to affect, concern*
was . . . betrifft *as far as . . . is concerned*
betreten (betrat, betreten) *to enter*
betreuen (*wk*) *to look after, be in charge of*
der Betrieb *company*
der Betroffene (−n) *somebody who is involved, victim*
betteln (*wk*) *to beg*
beurteilen (*wk*) *to judge*
die Bevölkerung (−en) *population*
bevorzugen (*wk*) *to prefer*
bewaffnet *armed*
die Bewegung (−en) *movement*
beweisen (bewies, bewiesen) *to prove*
sich bewerben (bewarb, beworben) um *to apply for*
der Bewerber (−) *applicant*
bewußt *consciously*
das Bewußtsein *conscience, consciousness*
bezaubernd *bewitching*
bezeichnen *to term*
sich beziehen auf (bezog, bezogen) *to refer to*
die Beziehung *relationship*
beziffern (*wk*) *to number*
der Bezirk (−e) *district*
der BH: Büstenhalter *bra*
die Biene (−n) *bee*
bieten (bot, geboten) *to offer*
der Bildschirm (−e) *screen*
die Bildung *education; formation*
der Bildungsgrad *level of education*
bitten um (bat, gebeten) *to ask for*
blasen (blies, geblasen) *to blow*
das Blatt (¨−er) *leaf*
blättern (*wk*) *to leaf*
der Blickfang *eye-catcher*
der Blitz *lightning; flash*
das Blut *blood*
der Boden (¨−) *floor; land*
böse *angry, evil*
die Börse (−n) *stock market*
die Botschaft (−en) *embassy*
der Botschafter (−) *ambassador*
der Brand (¨−e) *fire*
*in Brand geraten *to catch fire*
Brand stiften *to set alight*
der Brandstifter *arsonist*
die Brühe *broth*
die Brust (¨−e) *breast, chest*
die Bucht (−en) *bay*
büffeln (*wk*) *to swot*
bügeln (*wk*) *to iron*
*bummeln (*wk*) *to stroll*
der Bund *federation (of Länder)*
die Bundesregierung *federal government*
der Bundestag *federal parliament*
die Bundeswehr *West German army*
bundesweit *national*
das Bündnis (−se) *alliance*
die Burg (−e) *castle*
der Bürger (–) *citizen*
die Bürgerinitiative *people's campaign*

C

die CD-Platte *compact disc*
die Clique (−n) *group, gang*

D

dankbar *grateful*
darüber hinaus *over and above that*
die Dauer *length (of time)*
*dauern (*wk*) *to last*
die Debatte (−n) *debate*
das Dementi (−s) *(official) denial*
denunzieren (*wk*) *to denounce*
die Deponie *dump*
deprimiert *depressed*
deutlich *clear*
die Devise (−n) *motto; currency*
dienen (*wk*) *to serve*
der Dienst (−e) *duty*
der Dolmetscher *interpreter*
dösen (*wk*) *to doze*
das Drachenfliegen *hang gliding*
der Draht *wire, connection*
drehen (*wk*) *to turn*
eine Zigarette drehen *to roll a cigarette*
sich drehen *to revolve*
die Dreifaltigkeit *trinity*
dringen (drang, gedrungen) *to penetrate*
dringend *urgently*
die Droge (−n) *drug*
drohen (*wk*) *to threaten*
die Drohung (−en) *threat*
drosseln (*wk*) *to throttle; cut down*
der Druck (¨−e) *pressure*
drucken (*wk*) *to print*
drücken (*wk*) *to push*
die Druckerei (−en) *printers*
durcheinanderbringen *to spoil*
durchgehend *continuous*
durchsägen (*wk*) *to saw through*
*durchschmelzen (schmolz, geschmolzen) *to melt through*
der Durchschnitt (−e) *average*
sich durchsetzen (*wk*) *to assert oneself*
durchstreifen (*wk*) *to stroll through*
die Dusche (−n) *shower*

E

die Ebene (−) *level*
ebenfalls *equally*
egal *the same*
es ist mir egal *it's all the same to me*
die Ehe *marriage*
der Ehemann *husband*
die Ehefrau *wife*
ehrgeizig *ambitious*
ehrlich *honest*
eifersüchtig *jealous*
eigen *own*
den eigenen Weg finden *to find one's own way*
eigenartig *unique*
die Eigenschaft (−en) *characteristic*
das Eigentum *property*
eindeutig *clear, unequivocal*
der Eindruck (¨−e) *impression*
*einfallen (fiel ein, eingefallen) *to occur (idea)*
es fällt mir ein *it occurs to me*
die Einführung (−en) *introduction*
der Eingriff (−e) *intervention; operation*
die Einheit (−en) *unit; unity*
einheizen (*wk*) *to warm up*
einig *united*
das Einkommen (−) *income*
einladen (lud ein, eingeladen) *to invite*
einmal *once*
nicht einmal *not even*
einmalig *unique*
einordnen (*wk*) *to put in order*
auf jemanden einreden *to go on and on at somebody*
einsam *lonely*
die Einsamkeit *loneliness*
der Einsatz (¨−e) *effort, commitment*
einschalten (*wk*) *to switch on*
einschließen (schloß ein, eingeschlossen) *to include*
einschließlich *including*
die Einschaltquote (−n) *viewing figure*
einschränken (*wk*) *to limit*
einseitig *one-sided, unilateral*
einsetzen (*wk*) *to employ, put into use*
sich einsetzen *to get involved*
die Einsicht (−en) *insight, knowledge, understanding*
der Einspruch (¨−e) *objection*
einen Einspruch erheben *to make an objection*
die Einstellung (−en) *attitude; employment*
eintragen *to enter, fill in, note down*
einverstanden *agreed*
das Einverständnis (−se) *agreement*
die Einwanderung *immigration*
einwandfrei *perfect; blameless*
einwiegen *to rock to sleep*
einzig *only, single*
einzigartig *unique*
die Eisdiele *ice cream parlour*
emanzipiert *emancipated*
empfangen (empfing, empfangen) *to receive*
der Empfänger (−) *recipient, receiver*
empfehlen (empfahl, empfohlen) *to recommend*

empfinden (empfand, empfunden) *to sense*
die Empfindung (−en) *sensitivity*
empört *furious*
emsig *busy, industrious*
der Engel *angel*
das Enkelkind (−er) *grandchild*
entdecken (*wk*) *to discover*
*entfallen auf (entfiel, entfallen) *to be allotted to*
die Entfernung (−en) *distance*
entführen (*wk*) *to hijack; kidnap*
entgegenkommend *obliging*
enthalten (enthielt, enthalten) *to contain*
entladen (entlud, entladen) *to unload*
sich entpuppen als *to turn out to be*
sich entscheiden (entschied, entschieden) *to decide*
einen Entschluß fassen (*wk*) *to make a decision*
entsetzt *furious*
sich entspannen (*wk*) *to relax*
die Entspannung *relaxation; detente*
entsprechen (entsprach, entsprochen) *to correspond*
entstehen (entstand, entstanden) *to arise, occur*
enttäuscht *disappointed*
entweder . . . oder *either . . . or*
entwerfen (entwarf, entworfen) *to design*
entwickeln (*wk*) *to develop*
die Entwicklung (−en) *development*
entzwei *in two, broken*
das Ereignis (−se) *event*
sich ereignen (*wk*) *to happen*
die Erfahrung (−en) *experience*
erfassen (*wk*) *to hit*
der Erfolg (−e) *success*
erfolgreich *successful*
erforderlich *required*
erfordern (*wk*) *to require*
erfrischen (*wk*) *to refresh*
erfüllen (*wk*) *to fulfill*
ergänzen (*wk*) *to complete*
sich ergeben (ergab, ergeben) *to result*
das Ergebnis (−se) *result*
erhalten (erhielt, erhalten) *to receive*
sich erheben (erhob, erhoben) *to stand up*
erheblich *considerable*
sich etwas erhoffen (*wk*) *to wish for something*
erhöhen (*wk*) *to raise*
erhöht *increased*
erholsam *restful*
die Erholung *recuperation, recovery*
sich erinnern (*wk*) an *to remember*
die Erkenntnis (−se) *knowledge; finding; realisation*
erklären (*wk*) *to explain*
erlauben (*wk*) *to allow*
erläutern (*wk*) *to explain*
die Erlaubnis *permission*
erleben (*wk*) *to experience*
das Erlebnis (−se) *experience*
erlebnisreich *eventful*
erledigen (*wk*) *to deal with*
erlernbar *learnable*
erlernen *to learn*
ermöglichen (*wk*) *to make possible, enable*
ermorden (*wk*) *to murder*
ernähren (*wk*) *to feed*
die Ernährung *food, nutrition*
ernsthaft *serious*
erregen (*wk*) *to arouse*
erreichen (*wk*) *to reach*
errichten (*wk*) *to erect*
die Errichtung *construction*
erröten (*wk*) *to blush*
der Ersatz (¨−e) *substitute*
erscheinen (erschien, erschienen) *to appear*
erschießen (erschoß, erschossen) *to shoot dead*
erschöpft *exhausted*
ersetzen (*wk*) *to replace*
ersparen (*wk*) *to save*
ertönen *to ring*
ertragen (ertrug, ertragen) *to bear, tolerate*
*ertrinken (ertrank, ertrunken) *to drown*
erwähnen (*wk*) *to mention*
erwecken (*wk*) *to waken*
erweitern (*wk*) *to extend*
erwachsen *grown-up*
der Erwachsene (−n) *adult*
erwischen *to catch*
erzählen (*wk*) *to relate, tell*
die Erzeugung *production*
erziehen (erzog, erzogen) *to bring up*
die Erziehung *upbringing*
der Erziehungsberechtigte *guardian*
erzielen (*wk*) *to score*
evangelisch *protestant*
eventuell *possible*
ewig *eternal*
die Ewigkeit *eternity*
das Exemplar (−e) *copy*
der Extremfall *extreme case*

F

die Fabrik (−en) *factory*
das Fachgebiet (−e) *specialist area*
der Fachmann (die Fachleute) *expert*
die Fachsprache *expert language*
die Fachzeitschrift (−en) *specialist magazine*
der Faden (Fäden) *thread*
die Fähigkeit (−en) *capability*
der Fahrplan (¨−e) *travel timetable*
die Fahrspur (−en) *lane*
der Fahrstuhl (¨−e) *lift*
das Fahrzeug (−e) *vehicle*
die Fakultät *faculty*
der Fall (¨−e) *case*
*fallen (fiel, gefallen) *to fall*
es fällt mir schwer *I find it difficult*
der Fallschirm (−e) *parachute*
das Fallschirmspringen *parachuting*
fangen (fing, gefangen) *to catch, capture*
farbig *colourful*
faul *lazy*
FDJ: Freie Deutsche Jugend *East German Youth Organisation*
fechten (focht, gefochten) *to fence, fight*
fehlen (*wk*) *to be missing*
der Fehler (−) *mistake*
das Fell *fur, skin (animals)*
die Feier (−n) *party, celebration*
feige *cowardly*
feilschen (*wk*)um *to haggle over*
der Feind (−e) *enemy*
die Feindlichkeit (−en) *antipathy*
der Fels (−en) *rock, cliff – also* der Felsen *(singular)*
der Fernschreiber *telex*
die Fernsehübertragung (−en) *TV transmission*
das Fest (−e) *party*
festlegen (*wk*) *to fix, decide*
festsetzen (*wk*) *to determine*
feststellen (*wk*) *to ascertain*
die Fete (−n) *party*
das Fettpolster *flab*
feucht *moist*
die Firma (−en) *firm*
fix und fertig *exhausted, done in*
die Fläche (−n) *area, surface*
der Fleiß *conscientiousness*
*fliehen (floh, geflohen) *to flee*
die Fliese (−n) *tile*
die Flocke (−n) *flake*
flott *quick, lively*
die Flucht (¨−e) *flight*
der Flüchtling (−e) *refugee*
das Flugblatt (¨−er) *leaflet*
der Flugzeugabsturz *plane crash*
das Flußdiagramm *flow diagram*
die Flüssigkeit (−en) *liquid*
die Folge (−n) *consequence*
foltern (*wk*) *to torture, torment*
fordern (*wk*) *to demand*
fördern (*wk*) *to further, boost*
die Formel (−n) *formula*
forschen (*wk*) *to research*
der Forscher (−) *researcher*
die Forschung *research*
der Forst *forest*
fortsetzen (*wk*) *to continue*
fortwährend *continual*
der Frachter (−) *freighter*
das Freibad (¨−er) *open-air pool*
freilich *freely, of course*
die Freisetzung *liberation*
fremd *strange, foreign*
fremd gehen *to "two-time"*
der Fremdenverkehr *tourism*
die Freude (−n) *joy, pleasure*
Freude an etwas haben *to enjoy something*
sich freuen (*wk*) *to be pleased*
sich freuen auf + acc *to look forward to*
der Friede *peace*
friedlich *peaceful*
die Frist (−en) *period of time*
führen (*wk*) *to lead*
ein Gespräch führen *to have a conversation*
füllen (*wk*) *to fill*
der Funktionär (−e) *civil servant*
die Furcht *fear*
fürchten (*wk*) *to fear*
der Fußgänger (−)*pedestrian*

G

garnieren (*wk*) *to garnish*
die Gasse (−n) *lane*
der Gast (¨−e) *guest*
gastfreundlich *hospitable*
gastieren (*wk*) *to appear (as a guest)*
GAU: Größter Anzunehmender Unfall *worst possible accident*
gaukeln (*wk*) *to flit*
geben (gab, gegeben) *to give*
sich etwas geben *to pretend to be something, to act as though one were . . .*
das Gebiet (−e) *area*
gebildet *cultured, educated*
gebrauchen (*wk*) *to use*
Gebrauch machen von etwas *to put to use*
gebraucht *second-hand, used*
aus Geck *because it looks good*
das Gedächtnis (−se) *memory*
der Gedanke (−n) *thought*
die Gedankenlosigkeit *thoughtlessness*
geeignet *suited*
die Gefahr (−en) *danger*
gefährdet *endangered*
gefährlich *dangerous*
der Gefangene (−n) *prisoner*
gefangennehmen *to take prisoner*
das Gefühl (−e) *feeling*
die Gegend (−en) *area*
der Gegensatz (¨−e) *opposite*
gegensätzlich *opposing*
gegenseitig *mutual, bi-lateral*
gegenübergestellt *opposed*
der Gegenstand (−"e) *object*
gegenüberstehend *opposite*
gehen (ging, gegangen) *to go*
es geht um . . . *it's a question of . . .*
die Gegenwart *the present*
gegenwärtig *present*
der Gegner (−) *opponent*
das Geheimnis (−se) *secret*
gehorchen (*wk + dat*) *obey*
gehören (*wk*) *to belong*
gehorsam *obedient*
der Gehweg (−e) *footpath*
der Geist (−er) *spirit, ghost*
geistig *mental (ly)*
*gelangen (*wk*) *to reach, achieve*
gelangweilt *bored*
gut gelaunt *good-tempered*
die Gelegenheit (−en) *opportunity*
gelten (galt, gegolten) *to be seen as; to be valid*
die Geltung *validity*
das Gemälde (−n) *painting*
gemeinsam *together*
die Gemeinde *community*
der Gemeinderat *local council*
etwas gemeinsam haben *to have something in common*
gemütlich *cosy, comfortably*
genieren (*wk*) *to bother*
geniessen (genoß, genossen) *to enjoy*
genügen (*wk*) *to suffice*
der Genuß (Genüsse) *pleasure*
das Gepäck *luggage*
gepflegt *smart, tidy, looked-after*
das Geräusch (e). *noise*
gerecht *fair*
gereizt *irritated*
das Gericht (−e) *dish; law court*
gering *small*
geringfügig *insignificant, slight*
der Geruch (¨−e) *smell*
das Gerücht (−e) *rumour*
gesamt *together, collected*
die Gesamtschule (−n) *comprehensive school*
*geschehen (geschieht, geschah, geschehen) *to happen*
die Geschichte (−n) *story; history*
das Geschick (−e) *skill*
geschickt *skilful*
geschieden *divorced*
das Geschlecht (−er) *sex*
der Geschmack (¨−e) *taste*
der Geschmackstoff *flavouring*
die Geschwindigkeit (−en) *speed*
die Geschweindigkeitsbegrenzung (−en) *speed limit*
gesellig *companionable*
die Geselligkeit *companionship*
die Gesellschaft (−en) *club; society*
das Gesetz (−e) *law*
die Gesetzgebung *legislature*
das Gespenst (−er) *ghost*
das Gespräch (−e) *conversation*
gestaffelt *graded*
die Gestalt (−en) *figure*
gestalten (*wk*) *to form*
gestatten (*wk*) *to allow*
gestehen (gestand, gestanden) *to admit*
die Gesundheit *health*
das Getränk (−e) *drink*
die Gewalt *force*
das Gewehr (−en) *weapon, gun*
die Gewerkschaft (−en) *trades union*
das Gewicht (−e) *weight*
der Gewinn (−e) *profit*
gewiß *certainly*
das Gewitter *storm*
sich gewöhnen (*wk*) an *to get used to*
die Gewohnheit (−en) *habit*
gewohnt an *used to*
die Gicht *gout*
gießen (goß, gegossen) *to pour*
das Gift (−e) *poison*
glatt *smooth*
glätten (*wk*) *to smooth out*
der Glauben (−) *belief*
die Gleichberechtigung *equality*
gleichgültig *indifferent*
die Gleichheit *equality*
gleichmäßig *even, steady, regular*
das Gleis (−e) *platform*
die Glocke (−n) *bell*
gönnen (*wk*) *to grant*
der Grad (−e) *level, degree*
die Grafschaft (−en) *county*
gratis *free, for nothing*
grauen (*wk*) *to dawn*
der Greuel *horror*
der Griff (−e) *handle*
im Griff haben *to have under control*
griffbereit *ready to hand*
grob *coarse*
die Größe (−n) *size*
etwas großschreiben *to give something top priority*
der Grossist (−en) *wholesalers*
großziehen *to bring up*
großzügig *generous*
grübeln (*wk*) *to brood*
der Grund (¨−e) *reason*
der Grundbesitz (−e) *property*
das Grundgesetz (−e) *constitution*
die Grundlage (−n) *basis*
gründlich *thorough*
das Grundrecht (−e) *basic right*
der Grundsatz (¨−e) *principle*
grundsätzlich *fundamental (ly)*
die Gründung *founding*
das Grundwasser *ground water*
gültig *valid*
günstig *favourable*
die Güter *goods*
der Gymnasiast (−en) *grammar school pupil*
das Gymnasium (Gymnasien) *grammar school*

H

das Hab and Gut *possessions*
der Hafer *oats*
das Hähnchen (−) *chicken*
die Halbpension *half board*
die Hälfte (−n) *half*
hallen (*wk*) *to echo*
halten (hielt, gehalten) *to hold, stop*
halten von *to think of, have an opinion of*
der Handel *trade*
handeln *to act*
handgreiflich *violent*
hartnäckig *stubborn*
hassen (*wk*) *to hate*
häufig *frequent (ly)*
das Hauptanliegen *main concern*
der Haushalt (−e) *household*
häuslich *domesticated*
die Haut (Häute) *skin*
heben (hob, gehoben) *to lift*
das Heer (−e) *army*
die Heide (−n) *heather, moor*
der Heilpraktiker *homeopathic doctor*
der Heilige (−n) *saint*
die Heimat *home*
heimlich *secret (ly)*
jemanden heiraten (*wk*) *to marry somebody*
heiter *cheerful*
die Heiterkeit *cheerfulness*
hell *bright*
die Hemmung (−en) *inhibition*
herausfordern (*wk*) *to challenge*
die Herausforderung (−en) *challenge*
herrlich *fantastic*
herrschen (*wk*) *to rule*
der Hersteller (−) *producer*
herzig *hearty*
*herumstehen (stand herum, herumgestanden) *to stand around*
heutzutage *these days*
die Hilfe *help*
hilfsbereit *helpful*
die Hilfskraft (Hilfskräfte)

assistant
hindern (*wk*) *to prevent*
das Hindernis (−se) *obstacle*
in mancher Hinsicht *in many respects*
der Hintergrund (⸚e) *background*
der Hinweis (e) *tip; recommendation*
auf etwas hinweisen (wies hin, hingewiesen) *to point to*
hoch *high*
es geht hoch her *it's going fantastically*
hochprozentig *high in alcohol*
die Hochschule (−n) *higher education, university/polytechnic*
die Hochzeit (−en) *wedding*
die Hoffnung (−en) *hope*
die Höhe (−n) *height*
in Höhe von *at the rate of*
der Höhepunkt *climax*
der Hörfunk *radio*
holprig *bumpy*
das Holz *wood*
hügelig *hilly*
die Hütte (−n) *hut*

I

die Illustrierte (−n) *magazine*
immatrikuliert *matriculated; registered (at university)*
implizit *implicit*
der Inhalt (−e) *content*
die Innenpolitik *home affairs*
die Innenstadt *town centre*
das Innere *inside*
das Landesinnere *hinterland*
insgesamt *all together*
inwiefern *to what extent*
inzwischen *in the meantime*
irgendwo *anywhere*

J

der Jahrgang (⸚e) *generation, year group*
das Jahrhundert (−e) *century*
jährlich *annual*
das Jahrzehnt (−e) *decade*
je . . . , desto . . . *the more . . . , the more . . .*
jeweilig *appropriate*
das Jod *iodine*
der Jugendliche (−n) *youth, teenager*

K

das Kabelfernsehen *cable TV*
der Kamin (−en) *chimney*
die Kapelle (−n) *band; chapel*
die Karikatur (−en) *cartoon*
die Kartonage (−n) *cardboard packaging*
der Kasten (⸚) *box*
der Katalysator *catalysator*
der Kauf (Käufe) *purchase*
etwas in Kauf nehmen *to accept something*
kaum *scarcely*
kegeln (*wk*) *to bowl*
der Kelch (−e) *goblet*
kennenlernen (*wk*) *to get to know*
der Kerl (−e) *chap*
der Kern (−e) *heart, nucleus, centre*
das Kernkraftwerk (−e) *nuclear power station*
die Kernwaffe (−n) *nuclear weapon*
die Kette (−n) *chain*
die Kettenreaktion *chain reaction*
die Kindheit *childhood*
die Klamotte (−n) *gear, clothes*
klappen (*wk*) *to work, succeed*
der Klassenprimus *star pupil*
klatschen (*wk*) *to gossip*
die Klatschpresse *gutter press*
kleinlich *petty*
das Klima *climate*
die Klima-Anlage *air-conditioning*
klimatisiert *air-conditioned*
der Knabe (−n) *lad*
das Knäckebrot *crispbread*
der Knall (−e) *bang*
knallig *loud, gaudy*
der Knöchel (−) *ankle*
der Knopf (⸚e) *button*
knusprig *crispy*
knutschen (*wk*) *to smooch (fam.)*
der Kohl (−e) *cabbage*
die Kohle (−n) *coal (slang: money)*
der Kollege (−n) *colleague*
der Kommentar (−e) *commentary*
die Kommunalwahlen *local elections*
der Kompromiß (−sse) *compromise*
kompromißbereit *flexible*
die Konfession *(religious) denomination*
die Konkurrenz *competition*
der Konsument (−en) *consumer*
die Kontaktlinse (−n) *contact lens*
das Konto (Konten) *bank account*
kontrollieren (*wk*) *to check, test*
körperlich *physical*
die Körperpflege *hygiene*
korpulent *fat*
der Krach *trouble*
die Kraft (⸚e) *power*
das Kraftfahrzeug (−e) *powered vehicle*
der Kran (⸚e) *crane*
krankhaft *diseased, morbid*
kratzen (*wk*) *to scratch*
das Kraut (⸚er) *herb*
der Krebs (−e) *cancer*
der Kreis (−e) *circle; local district*
der Kreislauf *circulation*
kreuzen (*wk*) *to cross*
das Kreuzworträtsel (−) *crossword*
der Krieg (−e) *war*
kriegen (*wk*) *to get*
die Krise (−n) *crisis*
kriseln: es kriselt *there's trouble brewing*
krönen (wk) *to crown*
die Kulleraugen (pl) *big, wide eyes*
sich kümmern um etwas (*wk*) *to bother about*
der Kunde (−n) *customer*
künftig *future*
künstlich *artificial*
der Kunststoffbehälter (−) *plastic container*
der Kurs (−e) *course*
kurzfristig *short-term*
die Küste (−n) *coast*

L

die Lage (−n) *position, situation*
lagern (*wk*) *to store*
die Landungsbrücke (−n) *landing-stage*
die Landwirtschaft *agriculture*
die Langeweile *boredom*
langfristig *long-term*
der Lärm *noise*
lässig *casual, cool*
die Last (−en) *load*
lästig *tiresome*
der Lastkraftwagen (−) (LKW) *lorry*
der Lauf (Läufe) *race*
im Laufe der Zeit *in the course of time*
sich auf dem laufendem halten *to keep oneself up to date*
die Laune (−n) *mood*
laut (+ dat) *according to*
der Lautsprecher (−) *loudspeaker*
das Leben *life*
ums Leben kommen *to die*
der Lebenslauf *curriculum vitae*
lebhaft *lively*
lecker *delicious*
ledig *single, unmarried*
leeren (*wk*) *to empty*
das Lehrbuch (⸚er) *textbook*
die Lehre (−n) *apprenticeship*
der Lehrgang *course*
die Lehrkraft (⸚e) *member of staff*
der Lehrling (−e) *apprentice*
der Lehrplan (⸚e) *teaching plan, curriculum*
die Leiche (−n) *corpse*
leicht *easy*
die Leichtathletik *athletics*
sich etwas leisten (*wk*) *to afford something*
die Leistung (−en) *achievement, attainment*
der Leistungskurs (−e) *6th form course*
das Leitbild (−er) *model*
die Leitung (−en) *main, line, wire, pipe; direction*
lenken (*wk*) *to steer*
das Lenkrad (⸚er) *steering wheel*
der Leserbrief (−e) *letter to the editor*
das Lichtbild (−er) *photo*
liegen (lag, gelegen) *to lie*
es liegt daran, daß . . . *it's because . . .*
der Liegeplatz (⸚e) *reclining seat*
der Liegewagen *sleeping car*
der Lippenstift (−e) *lip-stick*
locken (*wk*) *to attract*
der Lohn (⸚e) *reward, pay*
sich lohnen (*wk*) *to be worth*
es lohnt sich nicht *it's not worth it*
das Lokal (−e) *pub*
löschen (losch, geloschen) *to extinguish*

*losfahren (fuhr los, losgefahren) *to set off*
lösen (*wk*) to solve
sich lösen *to dissolve*
die Lösung (−en) *solution*
die Lücke (−n) *gap*
die Luft *air*
der Luftkurort (−e) *health resort*

M

die Macht (¨−e) *power*
machtlos *impotent, powerless*
mager *thin*
die Mahlzeit (−en) *meal*
das Mal (−e) *occasion, time*
malen (*wk*) *to paint*
malerisch *picturesque*
der Mangel (¨−) *lack*
mangeln (*wk*) *to lack*
männlich *masculine*
die Mannschaft (−en) *team; crew*
die Marionettenfigur (−en) *puppet*
das Maß *measurement*
der Massenmord *mass murder*
die Maßnahme (−n) *measure, step*
die Mauer (−n) *wall*
meckern *to grumble*
das Medikament (−e) *medicine (drugs)*
die Medizin *medicine (subject)*
das Mehl *flour*
die Mehrheit *majority*
die Mehrwegflasche (−n) *returnable bottle*
meinetwegen *for my sake*
melden (*wk*) *to report*
die Meldung (−en) *report*
die Menge (−n) *crowd; quantity*
der Mensch (−en) *human, person*
merken (*wk*) *to notice*
die Messe (−n) *trade fair*
messen (maß, gemessen) *to measure*
der Mietwagen *hired car*
der Mieter (−) *hirer*
der Militärdienst (−e) *military service*
die Minderheit *minority*
der Mißerfolg (−e) *failure*
mißhandeln (*wk*) *to mishandle*
mitarbeiten (*wk*) *to collaborate*
der Mitarbeiter (−e) *colleague*
das Mitglied (−er) *member*
das Mittel (−e) *means*
das Mittelalter *the middle ages*
das Mittelmeer *the Mediterranean*
mittels (+ gen) *by means of*
die Möbel (pl) *furniture*
möblieren (*wk*) *to furnish*
modebewußt *fashion-conscious*
möglich *possible*
die Montage *lay-out, design*
mopsen (*wk*) *to steal, filch*
der Mord (−e) *murder*
der Mörder (−) *murderer*
muffig *grumpy*
die Mühe (−n) *trouble, effort*
sich Mühe geben *to take trouble*
der Müll *rubbish*
münden (*wk*) *to flow into, lead to*
mündlich *oral (ly)*
der Mut *courage*
Mut fassen (*wk*) *to take courage*

N

nachahmen (*wk*) *to imitate*
nachdenken (dachte nach, nachgedacht) *to ponder, reflect*
nachdenklich *thoughtful*
der Nachfahr (−en) *descendant*
der Nachfolger (−e) *successor*
die Nachfrage (−n) *demand*
nachgiebig *pliable*
nachholen (*wk*) *to catch up*
nachlässig *careless, negligent*
nachmachen (*wk*) *to imitate*
die Nachricht (−en) *piece of news, news*
die Nachrichtenagentur (−en) *news agency*
das Nachschlagewerk (−e) *reference book*
der Nachteil (−e) *disadvantage*
die Nachwelt *posterity*
nagelneu *brand new*
nahezu *nearly*
das Nahrungsmittel (−) *food (-stuff)*
naschen (*wk*) *to nibble*
das Naturschutzgebiet (−e) *nature reserve*
neidisch *envious*
neigen (wk) *to tend*
die Neigung (−en) *tendency*
ich bin mit den Nerven 'runter *I've had it up to here*
der Nervenzusammenbruch (¨−e) *nervous breakdown*
nervös *nervous*
nett *nice*
das Netz (−e) *net, network*
neugierig *curious*
die Niere (−n) *kidney*
nörgeln (*wk*) *to moan*
die Not (¨−e) *need, distress, want*
die Notstromversorgung *emergency power supply*
die Note (−n) *mark (at school)*
die Notwendigkeit *necessity*
nutzbar machen *to put to use*
nutzen *to use; be of use*
die Nutzung *use*

O

die Oberstufe (−n) *sixth form, upper school*
obwohl *although*
öffentlich *public(ly)*
die Öffentlichkeit *public*
ohnmächtig *powerless, unconscious*
ökologisch *ecological*
das Opfer (−) *sacrifice*
die Ordnung *order*
der Ort (−e) *place*
die Ortschaft (−en) *village*

P

das Paar (−e) *pair, couple*
ein paar *a few*
pädagogisch *pedagogical, educational*
der Papst (¨−e) *pope*
die Parole (−n) *word, slogan*
die Partei (−en) *party*
passen (*wk*) *to fit, suit*
passend *appropriate, fitting*
patzig *insolent*
pauken (*wk*) *to swot*
der Pauschalpreis (−e) *flat rate*
das Pech *bad luck; pitch*
der Pegel (−) *level recorder*
peinlich *embarrassing*
peitschen (*wk*) *to lash*
der Personenkraftwagen (PKW) *car*
die Petersilie *parsley*
der Pfarrer (−) *priest*
der Pfifferling (−e) *chanterelle*
pflegeleicht *easy to care for*
pflegen (wk) *to care for, look after*
die Pflicht (−en) *duty, obligation*
pikiert *peeved, put out*
pingelig *fussy*
planmäßig *according to plan*
das Plenum *plenum, full session*
plötzlich *suddenly*
PLZ: die Postleitzahl (−en) *postcode*
der Pokal (−e) *(sporting) cup*
poppig *trendy*
das Postwertzeichen *stamp*
das Praktikum (Praktika) *practical work experience*
*prallen (*wk*) *to collide*
die Probe (−n) *test*
probieren (*wk*) *to test*
der Proviant *provisions*
die Prüfung (−en) *exam*
prügeln (*wk*) *to beat*
psychisch *psychological*
das Pult (−e) *desk*
pünktlich *punctually*

Q

quälen (*wk*) *to torture*
der Qualm *smoke*
qualmfrei *smoke-free*
der Quark *curd*
die Quelle (−n) *source*

R

die Rache *revenge*
der Rangierdienst *marshalling (of trains)*
*rasen (*wk*) *to race, speed*
der Rat (Ratschläge) *advice*
der Rat (¨−e) *council*
raten (riet, geraten) *to guess*
der Ratschlag (¨−e) *suggestion*
das Rätsel (−) *puzzle*
der Raub *robbery*
der Räuber (−) *robber*
das Rauschgift (−en) *narcotic, drug*
der Reaktor *reactor*
rechnen (*wk*) *to calculate*
rechnen mit *to reckon on*
die Rechnung (−en) *bill*
das Recht (−e) *right*
rechtfertigen (*wk*) *to justify*
rechtzeitig *punctually, on time*
der Redakteur *editor*

die Redaktion *editorial staff*
die Rede (−n) *speech*
reden (*wk*) *to speak*
ein Referat halten *to give a talk*
die Regel (−n) *rule*
regelmäßig *regular(ly)*
die Regie *direction, production*
reiben (rieb, gerieben) *to grate, rub*
reif *ripe, mature*
der Reifen (−) *tyre*
die Reihe (−n) *row*
ich bin an der Reihe *it's my turn*
die Reihenfolge (−n) *order*
rein *pure(ly)*
die Reiseverbindung (−en) *connection*
reißerisch *sensational*
*reiten (ritt, geritten) *to ride*
der Reiz (−e) *charm*
reizend *charming*
reizvoll *charming*
die Reklame (−n) *advertisement*
*rennen (rannte, gerannt) *to run, race*
der Rentner *old age pensioner*
der Rest *rest*
die Reste *left-overs*
das Resultat (−e) *result*
retten (*wk*) *to rescue, save*
das Rheuma *rheumatism*
der Richter (−) *judge*
die Richtung (−en) *direction*
das Risiko (Risiken) *risk*
die Robbe (−n) *seal*
das Rohr (−e) *reed; pipe*
die Röhre (−n) *drainage pipe, tube*
der Rohstoff (−e) *raw material*
der Roman (−e) *novel*
die Rosine (−n) *raisin*
der Rückgang *decline*
das Rückgrat (¨−e) *spine*
*rückläufig sein *to be on the decline*
die Rücksicht *consideration*
auf jmdn Rücksicht nehmen *to take somebody into consideration*
die Ruhe *peace*
ruhig *peaceful*
rum (see herum)
der Rundfunk *broadcasting*

S

die Sache (−n) *thing*
sachlich *factual*
der Sachverstand *subject expertise, knowledge*
die Sackgasse (−n) *dead end*
die Sahne *cream*
sammeln (*wk*) *to collect*
sanft *soft(ly)*
satt *full, satisfied*
ich habe es satt *I'm fed up with it*
die Sättigung *saturation*
der Satz (¨−e) *sentence; movement (music)*
sauer *sour; angry*
der Sauerstoff *oxygen*
säuseln (*wk*) *to rustle*
der Schachzug (¨−e) *chess move*
die Schande *shame*
der Schaden (¨−) *damage*
Schadenersatz verlangen *to sue for damages*
schädlich *damaging*
der Schadstoff (−e) *pollutant*
schaffen (schuf, geschaffen) *to create*
schaffen (*wk*) *to achieve, manage*
zu schaffen machen *to cause worry*
die Schaffung *creation*
schälen (*wk*) *to peel*
schätzen (*wk*) *to estimate; to value, treasure*
die Schau (−en) *show*
schauen (*wk*) *to look, see*
das Schaufenster (−) *shop window*
schaukeln (*wk*) *to sway*
der Schauspieler *actor*
die Scheibe *slice, pane (of glass)*
sich scheiden lassen *to get divorced*
die Scheidung (−en) *divorce*
der Scheinwerfer *search light*
scheitern (*wk*) *to fail*
schenken (*wk*) *to give, present*
der Scherz (−e) *joke*
scheu *shy*
scheuen (*wk*) *to shy away from*
die Schicht (−en) *layer; shift (at work)*
schick *smart*
schicken (*wk*) *to send*
das Schicksal *fate*
das Schiebedach *sliding roof*
schieben (schob, geschoben) *to push*
*schiefgehen (ging schief, schiefgegangen) *to go wrong*
die Schiene (−n) *track*
schildern (*wk*) *to depict*
schimpfen (*wk*) *to swear*
der Schirm (−e) *screen*
der Schlag (¨−e) *blow*
schlagen (schlug, geschlagen) *to hit, beat*
die Schlagzeile (−n) *headline*
der Schlamm *mud*
die Schlange (−n) *queue; snake*
schlank *thin*
das Schlauchboot (−e) *rubber dinghy*
schleppen (*wk*) *to drag*
der Schleier *veil*
schleudern (*wk*) *to skid*
schlicht und einfach *quite simply*
schließlich *finally*
die Schlinge (−n) *trap*
der Schluß (¨−e) *end, conclusion*
der Schlüssel (−) *key*
das Schlüsselwort (¨−er) *key word*
schmecken (*wk*) *to taste*
*schmelzen (schmolz, geschmolzen) *to melt*
schmieren (*wk*) *to grease*
schmollen (*wk*) *to sulk*
im Schmollwinkel sitzen *to have the sulks*
schmoren (*wk*) *to braise*
der Schmutz *dirt*
schnappen (*wk*) *to snap, snatch*
der Schnappschuß *snap-shot*
schneiden (schnitt, geschnitten) *to cut*
der Schnitt (−e) *average*
der Schnittlauch *chives*
schockiert *shocked*
schonen (*wk*) *to spare*
schönen (*wk*) *to brighten*
die Schönheit *beauty*
der Schornstein (−e) *chimney*
schrecken (*wk*) *to frighten*
der letzte Schrei *the latest thing*
schreien (schrie, geschrieen) *to cry*
der Schriftsteller (−) *author*
der Schrott *scrap metal*
die Schuld (−en) *guilt; debt*
schuldig *guilty*
der Schuß (die Schüsse) *shot*
die Schüssel (−n) *bowl*
der Schutz *protection*
schwafeln (*wk*) *to drivel on*
schwanger *pregnant*
die Schwangerschaft *pregnancy*
schwanken (*wk*) *to fluctuate*
das Schwefeldioxid *sulphur dioxide*
die Schwelle (−n) *"sleeping policeman"; threshold*
*schwellen (schwoll, geschwollen) *to swell*
der Schwerpunkt (−e) *emphasis*
der Schwiegersohn (¨−e) *son-in-law*
die Schwiegertochter (¨−) *daughter-in-law*
der Schwindel *dizziness*
schwindelerregend *causing dizziness*
der Seebär (−en) *seal*
die Seekuh *seacow, manatee*
der Seeräuber (−) *pirate*
sehenswert *worth seeing*
die Sehenswürdigkeit *tourist sight*
sich sehnen (*wk*) nach *to long for*
die Sehnsucht (¨−e) *longing*
die Seilbahn (−en) *cable car*
selbst *self; even*
selbständig *independent*
selbstbewußt *self-assured, proud*
die Selbstgerechtigkeit *self-righteousness*
der Selbstmord *suicide*
Selbstmord begehen (beging, begangen) *to commit suicide*
selbstsicher *self-assured, sure of oneself*
die Selbststeuerung *self control*
selbstsüchtig *selfish*
selten *rarely*
senden (*wk*) *to broadcast*
die Sendung (−en) *radio/TV programme*
setzen (*wk*) *to put*
sich setzen *to sit down*
die Setzerei *typesetting*
die Sicherheit *safety*
die Siedlung (−en) *settlement*
der Sieger (−) *victor*
die Silbe (−n) *syllable*
der Sinn (−e) *sense*
es hat keinen Sinn *there's no point*
sinnvoll *sensible*
der Sitz (−e) *seat*
die Sitzung (−en) *meeting*
der Skilanglauf *cross-country skiing*

*skilaufen (lief, gelaufen) *to ski*
sofortig *immediate*
sogenannt *so-called*
die Sonderschule (–n) *special school*
sondern *but*
sonstig *other, additional*
die Sorge (–n) *worry*
sich sorgen (*wk*) um *to worry about*
sorgen für *to provide for*
sowie *as well as*
sowieso *in any case*
die Sozialhilfe *social security*
die Spalte (–n) *crack*
spalten (*wk*) *to split*
spärlich *meagre*
sparsam *thrifty*
der Spaß *fun*
Spaß an etwas haben *to enjoy something*
der Speck *belly-pork*
speisen (*wk*) *to feed, eat*
spenden (*wk*) *to donate*
die Sperrklausel *restricting clause*
der Spiegel (–) *mirror*
das Spiegelbild (–er) *reflection*
der Spielfilm (–e) *feature film*
der Spieß (–e) *skewer*
spießbürgerlich *middle-class, bourgeois*
spießig *middle-class, bourgeois*
die Spitze (–n) *summit*
der Sportmuffel *stick-in-the-mud where sport is concerned*
das Sprichwort *proverb*
der Sprit *fuel, "juice", gas*
die Spritze (–n) *injection*
spritzen (*wk*) *to inject; spray*
der Spritzer *dash*
der Spruch (¨–e) *saying*
die Spur (–en) *trace, track*
spüren (*wk*) *to sense*
der Staat (–en) *state*
die Staatsbürgerschaft *citizenship*
die Staatsangehörigkeit *nationality*
das Staatsoberhaupt *head of state*
die Stacheldraht (¨–) *barbed wire*
der Stadtteil (–e) *part of town*
stagnieren (*wk*) *to stagnate*
die Stärke (–n) *strength*
der Start (–s) *take-off*
startbereit *ready for take-off*
ständig *permanent(ly), constant(ly)*
der Standpunkt *standpoint*
stationieren (*wk*) *to base*
stattfinden (fand statt, stattgefunden) *to take place, occur*
der Stau (–s) *traffic jam*
der Staub *dust*
staubsaugen (*wk*) *to vacuum*
*stehenbleiben (blieb stehen, stehengeblieben) *to stop, stand still*
steigend *rising*
steil *steep*
die Stelle (–n) *job, post*
*sterben (starb, gestorben) *to die*
das Sternzeichen (–) *star sign*
die Steuer (–n) *tax*
das Steuer (–) *steering wheel*
steuern (*wk*) *to steer*
das Stichwort (–e) *cue, head word*
stillegen (*wk*) *to shut down*
der Stillstand *stand-still*
die Stimme (–n) *vote*
die Stimmung *mood, atmosphere*
stinken (stank, gestunken) *to stink*
stockfremd *totally unknown*
der Stoff (–e) *material*
die Störung (–en) *fault, disturbance*
die Strafe (–n) *punishment*
strafen (*wk*) *to punish*
strahlen (*wk*) *to beam*
der Strahlenbunker *fall-out shelter*
der Strahlung *radiation*
strebsam *industrious*
die Strecke (–n) *stretch*
streicheln (*wk*) *to stroke*
der Streifen (–) *strip, stripe*
der Streik (–s) *strike*
der Streit (–e) *quarrel*
streng *severe, strict*
strittig *contentious, controversial*
der Strom (¨–e) *stream; electricity*
*strömen (*wk*) *to stream*
die Strophe (–n) *verse*
das Studium (Studien) *study*
die Stufe (–n) *level, stage, step*
stumm *dumb*
stur *stubborn*
stützen (*wk*) *to support*
sich auf etwas stützen *to lean, rely on*
der Stützpunkt (–e) *base*
das Substantiv (–e) *noun*
suggieren (*wk*) *to suggest*
sünden (*wk*) *to sin*
der Sünder (–) *sinner*

T

der Tabak *tobacco*
die Tabelle (–n) *table*
das Tagebuch (¨–er) *diary*
die Tagesordnung *agenda*
täglich *daily*
tanken (*wk*) *to fill up*
die Tanzfläche *dance floor*
die Tat (–en) *act*
die Tätigkeit (–en) *activity*
die Tatsache (–n) *fact*
taub *deaf*
*tauchen (*wk*) *to bathe, immerse, dive*
tauschen (*wk*) *to swap, exchange*
täuschen (*wk*) *to deceive*
die Technik *technique; technology*
der Teil (–e) *part*
teilen (*wk*) *to divide*
die Teilnahme *participation*
an etwas teilnehmen (nahm teil teilgenommen) *to take part in something*
temperamentvoll *vivacious*
der Termin (–e) *date, appointment*
der Terminkalender *diary*
das Thema (Themen) *topic*
die These (–n) *thesis*
die Tiefe (–n) *depth*
die Tiefebene *lowland plain*
der Tod (–e) *death*
der Todesfall (¨–e) *death, bereavement*
toll *fantastic*
die Tollwut *rabies*
das Tonband (¨–er) *tape*
der Topf (¨–e) *pan*
töricht *foolish*
tot *dead*
die Tracht (–en) *national dress, costume*
tragbar *bearable*
tragen (trug, getragen) *to wear, carry*
trampen (*wk*) *to hike*
die Träne (–n) *tear*
das Tränengas *tear gas*
das Transparent (–e) *banner*
sich trauen (*wk*) *to dare*
die Trauer *sadness*
der Traum (¨–e) *dream*
traurig *sad*
treffen (traf, getroffen) *meet; to affect; to hit*
treiben (trieb, getrieben) *to drive, propel*
Sport treiben *to do sport*
der Treibstoff *fuel*
trennen *to separate*
treu *faithful*
der Trimmer (–) *fitness fanatic*
die Trommel (–n) *drum*
trösten (*wk*) *to comfort*
trotzig *defiant*
der Tupfer *swab*
das Turnen *gymnastics*
die Turnhalle *gymnasium*
der TÜV: Technischer Überwachungs–Verein *MOT*
der Typ (–en) *bloke, type*

U

überall *everywhere*
überbacken *to put under grill*
mit Käse überbacken *au gratin*
überbrücken (*wk*) *to bridge*
übereinstimmen (*wk*) *to agree*
der Übergang (¨–e) *crossing*
überleben (*wk*) *to survive*
überlegen (*wk*) *to think*
sich etwas überlegen *to reflect, ponder on something*
übermäßig *excessive*
übernehmen (übernahm, übernommen) *to take over*
überraschen (*wk*) *to surprise*
überrascht *surprised*
überregional *national*
überschätzen (*wk*) *to exaggerate*
überschreiten (überschritt, überschritten) *to exceed*
die Überschrift (–en) *heading*
übersehen (übersah, übersehen) *to overlook*
übersetzen (*wk*) *to translate*
übertreiben (übertrieb, übertrieben) *to exaggerate*
überwachen (*wk*) *to supervise*
überwiegend *prodominantly*
überwinden (überwand, überwunden) *to overcome*
die Überzeugung (–en) *conviction*
überziehen (überzog, überzogen) *to cover; overrun*
üblich *usual*
übrig *remaining*

*übrigbleiben (blieb übrig, übriggeblieben) *to be left over*
das Ufer (–) *bank (of river etc.)*
um . . . (+ gen) willen *for the sake of*
umbringen (brachte um, umgebracht) *to kill*
umfangen (umfing, umfangen) *to surround, engulf*
der Umfang *extent*
umfassen (*wk*) *to incorporate*
die Umfrage *questionnaire*
die Umgebung (–en) *surroundings*
mit jemdm. umgehen *to treat sbdy. (in a certain way)*
umgekehrt *the other way round*
umkehren *to turn round*
der Umsatz (Umsätze) *turnover*
die Umschichtung *restructuring*
umsetzbar *convertible*
umsonst *in vain*
umfangen (umfing, umfangen) *to envelop, embrace*
umfangreich *extensive*
der Umstand (⸚e) *circumstance*
die Umwandlung *change, conversion*
die Umwelt *environment*
der Umweltschutz *protection of the environment*
unabhängig *independent*
unausgewogen *unbalanced*
unbedingt *definitely*
unberechenbar *unpredictable*
unberührt *untouched*
unbestritten *indisputable*
unehrlich *dishonest*
unermüdlich *untiring*
unfähig *incapable*
der Unfall (⸚e) *accident (e.g. on road)*
der Unfug *rubbish*
die Ungebildetheit *lack of education*
ungerecht *unfair*
ungewöhnlich *unusual*
das Unglück (–e) *accident*
unmittelbar *direct(ly)*
unnachahmlich *inimitable*
unterbrechen (unterbrach, unterbrochen) *to interrupt*
der Unterhalt *maintenance, keep*
unterhalten (unterhielt, unterhalten) *to entertain*
sich unterhalten *to talk*
die Unterhaltung (–en) *entertainment*
die Unterlage (–n) *document*
das Unternehmen (–) *company*
(etwas) unternehmen *to undertake (something)*
unterrichten (*wk*) *to teach*
der Unterschied (–e) *difference*
die Unterschrift (–en) *signature*
die Unterschriftensammlung *petition*
unterstreichen (unterstrich, unterstrichen) *to underline*
unterstützen (*wk*) *to support*
die Untersuchung (–en) *investigation; enquiry*
untragbar *intolerable*
unverbindlich *without obligation*
unvergleichlich *incomparable*
unverzichtbar *indispensable*
die Unzufriedenheit (–en) *discontentment*
die Unzulänglichkeit (–en) *inadequacy*
die Ursache (–n) *cause*
das Urteil (–e) *judgement*

V

das Ventil (–e) *valve*
sich verabreden (*wk*) mit *to make an appointment with*
die Verabredung (–en) *appointment*
verändern (*wk*) *to change*
die Veränderung (–en) *change*
veranstalten (*wk*) *to set up, organise, put on*
verantworten (*wk*) *to answer for*
die Verantwortung *responsibility*
das Verantwortungsbewußtsein *sense of responsibility*
verändern (*wk*) *to change*
verbergen (verbarg, verborgen) *to hide*
verbessern (*wk*) *to improve*
verbeugen (*wk*) *to bow*
die Verbeugung (–en) *bow*
verbieten (verbot, verboten) *to forbid*
die Verbindung (–en) *connection*
verbissen *dogged*
das Verbot (–e) *ban*
der Verbrauch *use*
verbrauchen (*wk*) *to use*
der Verbraucher (–) *consumer*
das Verbrechen (–) *crime*
der Verbrecher (–) *criminal*
verbreiten (*wk*) *to spread*
die Verbreitung *spread*
verbringen (verbrachte, verbracht) *to spend (time)*
verdecken (*wk*) *to cover, conceal*
verderben (verdirbt, verdarb, verdorben) *to spoil*
verdeutlichen (*wk*) *to make clear*
verdienen (*wk*) *to earn, deserve*
der Verein (–e) *club, union*
vereinen (*wk*) *to unify*
das Verfahren *course of action, procedure*
die Verfassung (–en) *constitution*
über etwas verfügen (*wk*) *to have at one's disposal*
verführen (*wk*) *to seduce, lead astray*
die Vergangenheit *past*
vergeben (vergab, vergeben) *to give away; forgive*
vermitteln (*wk*) *to arrange; mediate*
vermuten (*wk*) *to suspect*
vermutlich *presumably*
vernachlässigen (*wk*) *to neglect*
vernichten (*wk*) *to destroy*
die Verordnung (–en) *regulation*
verpassen (*wk*) *to miss (eg train)*
verpesten (*wk*) *to pollute*
verpetzen (*wk*) *to sneak, tell on*
die Verpflegung (–en) *supplies, food*
verpflichten (*wk*) *to oblige; engage, sign on*
verquirlen (*wk*) *to whisk*
verrückt *mad*
die Versammlung (–en) *assembly*
versaümen (*wk*) *to miss*
verschaffen (*wk*) *to provide*
verschieden *various*
die Verschmutzung *pollution*
verschwenden (*wk*) *to waste*
*verschwinden (verschwand, verschwunden) *to disappear*
versetzen (*wk*) *to move, transfer*
die Verseuchung *contamination*
versorgen (*wk*) *to look after; supply*
versperren (*wk*) *to block*
verständlich *understandable*
das Verständnis (–se) *understanding*
verstärken *to enlarge, to amplify*
die Verstopfung *constipation*
verstreuen (*wk*) *to scatter, spill*
verstümmeln (*wk*) *to mutilate, maim*
verteidigen (*wk*) *to defend*
verteilen (*wk*) *to distribute*
vertiefen (*wk*) *to deepen*
der Vertrag (⸚e) *contract*
vertragen (vertrug, vertragen) *to stand, put up with*
vertrauen (*wk*) *to trust*
vertraut *intimitate*
die Vertrautheit *intimacy, familiarity*
vertreten (vertrat, vertreten) *to represent*
der Vertreter (–) *representative*
die Verunreinigung (–en) *polluting*
die Verunsicherung *uncertainty*
verursachen (*wk*) *to cause*
verurteilen (*wk*) *to condemn*
verwalten (*wk*) *to administer*
der Verwandte (–n) *relative*
vergeblich *in vain*
vergiften (*wk*) *to poison*
vergleichen (verglich, verglichen) *to compare*
der Vergleich (–e) *comparison*
das Vergnügen *pleasure*
verhaften (*wk*) *to arrest*
sich verhalten (verhielt, verhalten) *to behave*
das Verhältnis (–se) *relationship*
verhältnismäßig *relatively*
das Verhältniswahlrecht *proportional representation*
verhauen *to mess up*
verheimlichen (*wk*) *to keep secret*
verheiratet *married*
sich verheiraten (*wk*) *to get married*
verhindern (*wk*) *to prevent*
verhungern (*wk*) *to starve*
verkehren (*wk*) *to travel, run*
das Verkehrsmittel (–n) *method of transport*
verklemmt *inhibited*
verknöchert *fossilized*
verkürzen (*wk*) *to shorten*
verlangen (*wk*) *to demand*
der Verlag (–e) *publishing company*
verlassen (verließ, verlassen) *to leave*
sich verlassen auf *to rely on*
verlegen *embarassed*

die Verletzung (−en) *injury*
sich in jemanden verlieben (*wk*) *to fall in love with somebody*
zu etwas verleiten (*wk*) *to lead to something, imply*
vermindern (*wk*) *to reduce, lessen*
verweigern (*wk*) *to refuse*
verwenden (*wk*) *to use*
verwitwet *widowed*
die Verwüstung *devastation*
der Verzehr *consumption*
verzehren (*wk*) *to consume*
verzeichnen (*wk*) *to list*
der Verzicht *renunciation*
auf etwas verzichten (*wk*) *to do without something*
der Videotext *teletext*
vielschichtig *many-layered*
der Vogel (¨) *bird*
die Volkshochschule (−n) *adult education school*
die Volkswirtschaft *economy*
vollenden (*wk*) *to complete*
völlig *completely*
die Volljährigkeit *age of majority (18)*
vollkommen *perfect*
die Vollpension *full board*
vollständig *complete*
die Voraussetzung (−en) *precondition*
vorbereiten (*wk*) *to prepare*
das Vorbild (−er) *model, example*
vorgesehen *predicted*
vorhanden *present*
das Vorhandensein *presence*
vorschlagen (schlug vor, vorgeschlagen) *to suggest*
die Vorschrift (−en) *rule, regulation*
der Vorgesetzte (−n) *superior, boss*
vornehm *posh, smart*
sich etwas vornehmen (nahm vor, vorgenommen) *to resolve to do*
von vornherein *from the outset*
der Vorschlag (¨e) *suggestion*
vorschnell *premature*
vorsichtig *careful*
jemanden vorstellen (*wk*) *to introduce somebody*
sich etwas vorstellen (*wk*) *to imagine something*
die Vorstellung (−en) *performance, showing*
der Vorteil (−e) *advantage*
das Vorurteil (−e) *prejudice*
der Vorwand (¨e) *excuse*
jemandem etwas vorwerfen *to reproach somebody with something*
der Vorwurf (¨e) *reproach*
der Vorzug (¨e) *preference*
vorzugsweise *preferably*

W

das Wachs *wax*
*wachsen (wuchs, gewachsen) *to grow*
wackeln (*wk*) *to wobble*
die Waffe (−n) *weapon*
wagen (*wk*) *to dare*
die Wahl (−en): eine Wahl treffen (traf, getroffen) *to make a choice*
wählen (*wk*) *to vote*
das Wahlgebiet (−e) *constituency*
der Wahlkreis (−e) *constituency*
das Wahlrecht *right to vote*
der Wahnsinn *madness*
wahnsinnig *incredible*
wahrnehmen (nahm wahr, wahrgenommen) *to perceive, be aware of*
die Wahrscheinlichkeit *probability*
das Waldsterben *deforestation through acid rain*
die Wand (¨e) *wall*
der Wandel *change*
wandern (*wk*) *to walk, hike*
der Wanderweg (−e) *footpath*
wanken (*wk*) *to wobble, falter*
die Ware (−n) *goods, wares*
die Wärme *warmth*
das Waschmittel *detergent*
weder . . . noch *neither . . . nor*
wegen (+ gen) *because of*
wegschmeißen (schmiß weg, weggeschmissen) *to throw away*
der Wegweiser (−) *signpost*
weich *soft*
weigern (*wk*) *to refuse*
die Weintraube (−n) *grape*
weitgehend *to a large extent, extensive*
das Werbegespräch (−e) *job interview*
das Werbeplakat (−e) *poster*
der Werbespot (−s) *TV advertising slot*
der Werbespruch (¨e) *advertising slogan*
die Werbung *advertisement*
werfen (warf, geworfen) *to throw*
werktätig *employed*
das Werkzeug (−e) *tool*
der Wert (−e) *value*
das Wertpapier (−e) *security, bond*
wesentlich *significant(ly)*
wetten (*wk*) *to bet*
der Wettlauf *race*
wichtig *importance*
der Widerstand (¨e) *opposition*
die Wiederaufbereitungs–Anlage (−n) *reprocessing plant*
die Wiedererkennbarkeit *recognition*
wiederholen (*wk*) *to repeat*
die Wiese (−n) *meadow*
willkürlich *arbitrary*
der Winkel *corner*
winken (*wk*) *to wave*
ihm winkt etwas *he can expect something*
wirken (*wk*) *to work, have an effect, seem*
die Wirklichkeit *reality*
die Wirkung (−en) *effect*
die Wirtschaft *economy*
der Wirtschaftswissenschaftler (−) *economist*
der Wissenschaftler (−) *scientist*
der Witz (−e) *joke*
witzig *joky, amusing*
wohl *well; certainly*
die Woge (−n) *wave, surge*
wohltuend *beneficial*
der Wohnsitz *place of residence*
die Wohnungsnot *housing shortage*
das Wörterbuch (¨er) *dictionary*
wund *sore*
ein wunder Punkt *a sore point*
der Wunsch (¨e) *wish*
wünschenswert *desirable*
der Würfel (−) *cube; die*
würfeln (*wk*) *to throw dice*
würzen (*wk*) *to spice*
würgen (*wk*) *to throttle*
die Wüste (−n) *desert*
die Wut *anger*

Z

zäh *tough; dogged*
die Zahl (−en) *number*
zahlen (*wk*) *to pay (for)*
zählen (*wk*) *to count*
zahlreich *numerous*
zahm *tame*
zähmen (*wk*) *to tame*
der Zahnstein *tartar*
der Zank *quarrel, squabble*
zappeln (*wk*) *to dangle*
zärtlich *tender*
der Zauberer (−) *magician*
zauberhaft *magical, enchanting*
der Zaun (¨) *fence*
das Zeichen (−) *sign*
die Zeichenerklärung *legend*
die Zeile (−n) *lign*
der Zeitaufwand *use of time*
der Zeitpunkt *point in time*
die Zeitung (−en) *newspaper*
die Zeitschrift (−en) *magazine*
zerbrechlich *fragile*
zerfetzen (*wk*) *to tear to pieces*
zerlassen (zerließ, zerlassen) *to melt*
zerquetschen (*wk*) *to squash*
zerren (*wk*) *to drag, tug*
der Zettel (−) *piece of paper*
der Zeuge (−n) *witness*
das Zeugnis (−se) *school report*
ziehen (zog, gezogen) *to pull*
ich ziehe nach Bonn *I'm moving to Bonn*
das Ziel (−e) goal, destination
zielen (*wk*) *to aim*
die Zielgruppenzeitschrift (−en) *specialist magazine*
zielstrebig *ambitious*
zierlich *delicate*
der Zivildienst (−e) *civil alternative to military service*
zögern (*wk*) *to pause*
zornig *angry*
zubereiten (*wk*) *to prepare (food)*
zucken (*wk*) *to twitch*
zugeben (gab zu, zugegeben) *to add; admit*
die Zufuhr *supply*
zugelassen *permitted*
zugunsten (+ gen) *in favour of*
die Zukunft *future*
die Zulassung (−en) *admission*
die Zumutung (−en) *unreasonable demand*
zunächst *first of all*
zunehmen (nahm zu, zugenommen) *to increase*
zunehmend *increasing*
zuneigen (*wk*) *to be inclined towards*

zurückhaltend *withdrawn*
zurücklassen (ließ zurück, zurückgelassen) *to leave behind*
*zurücktreten (trat zurück, zurückgetreten) *to retire*
*zusammenbrechen (brach zusammen, zusammengebrochen) *to collapse*
zusammenfassen (*wk*) *to summarise*
zusammenrücken (*wk*) *to come together*
die Zusammensetzung *composition*
zusammenstellen (*wk*) *to compile*
der Zusatz (¨e) *addition*
der Zuschauer (−) *viewer*
der Zuschlag (Zuschläge) *supplement*
zusenden *to send*
zustoßen (stieß zu, zugestoßen) *to push shut*
es ist mir zugestoßen *it happened to me*
die Zutat (−en) *ingredient*
zutrauen (*wk*) *to think capable of*
zutreffen (traf zu, zugetroffen) *to fit, be appropriate*
zuverlässig *reliable*
der Zuwachs *growth*
der Zwang *compulsion*
zwangsläufig *necessarily*
der Zweck (−e) *aim, point*
zweibändig *two-volumed*
zweideutig *ambiguous*
der Zweifel (−) *doubt*
der Zweig (−e) *branch*
das Zwerchfell *diaphragm*
der Zwilling (−e) *twin*
zwingen (zwang, gezwungen) *to force*
die Zwischenprüfung (−en) *mid-term exam*